Deus me ouve

366 meditações para mulheres por mulheres

Pão Diário

God Hears Her: 365 Devotions for Women by Women
Copyright © 2017 by Our Daily Bread Publishing.
Published by special arrangement with Our Daily Bread Publishing,
3000 Kraft Avenue SE, Grand Rapids, Michigan 49512 USA.
Tradução e impressão em português com permissão.
© 2019 Publicações Pão Diário. Todos os direitos reservados.

TRADUÇÃO: Elisa Tisserant de Castro
REVISÃO: Dalila de Assis, Dayse Fontoura, Thaís Soler, Lozane Winter
ADAPTAÇÃO E EDIÇÃO: Rita Rosário
COORDENAÇÃO EDITORIAL: Dayse Fontoura
ADAPTAÇÃO GRÁFICA E DIAGRAMAÇÃO: Audrey Novac Ribeiro

Dados Internacionais de Catalogação na Publicação (CIP)

Cetas, Anne M.; Kasper, Cindy Hess; Pye, Amy B. et all
Deus me ouve — Um ano de devocionais de mulher para mulher
Tradução: Elisa Tisserant de Castro – Curitiba/PR, Publicações Pão Diário.
Título original: *God hears her: 365 Devotions for Women by Women*
1. Devocional   3. Prática cristã
2. Bíblial   4. Mulheres

Exceto se indicado o contrário, as citações bíblicas são extraídas da Bíblia Sagrada Nova Versão Transformadora (NVT) © Editora Mundo Cristão, 2016.

Proibida a reprodução total ou parcial sem prévia autorização, por escrito, da editora. Todos os direitos reservados protegidos pela Lei 9.610 de 19/02/1998.

Pedidos de permissões para usar citações deste devocional devem ser direcionados a: permissão@paodiario.org

Publicações Pão Diário
Caixa Postal 9740, 82620-981 Curitiba/PR, Brasil
E-mail: publicacoes@paodiario.org
www.publicacoespaodiario.com.br
Telefone: (41) 3257-4028

Código: SQ461 | ISBN: 978-1-68043-490-3

1.ª edição: 2019 • 7.ª impressão: 2025

Impresso na China

Prefácio

Porque ele se inclina para ouvir,
orarei enquanto viver. —Salmo 116:2

Como você tem certeza de que Deus a ouve quando clama a Ele? Quero dizer, a ouve realmente?

Ao longo da minha vida, posso contar nos dedos de uma das minhas mãos o número de ocasiões em que Deus específica e pessoalmente revelou que Ele, *realmente*, escuta os meus clamores:

- minhas súplicas, ao estilo de Ana, por um filho foram respondidas, após quase cinco anos, por meio da adoção;

- meus clamores durante a madrugada por um adolescente que não respeitava o toque de recolher eram atendidos quando ele finalmente entrava em casa;

- minhas orações, e de outras pessoas, pela necessidade financeira de um ministério foram atendidas quando um generoso cheque chegou pelo correio (e nos fez irromper em louvor);

- meus gemidos implorando que Deus protegesse meu marido de uma crise de saúde e me colocasse ao seu lado vinda de outro continente foram respondidos quando cheguei e o encontrei ainda vivo.

Em cada momento, senti Deus muito próximo assegurando-me de que, sim, Ele está ouvindo. E não apenas ouvindo, mas também respondendo.

Apesar dessas lembranças que reforçam a fé, em grande parte do meu dia a dia, ainda me sinto não ouvida quando murmuro, debato-me e ocasionalmente me lamento. Quando sinto o silêncio de Deus, vou além da minha própria história para rever como Ele ouviu o Seu povo ao longo de gerações.

Existem inúmeros casos em que Deus se inclinou para ouvir e que foram registrados ao longo de milênios:

- às orações de Lia e Raquel por um filho (Gênesis 30:17,22);
- Israel gemendo sob a escravidão (Êxodo 2:24);
- Moisés intercedendo por seu povo no monte Sinai (Deuteronômio 9:19);
- Josué liderando uma batalha em Gilgal (Josué 10:14);
- Davi clamando pela libertação de Saul (2 Samuel 22:7).

E também no Novo Testamento, onde a Palavra, Jesus, andou nesta Terra e os ouviu como homem (João 1:14). Hoje, o Espírito de Deus ouve os gemidos de toda a criação enquanto esperamos pela nossa união final com o Senhor (Romanos 8:26,27).

Deus ouve!

Em 1 João 5:14 lemos: "Estamos certos de que ele nos ouve sempre que lhe pedimos algo conforme sua vontade". A palavra grega traduzida "ouve", *akouo*, significa prestar atenção e responder com base no que se ouviu. Em vez de sugerir uma "fórmula" para garantir que Deus conceda os nossos pedidos de oração, João nos exorta a orar com confiança, porque o coração de Deus é por nós. Deus ouve de forma que o move à ação, e Ele quer responder em amor. *Akouo*. Deus ouve.

O título e o primeiro artigo deste livro celebram o fato de que Deus a ouve. Por toda a Bíblia, Deus ouve e responde às necessidades das mulheres, tanto as que tiveram seus nomes citados, quanto as que permaneceram anônimas. Jesus interagiu com mulheres: oferecendo água eterna a uma mulher desonrada em um poço, restaurando um filho possuído por demônio para sua mãe aflita, recebendo a oferta derramada de Maria Betânia, encorajando o coração quebrantado de Maria Madalena no primeiro encontro após a ressurreição.

Ao ler as palavras de cada devocional neste volume — escrito por mulheres como você e para mulheres como você —, desejamos que sinta Deus inclinando o Seu ouvido ao seu coração. Deus a ouve. Deus me ouve. E, porque Deus ouve e a ouve, você pode ter a certeza de que Deus escuta as suas orações também.

Elisa Morgan

1.º DE JANEIRO

Deus a ouve

1 SAMUEL 1:9-20

Viu que os lábios dela se moviam, mas, como não ouvia som algum, pensou que ela estivesse bêbada. —1 Samuel 1:13

Certo dia, eu disse à minha filha que leria um livro para adultos durante algum tempo e depois, juntas, olharíamos e leríamos outros livros. Quando comecei a ler em silêncio, ela olhou para mim e disse: "Mamãe, você não está lendo de verdade". Caso eu não estivesse falando, ela presumia que eu não estava processando as palavras.

Assim como a leitura, a oração pode ser silenciosa. Ana, a personagem do Antigo Testamento que ansiava por um filho, visitava o Templo e orava em seu coração. Seus lábios se moviam, mas o sacerdote "não ouvia som algum" (v.13). Ela explicou: "…Eu estava derramando meu coração diante do Senhor…" (v.15). Deus ouviu a oração silenciosa de Ana e deu-lhe um filho (v.20). Nosso Deus onisciente sonda o nosso coração e mente e ouve todas as orações — inclusive as silenciosas. Podemos orar confiantemente sabendo que Ele ouvirá e responderá (Mateus 6:8,32). Podemos louvar a Deus, pedir a Ele que nos socorra e agradecer-lhe por Suas bênçãos, mesmo quando ninguém mais consegue nos ouvir. Caso alguém nos veja conversando com o Senhor, poderá dizer com confiança: "Deus a ouve!". *Jennifer*

2 DE JANEIRO

O velho e o novo

GÁLATAS 6:16-18

Logo, todo aquele que está em Cristo se tornou nova criação. A velha vida acabou, e uma nova vida teve início! —2 Coríntios 5:17

Resoluções típicas do mês de janeiro: perder peso, exercitar-se mais, parar de bater papo no celular ao dirigir.

Nós queremos mudar as coisas com as quais estamos infelizes muito embora a maioria das resoluções de Ano Novo não dure mais do que três semanas.

E se você perguntasse a Deus o que Ele quer que você mude, aperfeiçoe ou comece neste ano? Ele poderá incitá-la a:

- Demonstrar mais do fruto do Espírito em sua vida (Gálatas 5:22,23)
- Amar "…os seus inimigos e [orar] por quem os persegue" (Mateus 5:44)
- Ir "…ao mundo inteiro e [anunciar] as boas-novas a todos" (Marcos 16:15)
- Estar satisfeita com o que tem (Hebreus 13:5)

Como cristãs e novas criaturas, podemos ser livres de velhos padrões e falhas. Conforme pedimos a Deus que nos auxilie todos os dias com o poder do Espírito Santo, Ele nos ouve e nos ajudará a eliminar o que é antigo e a aceitar o que é novo. (2 Coríntios 5:17).   — *Cindy*

3 DE JANEIRO

Sem apetite

NEEMIAS 8:1-12

Como bebês recém-nascidos, desejem intensamente o puro leite espiritual, para que, por meio dele, cresçam e experimentem plenamente a salvação. —1 Pedro 2:2

Quando o povo de Israel finalmente retornou à sua casa, após o exílio de 40 anos na distante Babilônia, seu apetite espiritual estava fraco (Neemias 8:1-12). Eles haviam se afastado de Deus e de Seus caminhos. Para que o povo voltasse a ser espiritualmente saudável, Neemias organizou um seminário bíblico, e Esdras era o professor.

Esdras lia o livro da lei de Moisés começando de manhã até o meio-dia, alimentando o povo com a verdade de Deus (Neemias 8:3). O povo ouvia atentamente. Na verdade, seu anseio pela Palavra de Deus foi despertado a ponto de os chefes das famílias, os sacerdotes e os levitas se reunirem com Esdras no dia seguinte para estudar a Lei mais detalhadamente porque queriam compreendê-la (v.13).

Quando nos sentimos separados de Deus ou fracas espiritualmente, nós também podemos encontrar alimento espiritual na Sua Palavra. "Como bebês recém-nascidos, desejem intensamente o puro leite espiritual para que, por meio dele, cresçam e experimentem plenamente a salvação" (1 Pedro 2:2). Peça a Deus que renove o seu desejo por ter um relacionamento com Ele, pois o Senhor a ouve. E então abra sua Bíblia e comece a alimentar o seu coração, sua alma e mente com a Sua Palavra. *Poh Fang*

4 DE JANEIRO

Esperança Nozomi

2 CORÍNTIOS 4:7-18

Agora nós mesmos somos como vasos frágeis de barro que contêm esse grande tesouro. Assim, fica evidente que esse grande poder vem de Deus, e não de nós. —2 Coríntios 4:7

Em 2011, um colossal terremoto e um tsunami ceifaram quase 19 mil vidas e destruíram 230 mil casas no nordeste do Japão. Como resultado disso tudo, o Projeto Nozomi, cujo nome é a palavra japonesa para "esperança", foi criado para prover: renda sustentável, uma comunidade e dignidade, além de esperança no Deus que provê.

As mulheres do projeto Nozomi vasculham os escombros para encontrar porcelana chinesa quebrada e as transformam em bijuterias, que são vendidas por todo o mundo. Isto lhes provê o sustento e elas compartilham os símbolos de sua fé em Cristo.

Na época do Novo Testamento, as pessoas escondiam bens de valor em simples vasos de barro. Paulo descreve como o tesouro do evangelho está contido na fragilidade humana dos seguidores de Cristo: vasos frágeis de barro (2 Coríntios 4:7). Ele sugere que o vaso exíguo — e até mesmo quebrado — de nossa vida pode revelar o poder de Deus em contraste com nossas imperfeições.

Quando Deus habita nas partes imperfeitas e despedaçadas de nossa vida, a esperança curadora de Seu poder frequentemente fica visível. Não, Sua obra reparadora não esconde as nossas imperfeições, mas talvez essas marcas em nosso ser deixem o caráter de Deus mais visível a outros. *Elisa*

Tempo de solitude com Deus

MATEUS 14:13-23

*...Jesus subiu sozinho ao monte
a fim de orar.* —Mateus 14:23

Por volta de 12 criancinhas estavam tagarelando e brincando na sala da igreja onde eu estava ajudando. A sala foi ficando cada vez mais quente, e, por isso, eu abri a porta. Um dos pequenos viu isto como a chance de escapar e foi na ponta dos pés para fora. Eu o observava, no momento em que ele, firme em seu percurso, ia em direção aos braços de seu pai.

O menininho fez o que nós precisamos fazer quando a vida se torna insuportável: ele escapuliu para ficar com seu pai. Jesus buscava oportunidades para passar tempo com Seu Pai celestial em oração. Alguns podem dizer que este era o Seu modo de suportar as demandas que esgotavam a Sua energia humana. Em certa ocasião, Jesus ia a um lugar de solitude quando uma multidão o seguiu. Percebendo as necessidades deles, Jesus milagrosamente os curou e alimentou. E, em seguida, Ele "...subiu sozinho ao monte para orar" (Mateus 14:23).

Jesus ajudou centenas de pessoas repetidas vezes, contudo não se permitiu exaurir Suas forças e agir precipitadamente. Ele nutria a Sua comunhão com Deus por meio da oração. E você, como a nutre? Você está pronta a investir o seu tempo com Deus para experimentar a Sua força e plenitude?

Jennifer

Motivada por Deus

1 REIS 8:54-63

*Que ele nos dê a disposição de fazer
a sua vontade e obedecer a todos os seus
mandamentos...* —1 Reis 8:58

Recentemente recebi um e-mail com o convite para fazer parte de uma comunidade de "pessoas motivadas". Quando procurei o significado da palavra *motivado*, descobri que uma pessoa motivada é altamente direcionada para o êxito e que trabalha arduamente para alcançar seus objetivos.

É bom ser uma pessoa motivada? Aqui está um teste infalível: "...façam para a glória de Deus" (1 Coríntios 10:31). Pense no que aconteceu após o dilúvio de Noé. Um grupo de pessoas construiu uma torre para "ficarem famosos" (Gênesis 11:4). Eles queriam ser famosos e evitar que fossem espalhados por todo o mundo. Eram motivados pela razão errada.

Em contrapartida, quando o Rei Salomão dedicou a arca da aliança e o novo Templo, ele disse: "...Construí este templo em honra ao nome do Senhor..." (1 Reis 8:20). "levantou as mãos para o céu e orou: [...] "Que ele nos dê a disposição de fazer sua vontade..." (vv.1,58). Ele era motivado por Deus.

Que os nossos corações "...sejam inteiramente fiéis ao Senhor, nosso Deus, e obedeçam sempre a seus decretos e mandamentos..." (v.61). E, então, seremos mulheres verdadeiramente motivadas. *Keila*

O rei pôde

MATEUS 19:16-26

Jesus olhou atentamente para eles e respondeu: "Para as pessoas isso é impossível, mas tudo é possível para Deus". —Mateus 19:26

Quando criança, eu tinha um livro favorito de cantigas de ninar. A minha canção preferida falava sobre *Humpty Dumpty*, uma criatura com o formato de um grande ovo, o rosto pintado e braços e pernas finos, muito feliz empoleirado em um muro. Mas ele acaba caindo e se quebrando em inúmeros pedaços. Eu me senti desesperançada quando li que "ninguém podia juntar de novo os pedaços daquele boneco parecido com um João bobo".

De lá para cá, conheci a Cristo como meu Salvador e Senhor. Experimentei a ação das Suas poderosas e ternas mãos restaurando os cacos de minha vida e da vida de outros. Tive a alegria de ver muitos viciados em drogas, aparentemente sem esperança, se tornarem novas pessoas em Cristo. Portanto, acrescentei um verso àquela cantiga de ninar: "O que todos os cavalos e cavaleiros do rei não puderam fazer, o Rei pôde!".

Você ou alguém que você ama está se sentindo despedaçado hoje? Lembre-se de que ninguém pode ter desesperança suficiente a ponto de não ser alcançado pelo auxílio resgatador de Deus. Jesus disse: "…tudo é possível para Deus" (Mateus 19:26).

Quando parece não haver esperança de que os cacos da vida sejam reparados, não desista. Temos um Rei que é capaz de restaurar as pessoas.

Joanie

8 DE JANEIRO

Paixão desenfreada

ATOS 9:1-9

*...Mas prossigo a fim de conquistar essa perfeição
para a qual Cristo Jesus me conquistou.*
—Filipenses 3:12

Emmett J. Scanlan, o ator que interpretou Saulo na série de televisão *d.C. A Bíblia Continua*, retratou os esforços de Saulo para eliminar os que criam em Jesus de um modo que me fez estremecer. Tive dificuldade em aceitar o fato de que esse homem se transformaria no amado apóstolo Paulo!

Contudo, quando Saulo encontrou Jesus enquanto se dirigia a Damasco, tudo mudou. E, no minuto em que sua visão foi restaurada e seu chamado confirmado, o homem que tinha acabado de ser renomeado como Paulo mergulhou apaixonadamente em seu trabalho. Mas desta vez o fazia *por* Jesus e não contra Ele (Atos 9:21).

Paulo era um homem de convicção e paixão exorbitante, ilimitada. Hoje em dia, as pessoas ao redor do mundo leem as suas cartas em busca de orientação e instrução sobre a fé cristã. Sua paixão continua a ressoar através dos séculos (Filipenses 3:12).

Como seria o mundo se vivêssemos para Deus com paixão, convicção e zelo? O mundo aguarda por essa resposta: "Pois toda a criação aguarda com grande expectativa o dia em que os filhos de Deus serão revelados" (Romanos 8:19).

Como aconteceu com o apóstolo Paulo, que a paixão por Deus flua de nós conforme a criação se alegra na revelação da maravilhosa obra das Suas mãos! *Remi*

Não fui esquecido

SALMO 13

Nossa esperança está no Senhor;
ele é nosso auxílio e nosso escudo.
—Salmo 33:20

Esperar é difícil em qualquer época; mas, quando o tempo passa e nossas orações parecem ficar sem resposta, é fácil sentir que Deus nos esqueceu. As preocupações emergem expressivamente e, durante a noite, as horas sombrias parecem infindáveis.

O salmista ficava exaurido conforme esperava (Salmo 13:1). Ele se sentia abandonado; como se seus inimigos estivessem prevalecendo (v.2). Quando estamos esperando que Deus solucione uma situação difícil ou que responda orações repetidas, com frequência, é fácil ficarmos desencorajadas.

Satanás nos sussurra que Deus nos esqueceu e que as coisas jamais mudarão. Podemos ser tentadas a ceder ao desespero. Por que me preocupar em ler a Bíblia, orar ou adorar com outros cristãos? No entanto, durante a espera é quando mais precisamos destas cordas espirituais de resgate. Elas auxiliam a nos mantermos firmes no fluir do amor de Deus e a nos tornarmos sensíveis a Seu Espírito.

O salmista tinha uma solução. Ele se focou no que conhecia sobre o amor de Deus, lembrando-se das bênçãos do passado e louvando a Deus. Nós podemos fazer o mesmo, pois nunca fomos esquecidas. *Marion*

10 DE JANEIRO

Fé mesclada com dúvida

MARCOS 9:14-27

Por que você está tão abatida, ó minha alma? Por que está tão triste? Espere em Deus! Ainda voltarei a louvá-lo, meu Salvador e meu Deus! —Salmo 42:11

Quando minha amiga tão próxima morreu em um acidente de carro, meu coração ficou partido. Tenho vergonha de admitir, mas, quando as circunstâncias da vida nos machucam tanto, minha fé geralmente se mescla com a dúvida. Quando ela morreu, clamei a Deus com estas perguntas:

Senhor, certamente não o compreendo. Por que o Senhor permitiu esta morte? "…ninguém pode medir a profundidade de sua sabedoria [do Senhor]" (Isaías 40:28). "'Meus pensamentos são muito diferentes dos seus,' diz o Senhor" (Isaías 55:8).

O Senhor virou as costas para o mundo? "Deus reina […] sentado em seu santo trono" (Salmo 47:8) e "Com seu grande poder, ele governa para sempre…" (Salmo 66:7).

O Senhor se importa com a dor? Ou se esqueceu de ser bom? Eu sou "…tão bom, tão pronto a perdoar, tão cheio de amor por todos que [me] buscam" (Salmo 86:5).

Sim, o Senhor tem sido bom para mim de inúmeras formas, incluindo ao ouvir minhas dúvidas e questões sobre o Senhor.

As respostas que Deus nos dá em Sua Palavra podem não retirar a nossa tristeza, mas podemos sempre descansar na verdade de que Ele é sábio, soberano e bom. ~ *Anne*

11 DE JANEIRO

Alguém em quem confiar

JOÃO 13:33-35

Muitos se dizem amigos leais, mas quem pode encontrar alguém realmente confiável?
—Provérbios 20:6

"Eu simplesmente não consigo confiar em ninguém", disse minha amiga em lágrimas. "Todas as vezes em que confio, as pessoas me machucam." Sua história me indignou. Um ex-namorado, em quem pensou que podia confiar, havia espalhado rumores sobre ela quando eles terminaram o relacionamento. Enquanto ela lutava para confiar novamente após uma infância repleta de dor, essa traição provou-lhe que não se pode confiar nas pessoas.

Sua história era dolorosamente familiar e lembrava-me de momentos de traição inesperada em minha própria vida. Na verdade, as Escrituras são francas com relação à natureza humana. Em Provérbios 20:6, o autor expressa o mesmo lamento de minha amiga.

O que eu pude dizer a ela é que a traição é somente uma parte da história. Ainda que as feridas causadas por outros sejam verdadeiras, Jesus tornou possível o amor genuíno. Em João 13:35, Jesus disse a Seus discípulos que os outros saberiam que eles eram Seus seguidores por causa de seu amor. Sim, as pessoas podem nos ferir, mas graças a Jesus também sempre haverá aqueles que compartilham o Seu amor incondicionalmente. Que ao descansar no inabalável amor de Cristo, possamos encontrar cura, comunhão e coragem para amar aos outros como Ele amou.

Monica

12 DE JANEIRO

Ciclo completo da compaixão

2 CORÍNTIOS 1:3-7

Ele nos encoraja em todas as nossas aflições, para que, com o encorajamento que recebemos de Deus possamos encorajar outros quando eles passarem por aflições. —2 Coríntios 1:4

Após uma época conturbada em sua vida, Bethany Haley Williams lutou contra a vergonha e a mágoa. A jornada foi difícil, mas, por meio de Jesus, ela vivenciou a cura que transformou sua vida.

Impulsionada pela graça e misericórdia que recebeu, Bethany formou uma organização sem fins lucrativos — *Exílio Internacional* que, realiza terapia expressiva/artística e cuidados para a reabilitação. Os que participam dessa iniciativa buscam, a longo prazo, restaurar e capacitar as crianças afetadas pela guerra na África. Sobre seus esforços, Bethany disse: "Quando o seu maior sofrimento se torna o seu maior ministério, a graça completa o seu ciclo".

Bethany agora dedica os seus dias a viver as palavras de 2 Coríntios 1:3,4. Por ter recebido o consolo de Deus, ela agora pode concedê-lo a outros quando "passarem por aflições" (v.4).

Deus conhece os nossos sofrimentos e infortúnios e está conosco na dor. Ele é misericordioso, amoroso e está atento às nossas necessidades e pode usar qualquer experiência para edificar e auxiliar outros que estejam necessitando.

Não importa o que fizemos ou o que estamos enfrentando, Deus está presente para nos banhar em Sua compaixão e amor — dádivas que podemos, em seguida, compartilhar com os outros.

— Roxanne

13 DE JANEIRO

A noite em que ninguém veio

MATEUS 6:1-7

Tenham cuidado! Não pratiquem suas boas ações em público, para serem admirados por outros, pois não receberão a recompensa de seu Pai que está no céu. —Mateus 6:1

Conforme a lenda, em certa noite de inverno o compositor Johann Sebastian Bach deveria estrear uma nova composição. Ele chegou à igreja esperando que estivesse cheia, mas ninguém estava presente. Sem hesitar, Bach disse a seus músicos que eles ainda assim se apresentariam como haviam planejado. Eles tomaram seus lugares, Bach ergueu sua batuta e em pouco tempo a igreja vazia estava repleta de música magnificente.

Esta história me fez sondar a minha alma. Será que eu escreveria devocionais se Deus fosse o meu único leitor ou a única pessoa na plateia? Haveria diferença no texto que escrevo?

Quando escrevo devocionais, tento manter os leitores em mente porque quero lhes passar algo que queiram ler e que os encoraje em sua jornada espiritual.

Duvido que o "escritor de devocionais" chamado Davi, para cujos salmos nos voltamos em busca de consolo e encorajamento, tinha os seus "leitores" em mente. A única plateia, ou leitor, que ele tinha em mente era Deus.

Sejam nossas "ações", mencionadas em Mateus 6:1, obras de arte ou atos de serviço, na verdade, elas estão entre nós e Deus. Somente o Senhor é a nossa plateia. *— Julie*

14 DE JANEIRO

Anéis e graça

HEBREUS 8:6-13

*...E nunca mais me lembrarei
de seus pecados.*
—Hebreus 8:12

Quando olho para minhas mãos, lembro-me de que perdi minhas alianças de casamento e noivado. Eu estava fazendo várias coisas ao mesmo tempo enquanto fazia as malas para uma viagem e ainda não tenho ideia de onde elas foram parar.

Temia contar ao meu marido sobre o meu descuido e perda, preocupada sobre como isso o afetaria. Mas ele reagiu com grande compaixão e cuidado comigo. Embora ainda haja momentos em que eu queira conquistar a sua compaixão, ele não usa este episódio contra mim.

Tantas vezes nós pensamos em nossos pecados e sentimos que devemos fazer algo para conquistar o perdão de Deus. Mas o Senhor já afirmou que é pela graça, não por obras, que somos salvos (Efésios 2:8,9). Temos um Deus que perdoa e não nos traz mais à mente os erros que cometemos.

Podemos ainda nos sentir tristes por nosso passado, mas precisamos confiar na promessa de Deus. A graça e o perdão concedidos por meio da fé em Jesus Cristo são reais. Louvado seja Deus, pois, quando Ele perdoa, Ele esquece. *Keila*

Preparativos

JOÃO 14:1-6

*E, quando tudo estiver pronto, virei buscá-los,
para que estejam sempre comigo,
onde eu estiver.* —João 14:3

Enquanto velávamos o corpo de meu sogro, um de seus filhos pegou o martelo do pai e o colocou ao lado das suas mãos cruzadas no caixão. Anos depois, quando minha sogra morreu, um de seus filhos deslizou um par de agulhas de tricô sob os dedos da mãe. Esses ternos gestos nos traziam consolo quando nos lembrávamos do quanto eles haviam usado essas ferramentas durante suas vidas.

É claro que sabíamos que eles não precisariam, de fato, destes itens no Céu. Não podemos levar nada conosco (Salmo 49:16,17; 1 Timóteo 6:7)!

Mas, para eles, foi necessária alguma preparação para a eternidade, e isso ocorreu quando ambos passaram a confiar em Jesus como seu Salvador. O planejamento para a vida vindoura não pode iniciar na morte. Cada uma de nós deve preparar o próprio coração aceitando o dom da salvação que se tornou possível pelo sacrifício de Jesus na cruz.

Deus também teve os Seus preparativos: "E, quando tudo estiver pronto, virei buscá-los, para que estejam comigo…" (João 14:3). Jesus prometeu preparar um lugar para passarmos a eternidade com Ele. Você já começou seus preparativos para morar com Jesus eternamente?

— Cindy

16 DE JANEIRO

Destruindo as barreiras

JOSUÉ 7:1-12

*Não permanecerei mais com vocês,
a menos que eliminem do seu meio aquilo que foi
separado para a destruição.* —Josué 7:12

O prazo de entrega de um texto pairava sobre mim e, ao mesmo tempo, uma recente discussão com o meu marido rodopiava em minha mente. Encarei o cursor piscando, pontas dos dedos apoiadas no teclado, e pensei: *Ele também estava errado,* Senhor.

Quando a tela do computador escureceu, vi o meu rosto carrancudo refletido na tela. Meus erros não reconhecidos estavam fazendo mais do que impedir o meu trabalho; criavam tensão no relacionamento com o meu marido e com o meu Deus. Peguei meu celular, engoli meu orgulho e pedi perdão. Saboreando a paz da reconciliação quando meu cônjuge também se desculpou, agradeci a Deus e terminei o meu artigo em tempo.

Os israelitas vivenciaram a dor do pecado pessoal e a alegria da restauração. Josué alertou o povo de Deus para que não se apossassem de riquezas na batalha por Jericó (Josué 6:18), mas Acã desobedeceu (7:1). Somente depois que o seu pecado fora exposto e a questão solucionada (vv.4-12), a nação pôde desfrutar da reconciliação com Deus.

Como Acã, nós nem sempre consideramos de que maneira o nosso pecado afasta o nosso coração de Deus e causa impacto nos outros. A busca do perdão fornece o alicerce para o relacionamento saudável com Deus e com os outros. Dessa maneira, podemos desfrutar juntos da Sua presença.

Xochitl

17 DE JANEIRO

Prestando atenção

JÓ 40:1-14

Onde estava você quando eu lancei os alicerces do mundo? Diga-me, já que sabe tanto.
—Jó 38:4

Quando limpo a minha casa para um evento especial, fico desencorajada porque penso que os convidados nem perceberão o que limpei, apenas o que deixei de limpar. Isto traz à mente uma questão filosófica e espiritual muito maior: Por que os seres humanos veem mais rapidamente o que está errado do que aquilo que está certo?

Mas logo percebo que ajo da mesma forma com Deus. Eu tendo a me focar no que Ele não fez em lugar daquilo que Ele fez, naquilo que não tenho ao invés de naquilo que tenho, nas situações que Ele ainda não solucionou e não nas muitas que Ele já solucionou.

O livro de Jó me lembra de que, assim como eu, o Senhor não gosta desta situação. Após anos experimentando a prosperidade, Jó sofreu uma série de desastres. Repentinamente, esses infortúnios se tornaram o foco de sua vida e de suas conversas. Finalmente, Deus interveio e lembrou Jó de Sua soberania e de tudo o que Jó não sabia e não havia visto (Jó 38–40).

Sempre que começamos a nos concentrar no lado negativo, devemos parar e considerar a vida de Jó e refletir sobre todas as maravilhas que Deus já operou e continua a operar.

Julie

18 DE JANEIRO

Amor além das fronteiras

3 JOÃO 1-11

*Amado, você é fiel quando cuida dos irmãos
que passam por aí, embora não os conheça.*
—3 João 1:5

A primeira vez em que experimentei a beleza do corpo global de Cristo foi quando, como professora, viajei da África do Sul para a Malásia. Naquele país, com suas várias religiões e crenças culturais, encontrei um lar espiritual longe do meu lar. Desde o momento em que pisei na pequena igreja no fim da estrada, fui calorosamente recebida e tratada com parte da família. A milhares de quilômetros do lugar onde cresci, conheci pessoas com o espírito semelhante e o mesmo amor por Jesus.

Deus atribui grande valor quando tratamos favoravelmente os outros cristãos de fora de nossa igreja local, e isso nos leva a Gaio em 3 João. O apóstolo João o elogiou por sua fidelidade à verdade do evangelho sendo expressa por seu cuidado generoso e a recepção aos mestres itinerantes (vv. 3-6) que iam de cidade em cidade ensinando o evangelho (vv.7,8).

Não há nada que se compare a viajar para uma cidade ou país diferente e conhecer outra pessoa que crê em Jesus. Deus anseia que simplesmente nos foquemos no SENHOR ao acolhermos uns aos outros com alegria. É *isso* o que significa amar além das fronteiras! *Ruth*

19 DE JANEIRO

Círculos de oração

LUCAS 18:9-14

*Eu lhes digo que foi o cobrador de impostos,
e não o fariseu, quem voltou para casa justificado diante
de Deus. Pois aqueles que se exaltam serão humilhados,
e aqueles que se humilham serão exaltados.*
—Lucas 18:14

E o círculo de oração das meninas da sexta série continuava, e, uma a uma, elas oravam umas pelas outras. "Pai que está no céu", Ana orou: "por favor, ajude a Tônia a não ser tão doida por meninos". Tônia acrescentou com uma risadinha: "E ajude a Ana a parar de se comportar tão mal na escola". Thalita então respondeu: "Senhor, ajude a Tônia a ouvir a sua mãe e não ficar sempre respondendo".

Ainda que os pedidos fossem reais, as meninas pareciam se divertir ao zombarem de suas amigas indicando as falhas individuais em oração. A líder de seu grupo as lembrou da seriedade de falar com o Deus Todo-Poderoso e da importância de avaliar os seus próprios corações.

Caso usemos a oração para apontar as falhas de outros enquanto ignoramos as nossas, somos como o fariseu na parábola de Jesus. Ele orou: "...Eu te agradeço, Deus, porque não sou como as demais pessoas: desonestas, pecadoras, adúlteras..." (Lucas 18:11). Antes, devemos ser como o homem que pediu a Deus que fosse misericordioso com ele, "pecador" (v.13).

Deus deseja de nós a oração que flui de uma avaliação humilde de nosso coração pecaminoso. *Anne*

20 DE JANEIRO

Seu lugar seguro

PROVÉRBIOS 18:10-11

O nome do Senhor é fortaleza segura;
o justo corre para ele e fica protegido.
—Provérbios 18:10

Minha filha e eu estávamos combinando de participar de uma reunião de família e agregados, e, então, eu me ofereci para dirigir. "Ok. Mas sinto-me mais segura em meu carro. Você consegue dirigi-lo?", ela me perguntou. Presumi que ela preferiria seu veículo mais espaçoso ao meu compacto, então questionei: "O meu carro é apertado demais?". "Não, é que meu carro é meu lugar seguro. Por algum motivo, sinto-me protegida nele".

O comentário dela me desafiou a pensar sobre o meu "lugar seguro". Imediatamente, pensei em Provérbios 18:10: "O nome do Senhor é fortaleza; o justo corre para ele e fica protegido" (v.10). Nos tempos do Antigo Testamento, os muros e a torre de uma cidade proviam o alerta sobre o perigo externo e a proteção para os cidadãos em seu interior. O escritor quer enfatizar que o nome de Deus concede verdadeira proteção ao Seu povo.

Qual é o seu "lugar seguro"? Independentemente de onde busquemos segurança, é a presença de Deus conosco em tal lugar que provê a força e a proteção que realmente precisamos.

Elisa

Fé verdadeira

HEBREUS 11:6,24-29

*Sem fé é impossível agradar a Deus.
Quem deseja se aproximar de Deus deve crer
que ele existe e que recompensa aqueles
que o buscam.* —Hebreus 11:6

Frequentei um internato na Nigéria em que as alunas mais velhas mandavam nas mais novas. Certa vez, eu perdi, por engano, a tigela de uma aluna mais velha e mal-humorada. Recebi um ultimato para encontrar a tigela e devolvê-la até a manhã seguinte. Fui me arrastando até a cama e dormi cheia de medo. Pedi a Deus que me ajudasse antes de cair num sono conturbado. Imagine o meu espanto no dia seguinte quando a tigela apareceu misteriosamente na gaveta da estudante!

Os israelitas vivenciaram espanto muito maior quando Deus abriu o mar Vermelho para que eles passassem antes que o Senhor derrotasse o exército do faraó com as mesmas águas (Êxodo 14:15-28; Hebreus 11:29). Contudo em pouco tempo eles estavam reclamando da água amarga (Êxodo 15:24); e depois eles adoraram um bezerro de ouro em lugar de Deus (Êxodo 32:4).

A fé verdadeira pode ser aperfeiçoada por experiências no topo da montanha. Mas a fé que agrada a Deus é fundamentada em coisas que não são visíveis (Hebreus 11:1). A fé verdadeira nos ajuda a confiar em Deus independentemente de qualquer coisa.

Remi

22 DE JANEIRO

Uma fragrância misteriosa

2 CORÍNTIOS 2:12-3:6

Somos o aroma de Cristo que se eleva até Deus. Mas esse aroma é percebido de forma diferente por aqueles que estão sendo salvos e por aqueles que estão perecendo. —2 Coríntios 2:15

A maioria de nós consegue pensar em alguém — talvez uma parente ou uma amiga — que é conhecida por um perfume particular que use. Até mesmo sem vê-la, percebemos que ela está perto. Sem uma palavra sequer, sua fragrância nos aproxima.

Todo cristão deveria também ser conhecido por usar um perfume específico: a fragrância de Cristo. Mas isso não pode ser comprado em um balcão de cosméticos. Não pode nem mesmo ser envasado e vendido pela igreja. Este perfume misterioso surge apenas de nosso relacionamento íntimo com Cristo e emana a outros uma influência sutil ainda que perceptível.

Alguém numa cidade pequena testemunhou sobre uma Senhora cristã dizendo: "Essa mulher nunca cruza meu caminho sem que eu me torne melhor por causa disto!". Muito provavelmente, essa cristã tão admirada havia dado testemunho verbal em algum momento. Mas sem o aroma de Cristo, seu testemunho não teria sido eficaz.

O apóstolo Paulo perguntou: "...E quem está à altura de uma tarefa como essa?" — exalar um aroma que traz vida (2 Coríntios 2:16)? A resposta? Nossa fragrância, toda a nossa suficiência, vem somente de Cristo. Que fragrância você escolherá hoje?

Joanie

Limpando o corredor 9

EFÉSIOS 4:11-32

*Ele faz que todo o corpo se encaixe perfeitamente.
E cada parte, ao cumprir sua função específica, ajuda as
demais a crescer, para que todo o corpo se desenvolva
e seja saudável em amor.* —Efésios 4:16

Com o coração apertado, eu estava tentada a interromper a conversa deles. Embora eu não tivesse ouvido toda a ácida discussão, havia ouvido o suficiente para saber que os quatro compradores estavam profundamente insatisfeitos com alguns indivíduos em sua igreja local. Eu não os conhecia, mas me entristeci ao ver o Corpo de Cristo sendo dilacerado verbalmente no corredor de uma loja.

Destruir verbalmente alguém que foi criado à imagem de Deus não é apenas inconsistente com o caráter de Cristo, mas entristece o Espírito Santo também (Efésios 4:30). As palavras que pronunciamos sobre outros são uma janela direta para o nosso coração (vv.15,29; Lucas 6:45).

A marca determinante da transformação de Jesus em nós é o modo como lidamos com as nossas diferenças dentro do Corpo. Paulo nos diz para nos livrarmos de "…toda amargura, raiva, ira…" (Efésios 4:31). Devemos ser um povo distinto que valoriza e respeita os outros conforme falamos "…a verdade em amor…" (v.15). E, à medida que nos submetemos ao Espírito Santo, as palavras que honram a Cristo fluirão do nosso coração e de nossos lábios. — *Regina*

24 DE JANEIRO

Até quando, Deus?

HABACUQUE 1:1-4

Até quando, Senhor, terei de pedir socorro?
Tu, porém, não ouves. Clamo: "Há violência por
toda parte!", mas tu não vens salvar.
—Habacuque 1:2

Há pouco tempo, eu estava certa que Deus estava direcionando a mim e a meu marido em uma rota específica. Estávamos encorajados e empolgados, pois aquilo que nunca pensávamos que aconteceria estava tomando forma bem diante de nossos olhos. Conforme orávamos, Deus parecia estar honrando os nossos pedidos. Até que chegou o momento decisivo. Foi aí que a porta se fechou diante de nós, e nós ficamos chocados.

Por que o Senhor faria isso conosco, Deus? Por que nos levou adiante? Sentimo-nos como o profeta Habacuque que se queixou ao Senhor: "Até quando, Senhor, terei de pedir socorro? Tu, porém, não ouves…" (v.2). Da mesma maneira que ocorreu com as duas "queixas" de Habacuque nos capítulos 1 e 2, foi bom para nós sermos honestos com Deus. Ele conhecia as nossas dúvidas e queixas.

Habacuque, apesar de seus questionamentos, pôde afirmar: "mesmo assim me alegrarei no Senhor; […] O Senhor soberano é minha força!" (Habacuque 3:18,19). Deus permanece sendo bom mesmo quando as circunstâncias não são.

— Marlena

Estranhos e estrangeiros

HEBREUS 11:8-16

Abraão esperava confiantemente pela cidade de alicerces eternos, planejada e construída por Deus. —Hebreus 11:10

Eu estacionei minha bicicleta, manejando meu mapa de Cambridge para ter uma garantia. Como o direcionamento não é o meu forte, eu sabia que podia facilmente me perder neste emaranhado de estradas repletas de prédios históricos.

A vida deveria ter uma sensação idílica, pois eu havia acabado de casar com meu inglês e me mudado para o Reino Unido. Mas eu me sentia à deriva. Ainda não sabia qual era meu papel como uma americana na Inglaterra e percebi que mesclar duas pessoas teimosas para compartilhar o dia a dia era uma tarefa mais difícil do que eu havia esperado.

Identifiquei-me com Abraão, que deixou tudo para obedecer a Deus e viver como um estranho em uma nova terra (Gênesis 12:1). Ele passou pelos desafios culturais enquanto matinha a sua fé em Deus (Hebreus 11:9); Abraão viveu pela fé, ansiando por coisas prometidas, tendo esperança e aguardando seu lar celestial.

Como seguidoras de Cristo, somos todas estrangeiras e estranhas nesta Terra. Pela fé nós vamos adiante, sabendo que Deus nos orientará e guiará; e pela fé cremos que Ele nunca nos deixará ou abandonará. Pela fé nós ansiamos por nosso lar.

— Amy

26 DE JANEIRO

Quem está no centro?

SALMO 33:6-19

Mas os planos do Senhor permanecem para sempre;
seus propósitos jamais serão abalados.
—Salmo 33:11

Recentemente, eu tive o que para mim foi um "momento Copernicano": eu não estou no centro do Universo. O mundo não gira em torno de mim. Não se move no meu ritmo, nos meus termos, nem mesmo de acordo com minhas preferências.

Ainda que nós possamos desejar que seja diferente, a vida não se trata exclusivamente de nós. Tudo gira em torno do Senhor. No Salmo 33 lemos que toda a natureza gira em torno dele e do Seu controle (vv.6-9). Ele designou ao mar os seus limites e confinou os oceanos em vastos reservatórios. Tudo na natureza funciona de acordo com as leis que o Senhor estabeleceu.

Da mesma forma, a vida de todos os seres humanos gira em torno do Senhor (vv.13-19). Deus vê toda a raça humana. Ele fez o nosso coração e Ele compreende tudo o que fazemos. Ele também tem o poder para intervir em nossa vida e nos libertar de situações que saem do controle.

Nossa vida é criada para estar centrada em Deus, não no "eu". Como devemos ser gratas por podermos servir ao Deus Todo-Poderoso que tem todos os aspectos de nossa vida sob o Seu controle.

Poh Fang

27 DE JANEIRO

Siga as instruções

SALMO 119:129-136

*O ensinamento da tua palavra esclarece,
e até os ingênuos entendem.* —Salmo 119:130

Após uma mulher ter processado um restaurante *fast-food* por ter sido queimada por um gole de café, as companhias começaram a mudar seus manuais e rótulos de advertência. Veja estas instruções:

- Em refeições congeladas: DESCONGELE ANTES DE INGERIR
- Em um ferro de passar roupa: CUIDADO! RETIRE A ROUPA DO CORPO ANTES DE PASSAR
- Em um frasco de manteiga de amendoim: PODE CONTER AMENDOIM

Se algumas pessoas precisam destas instruções tão óbvias em itens domésticos, pense no quanto mais precisamos da direção de Deus para a vida diária. O Salmo 119 nos exorta sobre a importância do Seu manual de instrução — a Bíblia.

Nas páginas das Escrituras, encontramos aquilo que Deus quer que creiamos, que sejamos e façamos.

- "…Creia no Senhor Jesus, e você e toda a sua família serão salvos" (Atos 16:31).
- "…sejam bondosos e tenham compaixão uns dos outros, perdoando-se…" (Efésios 4:32).

Peça ao Senhor que lhe ensine os Seus estatutos e dirija os seus passos de acordo com a Sua Palavra (Salmo 119:133,135). Em seguida, leia a Bíblia com frequência e siga as Suas instruções.

Anne

28 DE JANEIRO

Conheça o *Shrek*

EZEQUIEL 34:11-16

*Pois assim diz o S*ENHOR *Soberano:*
Eu mesmo procurarei minhas ovelhas e as
encontrarei. —Ezequiel 34:11

Shrek era uma ovelha renegada. Durante 6 anos ela ficou desaparecida, separada de seu rebanho na Nova Zelândia. A pessoa que a encontrou em uma caverna numa montanha não a reconheceu como ovelha. "Parecia uma criatura bíblica", a pessoa disse. E, de certa forma, ela era. *Shrek* era uma imagem do que acontece com uma ovelha que se distancia de seu pastor.

Shrek precisou ser carregada para o pé da montanha porque sua lã estava tão pesada (quase 30 quilos) que ela não conseguia descer sozinha. Para remover a lã, o tosquiador precisou virar Shrek com as patas para cima para que ela permanecesse parada e não se machucasse.

A história de Shrek ilustra a metáfora que Jesus usou quando Ele se denominou o Bom Pastor (João 10:11); e de quando Deus se referiu a Seu povo como sendo o Seu rebanho (Ezequiel 34:31). Como Shrek, não fazemos boas escolhas quando estamos sozinhas e ficamos sobrecarregadas com as consequências (Ezequiel 33:10). Para nos aliviarmos do nosso fardo, talvez precisemos permanecer na presença de Deus, humildemente submissas, por certo tempo. Sendo assim, o bom é permanecer imóvel e confiar que o Bom Pastor fará o Seu trabalho.

Julie

Deixando para trás

JOÃO 4:9-14, 27-29

A mulher deixou sua vasilha de água junto ao poço e correu de volta para o povoado, dizendo a todos: "Venham ver um homem que me disse tudo que eu já fiz na vida! Será que não é ele o Cristo?".
—João 4:28,29

No mesmo ano, ou logo depois, em que nosso filho adolescente tirou sua carteira de motorista e começou a carrega-la em sua carteira, recebemos vários telefonemas de pessoas que a haviam encontrado. Nós o advertimos para que fosse mais cuidadoso e não a deixasse para trás.

Contudo, deixar coisas para trás, nem sempre é algo ruim. Em João 4, lemos sobre uma mulher que havia ido tirar água de um poço, mas, após ter encontrado Jesus, suas intenções mudaram repentinamente. Deixando seu jarro de água para trás, ela correu para contar aos outros o que Jesus havia lhe dito (vv.28,29). Até mesmo a sua necessidade física por água desapareceu, quando comparada à necessidade de poder contar aos outros sobre o Homem que ela havia acabado de conhecer.

Pedro e André fizeram algo semelhante quando Jesus os chamou. Eles deixaram suas redes de pesca (que era seu ganho para sustento) para seguir Jesus (Mateus 4:18-20).

Nessa nossa nova vida, em que seguimos Jesus Cristo, podemos ter de deixar coisas para trás, incluindo aquelas que não trazem satisfação duradoura. Aquilo que antes almejávamos não pode ser comparado à vida e à "agua viva" que Jesus oferece.

— Cindy

30 DE JANEIRO

Uma alternativa à ira

PROVÉRBIOS 20:1-5

Evitar contendas é sinal de honra...
—Provérbios 20:3

Certa manhã em Perth, Austrália, Fionn Mulholland descobriu que seu carro havia desaparecido. Ele percebeu que estacionara por engano na área restrita e seu carro tinha sido guinchado. Mulholland ficou frustrado — especialmente com a multa de 600 dólares que pagaria — mas ele decidiu não se irar. Em vez de descarregar seus sentimentos, Mulholland escreveu um poema bem-humorado sobre a situação e o leu ao trabalhador do estacionamento do guincho. O trabalhador gostou do poema e o possível confronto desagradável nunca ocorreu.

O livro de Provérbios ensina: "Evitar contendas é sinal de honra; apenas o insensato insiste em brigar" (20:3). A contenda é o atrito que fervilha sob a superfície ou explode em aberto entre pessoas que discordam em algo.

Deus nos concedeu os recursos para vivermos pacificamente com outros. Sua Palavra nos garante que é possível sentir ira sem permitir que ela transborde (Efésios 4:26). Seu Espírito nos capacita a superar as centelhas de fúria que nos incitam a atacar as pessoas que nos aborrecem. E Deus nos deu Seu exemplo para seguirmos ao nos sentirmos provocadas (1 Pedro 2:23). Há alternativas para a ira desnecessária.

Jennifer

31 DE JANEIRO

Prove você mesma

SALMO 34:1-8

Provem e vejam que o SENHOR é bom!
Como é feliz o que nele se refugia!
—Salmo 34:8

Uma amiga postou em sua página no *Facebook* uma receita feita na panela elétrica. A refeição estava com uma aparência boa, então eu baixei a receita com a intenção de usá-la um dia. Logo depois, outra amiga estava procurando por refeições semelhantes, daí então enviei-lhe esta receita por e-mail. Ela a encaminhou para várias amigas, que também passaram adiante.

Mais tarde descobri que a receita havia sido encaminhada para muitas pessoas ainda que ninguém — nem mesmo a amiga que fez a postagem *original* — havia de fato feito o prato. Nós a recomendamos sem tê-la provado.

De vez em quando, fazemos algo semelhante com as questões da fé. Enquanto nossas motivações "a fim de dar ânimo àqueles que ouvirem" (Efésios 4:29) são boas e bíblicas, geralmente é mais fácil contar as histórias de outras pessoas que confiaram em Deus do que nós mesmas exercitarmos a nossa fé no SENHOR.

Deus não quer que eu simplesmente *fale* sobre Ele; o SENHOR quer que eu o *vivencie*.

Que hoje possamos, nós mesmas, provar e ver que Deus é bom! — *Roxanne*

1º DE FEVEREIRO

Do sofrimento à alegria

JOÃO 16:16-22

*...Ficarão tristes, mas sua tristeza
se transformará em alegria.*
—João 16:20

A gravidez de Kelly teve complicações e os médicos estavam preocupados. Durante o trabalho de parto, eles decidiram encaminhá-la para uma cesárea. Mas, apesar da provação, Kelly rapidamente esqueceu sua dor quando segurou seu filho recém-nascido. A alegria havia substituído a angústia.

As Escrituras afirmam esta verdade: "No trabalho de parto, a mulher sente dores, mas, quando o bebê nasce, sua angústia dá lugar à alegria..." (João 16:21). Jesus usou essa ilustração com Seus discípulos para enfatizar que, embora eles fossem sofrer em breve por Sua partida, tal sofrimento se transformaria em alegria quando o vissem novamente (vv.20-22).

Jesus estava se referindo à Sua morte e ressurreição — e a tudo o que viria depois. Quando Jesus ascendeu ao Céu, Ele não deixou Seus amigos assolados pelo sofrimento. Ele enviou o Espírito Santo, que os encheria de alegria (João 16:7-15; Atos 13:52).

Quando chegar o dia em que veremos Jesus face a face, a angústia que vivenciamos nesta Terra será esquecida. Mas, até lá, o Senhor não nos deixou sem alegria — Ele nos concedeu o Seu Espírito (Romanos 15:13; 1 Pedro 1:8,9). *Alyson*

2 DE FEVEREIRO

Vivendo em tendas

GÊNESIS 12:4-9

*Dali, Abrão viajou para o sul e acampou
na região montanhosa…*
—Gênesis 12:8

Quando eu era mais jovem, eu amava acampar para aproveitar as maravilhas da criação de Deus. Mas dormir em uma barraca precária não era minha parte favorita da experiência; especialmente quando uma noite chuvosa e uma barraca furada deixavam o saco de dormir ensopado.

Admiro-me ao pensar que um dos heróis da fé passou 100 anos em tendas. Aos 75 anos, Abraão ouviu o chamado de Deus para deixar seu país a fim de que a partir dele o Senhor fizesse uma nova nação (Gênesis 12:1,2). Abraão confiou em Deus, o obedeceu e viveu o restante de sua vida em tendas, até a sua morte aos 175 anos (Gênesis 25:7).

Conforme amamos este mundo e servimos às pessoas que nele vivem, podemos ansiar por ter um lar, e, dessa forma, estabelecer raízes aqui na Terra. Como Abraão, podemos olhar com fé para a cidade vindoura que foi "…planejada e construída por Deus" (Hebreus 11:10). E como esse mesmo servo do Senhor, ainda podemos encontrar esperança por saber que Deus está agindo para renovar a Sua criação, preparando "…uma pátria superior, um lar celestial…" por vir (v.16). — *Amy*

3 DE FEVEREIRO

Flores eternas

ISAÍAS 40:1-8

*O capim seca e as flores murcham,
mas a palavra de nosso Deus permanece
para sempre.* —Isaías 40:8

Certo dia, quando meu filho Xavier era pequeno, ganhei dele um belo buquê de flores artificiais. Ele sorriu enquanto arrumava a açucena branca acetinada, o girassol amarelo e a hortênsia roxa em um vaso de vidro. "Olha mamãe", ele disse. "Elas vão durar para sempre. Eu amo você assim."

Desde então, meu menino cresceu e se tornou um jovem. Aquelas pétalas acetinadas se desgastaram. As cores desbotaram. Ainda assim, as "Flores Eternas" me fazem lembrar da admiração profunda de meu filho. E, traz-me algo mais à mente, algo que verdadeiramente permanece para sempre: o ilimitado e eterno amor de Deus, como revelado em Sua Palavra infalível e permanente (Isaías 40:8).

À medida que os israelitas enfrentavam provações contínuas, Isaías os consolava com confiança nas palavras perenes de Deus. Eles confiavam no profeta porque seu foco permanecia em Deus e não em suas circunstâncias.

Em um mundo repleto de incertezas e aflições, os nossos sentimentos são sempre inconstantes e tão limitados quanto a nossa mortalidade (vv.6,7). Ainda assim, podemos confiar no amor e no caráter imutável de Deus que está revelado em Sua Palavra constante e eternamente verdadeira. *Xochitl*

4 DE FEVEREIRO

O bem maior

FILIPENSES 3:1-11

Sim, todas as outras coisas são insignificantes comparadas ao ganho inestimável de conhecer a Cristo Jesus, meu Senhor...
—Filipenses 3:8

Durante minha infância na Jamaica, meus pais nos educaram, a mim e à minha irmã, para sermos "boas pessoas". Em nossa casa, ser "bom" significava obedecer aos nossos pais, falar a verdade, ser bem-sucedida na escola e no trabalho e ir à igreja; pelo menos na Páscoa e no Natal. Imagino que essa definição de ser uma boa pessoa seja familiar a muitas pessoas, independentemente da cultura. Na verdade, o apóstolo Paulo, em Filipenses 3, usou a definição que sua cultura lhe fornecia para ser "bom" e com isso criou um excelente argumento.

Paulo, um judeu devoto do primeiro século, seguia a ordenança da lei moral em sua cultura. Ele era um excelente exemplo do que significava "ser bom" conforme os preceitos judaicos. Todavia Paulo disse aos seus leitores (e a nós) que há algo mais do que ser bom. Ele sabia que ser bom não significa o mesmo que agradar a Deus.

Paulo escreve que agradar a Deus envolve conhecer Jesus (vv.7,8). Paulo considerava sua própria bondade "...menos que lixo..." quando comparada "...ao ganho inestimável de conhecer a Cristo Jesus...". Nós somos verdadeiramente boas e agradamos a Deus quando a nossa esperança e fé estão somente em Cristo, não em nossa bondade. *Karen*

5 DE FEVEREIRO

Doce companhia

JOÃO 14:15-26

...o Espírito da verdade [...] ele habita com vocês agora e depois estará em vocês.
—João 14:17

Certa senhora idosa na casa de repouso não falava com ninguém nem pedia nada. Parecia que ela simplesmente existia, balançando em sua velha cadeira que rangia. Ela não recebia muitas visitas, e, por isso, uma jovem enfermeira frequentemente ia a seu quarto durante os intervalos de seu trabalho. Ela não tentava conversar com a mulher; simplesmente puxava outra cadeira e balançava junto com a senhora. Após muitos meses, a senhora disse a ela: "Obrigada por se balançar comigo". Ela estava grata pela companhia.

Antes de voltar ao Céu, Jesus prometeu enviar um companheiro constante aos Seus discípulos. Ele lhes disse que não os deixaria sozinhos, mas lhes enviaria o Espírito Santo (João 14:17). Essa promessa ainda é verdadeira para os que creem em Jesus hoje. Jesus disse que o Deus triúno faz "morada" em nós (v.23).

O Senhor é nosso companheiro próximo e fiel durante toda a nossa vida. Ele nos guiará em nossos conflitos mais profundos, perdoará o nosso pecado, ouvirá cada oração silenciosa e carregará os fardos que não suportamos.

Podemos desfrutar de Sua doce companhia hoje. *Anne*

Ouvindo Deus

GÊNESIS 3:8-17

Então o Senhor Deus chamou [...]
"Onde você está?".
—Gênesis 3:9

Meu filho ama ouvir a minha voz, exceto quando chamo seu nome em tom alto e severo seguido da pergunta: "Onde você está?". Quando o chamo, geralmente é porque ele aprontou alguma confusão e está tentando se esconder de mim.

Adão e Eva estavam acostumados a ouvir a voz de Deus no jardim do Éden. Contudo, após terem desobedecido ao Senhor comendo o fruto proibido, esconderam-se dele quando o ouviram chamar: "Onde você está?" (Gênesis 3:9). Eles não queriam enfrentar Deus (v.11).

Quando Deus chamou Adão e Eva e os encontrou no jardim, havia em Suas palavras a correção e as consequências (vv.13-19), no entanto, Deus também lhes demonstrou bondade e, com a promessa do Salvador, lhes deu esperança para a humanidade (v.15).

Deus não precisa nos procurar. Ele sabe onde estamos e o que estamos tentando esconder. Mas, como Pai amoroso, Ele quer falar ao nosso coração e nos trazer perdão e restauração. Ele anseia que ouçamos a Sua voz e anseia por nos escutar.

Keila

7 DE FEVEREIRO

Solte seus cabelos

JOÃO 12:1-8

*Então Maria pegou um frasco de perfume caro
feito de essência de óleo aromático, ungiu com ele
os pés de Jesus e os enxugou com os cabelos.
A casa se encheu com a fragrância do perfume.*
—João 12:3

Pouco antes da crucificação de Jesus, uma mulher chamada Maria derramou um frasco de perfume caro em Seus pés. Na sequência, em um ato ainda mais ousado, ela enxugou os pés dele com o seu próprio cabelo (João 12:3). Maria não somente sacrificou o que pode ter sido as economias de sua vida, mas também sacrificou a sua reputação. Naquela cultura, mulheres respeitáveis nunca soltavam os cabelos em público. Mas a verdadeira adoração não envolve a preocupação com o que outros pensam de nós (2 Samuel 6:21,22). Para adorar Jesus, Maria estava disposta a ser considerada uma despudorada e, talvez, até mesmo imoral.

Algumas de nós podem sentir-se pressionadas para serem perfeitas quando vão à igreja. Mas, em uma igreja saudável, podemos "soltar nossos cabelos" e não esconder nossas falhas atrás de uma fachada de perfeição. Na igreja, deveríamos poder revelar nossas fraquezas para encontrar forças em lugar de ocultar nossas falhas para parecermos fortes.

A adoração não significa se comportar como se nada estivesse errado. Significa ter a certeza de que tudo está certo com Deus e uns com os outros. Quando o nosso maior medo é "soltar os nossos cabelos", talvez nosso maior pecado seja "mantê-los presos".

Julie

Minhas amigas e eu

1 SAMUEL 18:1-4; 23:15-18

*Jônatas assumiu um compromisso solene com Davi,
pois o amava como a si mesmo.*
—1 Samuel 18:3

"Tal é a amizade, pois assim [...] como as flores derrubam suas doces folhas no chão ao seu redor, do mesmo modo os amigos disseminam favor até mesmo às suas habitações", escreveu João Crisóstomo (347–407 d.C.).

Jônatas e Davi ilustram a doçura de uma amizade verdadeira. "Formou-se de imediato um forte laço de amizade" entre eles (1 Samuel 18:1), e mantiveram sua amizade viva por meio da lealdade (18:3; 20:16,42; 23:18) e a nutriam por meio de expressões de consideração. Jônatas deu presentes a Davi (18:4), o protegeu e o alertou em muitas dificuldades (19:1,2; 20:12,13).

Em 1 Samuel 23:16, vemos o momento culminante da amizade entre os dois. Quando Davi era fugitivo do pai de Jônatas, "...o filho de Saul, foi encontrar Davi e o animou a permanecer firme em Deus". Os amigos a ajudam a encontrar forças em Deus durante as adversidades da vida.

Nesse mundo em que muitos relacionamentos consideram aquilo que se pode ganhar, sejamos o tipo de amigas que se concentram naquilo que se pode oferecer. Lembre-se: "Não existe amor maior do que dar a vida por seus amigos" (João 15:13).
Poh Fang

9 DE FEVEREIRO

Despertar da esperança

EZEQUIEL 37:1-28

*Então ele me perguntou: "Filho do homem,
acaso estes ossos podem voltar a viver?"*
—Ezequiel 37:3

Em seu blog, Keyla escreveu sobre o resgate de um cacto praticamente morto. Sob o seu cuidado, a planta aparentemente moribunda se desenvolveu. Keyla compartilhou os detalhes dessa transformação para ajudar aqueles que acreditavam que seus cactos já não tinham mais esperança.

Ezequiel surpreendeu-se quando Deus lhe perguntou se os ossos secos no vale podiam viver novamente. Com certeza, não parecia que podiam; então o profeta respondeu: "…Ó Senhor Soberano, só tu o sabes" (Ezequiel 37:3).

Em meio ao cativeiro, o povo de Deus provavelmente sentiu que nunca seria resgatado. Diante disso, Deus enviou uma mensagem por meio de Ezequiel comparando Israel aos ossos secos no vale. Ainda que parecesse não haver esperança, Deus os libertaria do cativeiro. Em lugar de serem eliminados, eles novamente se levantariam como um exército poderoso.

Podemos perder a esperança de vista durante situações difíceis, mas com Deus *sempre* há esperança. Independentemente do que você estiver enfrentando, ouça estas palavras que Deus compartilhou com o antigo Israel: "…eu sou o Senhor. Soprarei meu espírito em vocês, e voltarão a viver…" (Ezequiel 37:13,14).

Deus é o manancial da esperança e da vida! — *Remi*

10 DE FEVEREIRO

Vivendo com leões

DANIEL 6:19-28

...Pois ele é o Deus vivo e permanecerá para sempre...
—Daniel 6:26

No museu de Chicago, EUA, vi um dos leões originais da Via Processional da Babilônia — uma grande imagem, como um mural, de um feroz leão alado. Simbolizando Ishtar, a deusa babilônica do amor e da guerra, o leão era um exemplar dentre os 120 leões semelhantes que ladeavam uma via babilônica.

Os historiadores afirmam que, após os babilônios derrotarem Jerusalém, os cativos hebreus teriam visto esses leões durante seu tempo no reino de Nabucodonosor. É provável que alguns dos israelitas tenham crido que Ishtar havia derrotado o Deus de Israel.

Daniel, um dos cativos hebreus, não compartilhava das dúvidas que incomodavam alguns de seus companheiros israelitas. O comprometimento de Daniel com Deus permanecia firme. Ele orava três vezes ao dia, com suas janelas abertas, mesmo sabendo que isso significaria ser jogado em uma cova com leões. Depois que Deus resgatou Daniel dos animais famintos, o rei Dario disse: "[O Deus de Daniel] é o Deus vivo [...] Ele livra e salva..." (Daniel 6:26,27). A fidelidade de Daniel influenciou os líderes babilônios.

Permanecer fiel a Deus apesar da pressão e do desencorajamento pode inspirar outras pessoas a glorificar o Senhor.

Jennifer

11 DE FEVEREIRO

Orgulho e preconceito

JOÃO 1:43-51

"Nazaré!", exclamou Natanael.
"Pode vir alguma coisa boa de Nazaré?"
"Venha e veja você mesmo", respondeu Filipe.
—João 1:46

Infelizmente, até mesmo o melhor dentre nós tem preconceitos. Certo dia, fiquei chocada ao perceber que tinha meu próprio preconceito contra uma denominação cristã. Eu havia sido profundamente ferida por pessoas daquela denominação e em qualquer momento em que o nome dela surgisse, vinham à mente palavras como "fariseus" e "legalistas". Basicamente, eu pensava: pode vir alguma coisa boa dessa denominação?

Certa vez, Natanael fez pergunta semelhante sobre a cidade natal de Jesus. Tudo começou quando Filipe disse a Natanael que Jesus era aquele sobre quem Moisés e os profetas tinham escrito: o Messias prometido (v.45). Mas a resposta de Natanael indicava que Nazaré tinha uma reputação ruim. Como seria possível que o Messias viesse de tal lugar?

Natanael tinha preconceitos contra o povo de Nazaré. Mas Jesus deu-lhe a surpresa de toda a sua vida. Em sua primeira conversa com Jesus, ficou tão evidente que Jesus era de fato o Messias, que Natanael exclamou: "…Rabi, o Senhor é o Filho de Deus…" (v.49).

Sim, cada uma de nós tem preconceitos. Mas louvado seja Deus, porque Ele não tem! Que possamos seguir os Seus caminhos de amor.
— Marlena

12 DE FEVEREIRO

Um trabalho que progride

JOÃO 15:9-17

*Antes, cresçam na graça e no conhecimento
de nosso Senhor e Salvador Jesus Cristo.
A ele seja a glória, agora e para sempre!
Amém.* —2 Pedro 3:18

Pablo Casals foi considerado o violoncelista mais destacado da primeira metade do século 20. Certo dia, um jovem repórter lhe perguntou: "Sr. Casals, o senhor tem 95 anos e é o maior violoncelista que já existiu. Por que o senhor ainda pratica seis horas por dia?". Ele respondeu: "Porque acredito que estou progredindo".

Que excelente atitude! Como pessoas que creem em Cristo, podemos aprender com isto. Jamais devemos nos satisfazer por pensarmos que alcançamos algum autodeclarado pináculo de sucesso espiritual, mas antes devemos continuar a crescer "…na graça e no conhecimento de nosso Senhor e Salvador Jesus Cristo…" (2 Pedro 3:18). O resultado do crescimento saudável é continuar a produzir fruto espiritual durante toda a nossa vida. O nosso Senhor promete: "Sim, eu sou a videira; vocês são os ramos. Quem permanece em mim, e eu nele, produz muito fruto…" (João 15:5).

Podemos ter confiança de que Aquele que começou "a boa obra" em nós a continuará até que esteja finalmente completa no dia em que Ele retornar (Filipenses 1:6). *Cindy*

13 DE FEVEREIRO

Bem vestida

ROMANOS 13:11-14

...revistam-se do Senhor Jesus Cristo...
—Romanos 13:14

Em seu livro *Wearing God* (Revestindo-se de Deus), a autora Lauren Winner diz que nossas roupas podem silenciosamente comunicar aos outros quem nós somos. Ela escreve: "É convidativa a ideia de que, com um traje, os cristãos podem, sem uma palavra, falar algo sobre Jesus".

Segundo Paulo, nós também podemos representar Cristo, sem uma palavra sequer. Romanos 13:14 nos diz: "...revistam-se do Senhor Jesus Cristo e não fiquem imaginando formas de satisfazer seus desejos pecaminosos". Quando nos tornamos cristãs, tomamos a identidade de Cristo. Somos "filhos de Deus por meio da fé..." (Gálatas 3:26,27).

Essa é a nossa condição. Contudo, todos os dias precisamos nos revestir do Seu caráter. Fazemos isso nos esforçando para viver para Jesus e nos assemelharmos mais a Ele, crescendo em piedade, amor e obediência e voltando as costas para os pecados que antes nos escravizavam.

O crescimento em Cristo é um dos resultados da ação do Espírito Santo em nós e de nosso desejo de estarmos mais perto dele por meio do estudo da Palavra, da oração e do tempo investido em comunhão com outros cristãos (João 14:26). O que estamos declarando sobre Cristo quando os outros olham para nossas palavras e atitudes? — *Alyson*

14 DE FEVEREIRO

Presas ao amor

ROMANOS 8:31-39

*…Deem graças ao Senhor porque ele é bom;
seu amor dura para sempre!*
—Salmo 106:1

Em 2015, a cidade de Paris removeu 45 toneladas de cadeados das grades da *Pont des Arts*, a ponte de pedestres. Como para demonstrar um gesto romântico, os casais gravam suas iniciais em um cadeado, o prendem à grade, fecham-no e jogam a chave no Rio Sena.

Após este ritual ter sido repetido milhares de vezes, a ponte não podia mais suportar o peso de tanto "amor". Eventualmente a cidade, temendo pela integridade da ponte, removeu os "cadeados do amor".

Os cadeados deveriam simbolizar amor eterno, mas o amor humano nem sempre perdura. O amor humano pode ser instável.

Mas há um amor constante e duradouro: o amor de Deus. "Deem graças ao Senhor […] seu amor dura para sempre!", proclama o Salmo 106:1. As promessas do amor infalível e eterno de Deus são encontradas nas Escrituras. A maior prova deste amor é a morte de Jesus para que aqueles que colocam sua fé nele possam viver eternamente. Nada jamais nos separará do Seu amor (Romanos 8:38,39).

Companheira cristã, louve a Deus! Estamos presas ao Seu amor para sempre.

Cindy

15 DE FEVEREIRO

Tempo de crescer

GÁLATAS 6:1-10

*Portanto, não nos cansemos de fazer o bem.
No momento certo, teremos uma colheita de bênçãos,
se não desistirmos.* —Gálatas 6:9

Débora descobriu uma planta abandonada em sua nova casa: uma orquídea borboleta. Ela imaginou como a planta ficaria bela com novos pedúnculos carregados de flores. Colocou o vaso perto da janela, cortou as folhas mortas, a regou e nutriu. Semana após semana ela inspecionava a planta, mas nenhum novo broto surgia. "Vou dar a ela mais um mês de chance e, se nada acontecer, ela vai embora", disse ao marido.

Quando o dia da decisão final chegou, ela mal podia acreditar no que via. Dois pequenos pedúnculos estavam surgindo entre as folhas! A planta ainda estava viva.

Você já ficou desencorajada por sua aparente falta de crescimento espiritual? Talvez você perca a paciência frequentemente ou goste de uma fofoca apimentada. Ou talvez você negligencie a oração e a leitura da Bíblia por certo tempo.

Por que você não fala com uma amiga confiável sobre as áreas de sua vida em que deseja crescer espiritualmente e lhe pede para orar e encorajá-la a prestar-lhe contas? Seja paciente. Você crescerá na medida em que permitir que o Espírito Santo trabalhe em seu interior. *— Marion*

16 DE FEVEREIRO

De quem é a bagunça?

MATEUS 15:7-21

Pois do coração vêm os maus pensamentos, homicídio, adultério, imoralidade sexual, roubo, mentiras e calúnias. São essas coisas que os contaminam…
—Mateus 15:19,20

"Eles não podiam ter carregado o próprio lixo até aqui?" Eu resmunguei para o meu marido, Jay, enquanto juntava as garrafas vazias da praia e as jogava na lata de lixo a menos de 6 metros dali. "Eu realmente espero que essas pessoas sejam turistas. Não quero acreditar que um morador local trataria nossa praia com tal desrespeito."

No dia seguinte, encontrei uma oração sobre julgar os outros que eu tinha guardado. Ela me lembrou sobre como eu estava errada por ter orgulho de limpar a sujeira de outras pessoas. A verdade é que eu tenho muitas bagunças minhas; especialmente no sentido espiritual.

Sou rápida em concluir que o "lixo" poluindo os meus arredores pertence a outra pessoa e não a mim. Mas isso não é verdade. Nada fora de mim pode me condenar ou contaminar — somente o que está no interior (Mateus 15:19,20). O verdadeiro lixo é a atitude que me faz erguer o nariz para qualquer odor de pecado de outra pessoa enquanto ignoro o cheiro do meu próprio pecado. *Julie*

17 DE FEVEREIRO

O pequeno evangelista

MARCOS 12:28-34

Ame o Senhor, seu Deus, de todo o seu coração,
de toda a sua alma, de toda a sua mente
e de todas as suas forças.
—Marcos 12:30

Miguel, meu vizinho de 6 anos, e eu estávamos conversando em meu jardim da frente quando duas crianças, novas vizinhas, passaram por nós. Depois de eu lhes ter perguntado os seus nomes, a primeira pergunta de Miguel a eles foi: "Vocês amam a Deus?". Sérgio, um menino de 5 anos, respondeu rapidamente: "Não!". Miguel olhou-o com desaprovação e preocupação. Quando Nina, uma garota de 4 anos percebeu que Miguel não se agradara com aquela resposta, disse: "Sim!".

A "estratégia de testemunho" de Miguel pode não ser a mais conveniente, mas, de fato, ele tem uma pergunta importante para fazer às pessoas que ele conhece (e eu o ouvi perguntando a várias outras pessoas).

Jesus ouviu a seguinte pergunta: "...De todos os mandamentos, qual é o mais importante?" (v.28). Ele respondeu: "...O Senhor, nosso Deus, é o único Senhor. Ame o Senhor, seu Deus, de todo o seu coração, de toda a sua alma, de toda a sua mente e de todas as suas forças" (vv.29,30).

Amar a Deus também deve ser a nossa maior prioridade. Portanto, meu pequeno amigo e vizinho quer saber: "Você ama a Deus?".

Anne

18 DE FEVEREIRO

Fazendo o certo aos olhos de Deus

2 REIS 12:1-15

*...Joás fez o que era certo aos olhos do S*ENHOR*, como o sacerdote Joiada o orientava.* —2 Reis 12:2

"Pedreiros picaretas" é um termo que muitos proprietários de imóveis usam para trabalhadores que executam construções de má qualidade. O termo é disseminado com medo ou arrependimento, geralmente devido a más experiências.

Sem dúvida havia carpinteiros, pedreiros e artífices canteiros desonestos nos tempos bíblicos. Mas escondido na história da reforma do Templo do rei Joás, há um versículo que relata sobre a total honestidade daqueles que supervisionavam e faziam o trabalho (2 Reis 12:15).

Todavia, "Durante toda a vida, Joás fez o que era certo aos olhos do S*ENHOR*, como o sacerdote Joiada o orientava" (v.2). Como vemos em 2 Crônicas 24:17-27, após a morte de Joiada, Joás se afastou do Senhor e foi persuadido a adorar outros deuses.

O legado contraditório de um rei que desfrutou de um tempo frutífero somente enquanto estava sob o conselho espiritual de um sacerdote piedoso me faz parar e pensar. Quais serão os nossos legados? Continuaremos a crescer e a desenvolver em nossa fé ao longo de nossa vida, produzindo bons frutos? Ou ficaremos distraídas com as coisas deste mundo e nos voltaremos para ídolos dos dias modernos como o conforto, o materialismo e a autopromoção? *— Amy*

19 DE FEVEREIRO

Servindo sem distração

LUCAS 10:38-42

Marta, porém, estava ocupada com seus muitos afazeres. Foi a Jesus e disse: "Senhor, não o incomoda que minha irmã fique aí sentada enquanto eu faço todo o trabalho? Diga-lhe que venha me ajudar!". —Lucas 10:40

Enquanto Marta servia a Jesus generosamente, sua irmã Maria estava sentada a Seus pés, ouvindo-o e aprendendo com Ele. Ao comentar esta situação, Charles H. Spurgeon (1834–92) escreveu: "Nós deveríamos servir com muito mais afinco e ter muito mais comunhão ao mesmo tempo. Para isso necessitamos de graça em abundância. É mais fácil servir do que ter comunhão".

Certa vez, conheci uma jovem mãe que encontrou graça para fazer ambos. Ela tinha fome de Deus e de Sua Palavra e estava profundamente imersa na vida familiar diariamente. Um dia, veio-lhe uma ideia à mente. Ela colocou um pedaço de papel e um lápis em cada cômodo. Na medida em que servia o senhor ao longo do dia em sua casa, ela também se colocava disponível para Deus. Sempre que um versículo, algo para confessar ou pelo que orar vinha à sua mente, ela o anotava no pedaço de papel mais próximo. À noite, depois que as crianças estivessem dormindo, ela juntava os pedaços de papel com motivos de oração e fazia suas preces durante a sua comunhão com o Senhor.

Ela encontrou um modo de ser Marta e Maria ao mesmo tempo. Que nós também possamos descobrir maneiras de servir a Deus e, simultaneamente, ter comunhão com Ele.

Joanie

Até quando?

HABACUQUE 1:2-11

Até quando, SENHOR,
terei de pedir socorro?...
—Habacuque 1:2

Quando casei, eu achava que teria filhos imediatamente, mas isso não aconteceu e a dor da infertilidade me fez clamar a Deus: "Até quando?". Eu sabia que Deus poderia mudar as minhas circunstâncias; por que Ele não agia?

Você está esperando em Deus? Está perguntando: "Até quando, Senhor, esperaremos para que a justiça prevaleça em nosso mundo? Quando haverá uma cura para o câncer? Quando não terei mais dívidas?".

O profeta Habacuque conhecia esse sentimento. No século 7 a.C., ele clamou: "Até quando, SENHOR, terei de pedir socorro? Tu, porém, não ouves. Clamo: 'Há violência por toda parte!', mas tu não vens salvar [...]. Por que preciso assistir a tanta opressão?" (1:2,3). Ele orava, contudo lutava para compreender como um Deus justo e poderoso poderia permitir que a perversidade continuasse existindo em Judá. Por que Deus não fazia nada?

Há dias em que nós também sentimos como se Deus não estivesse fazendo nada. E como o profeta Habacuque, também questionamos o Senhor dizendo: "Até quando?"

Devemos continuar a lançar os nossos fardos sobre o Senhor porque Ele se importa conosco. Deus nos ouve e, em Seu tempo, nos dará uma resposta. *Karen*

21 DE FEVEREIRO

Não a minha vontade

PROVÉRBIOS 31:1-26

*Busque a vontade dele em tudo que fizer,
e ele lhe mostrará o caminho que deve seguir.*
—Provérbios 3:6

Meu marido e eu acreditamos que os pais são as pessoas com mais influência na vida de uma criança. Mas algumas vezes nos questionamos se as nossas decisões como pais têm o impacto esperado. Nossos filhos são adolescentes agora e estão tendo mais e mais experiências que são só deles. Nos dias de hoje, percebo que estou procurando cada vez mais oportunidades para orar por eles.

Todos os pais enfrentam o medo de fracassar. Essas preocupações são ampliadas quando reconhecemos a influência que temos sobre o desenvolvimento espiritual de nossos filhos (Salmo 78:1-7). Temos medo de que eles se afastem das verdades que tentamos incutir neles. Por isso é um consolo saber que há Alguém que está sempre atento e que está sempre agindo além daquilo que podemos ver (Salmo 33:18; Provérbios 2:12,26).

Como pais, podemos orar ousadamente pedindo a sabedoria de Deus sobre os nossos filhos (Provérbios 3:5-7,13-18). E devemos aprender a buscar "...a vontade dele em tudo..." o que fizermos (Provérbios 3:6). Nossa maior influência espiritual sobre os nossos filhos está no modo como vivemos a nossa fé na presença deles. — *Regina*

22 DE FEVEREIRO

Vitória sobre a morte

DEUTERONÔMIO 31:1-8

*Mas graças a Deus, que nos dá vitória [...]
por meio de nosso Senhor Jesus Cristo!*
—1 Coríntios 15:57

Enquanto estava em uma cafeteria na Uganda, eu conheci um jovem que havia testemunhado e sobrevivido (escondendo-se em um freezer de carnes) ao ataque terrorista em 21 de setembro de 2013 no *Westgate Mall* em Nairobi, no Quênia, que resultou em 67 mortes. Apesar de estar entre aqueles que foram resgatados, durante o atroz tormento o jovem viu a face do mal enquanto pessoas inocentes eram derrubadas a tiros, algumas com tiros à queima-roupa, se não conseguissem convencer os militantes radicais de que compartilhavam da mesma religião.

À medida que ele assistia às pessoas morrerem, esse jovem tinha todos os motivos para acreditar que não sairia vivo dali. Contudo, mais tarde, ele me disse que, por estar confiante de ter sido salvo pela graça (Efésios 2:8,9) e de que Jesus é o seu Salvador (1 Timóteo 1:1), ele temia a dor, mas não a morte.

Considero um presente de Deus ter conhecido esse homem, pois ele é um testemunho vivo de que Deus e a Sua Palavra podem acalmar o nosso coração e trazer paz à nossa mente mesmo durante as situações mais atrozes na Terra.

Podemos nos apegar a essa certeza, que está disponível somente por meio de Cristo. — *Roxanne*

23 DE FEVEREIRO

Uma entrada ousada

HEBREUS 4:14-16

Assim, aproximemo-nos com toda confiança do trono da graça, onde receberemos misericórdia e encontraremos graça para nos ajudar quando for preciso.
—Hebreus 4:16

Certa manhã, Sérgio e sua esposa haviam acabado de acordar e estavam deitados na cama quando repentinamente um rapazinho entrou em seu quarto. Ele foi até o lado da cama em que Sérgio estava.

Caso o invasor fosse um completo estranho, sua entrada seria criminosa. Se fosse um amigo, sua entrada seria simplesmente detestável. Mas fora o seu filhinho que entrara em seu quarto e pulando na cama disse ousadamente: "Quero ficar no meio". Sérgio impressionou-se com a beleza que há na segurança de uma criança por saber que é amada e aceita.

Nós também somos bem-vindas à presença de nosso Pai celestial. Hebreus 4:16 nos diz que podemos nos aproximar "…com toda confiança do trono da graça…". Podemos nos aproximar dele confiantemente por qualquer razão — por nossas necessidades e nossos desejos — sabendo que Ele cuida de nós (1 Pedro 5:7).

Não sejamos tolas a ponto de ignorar a ajuda que podemos encontrar quando oramos ao nosso Pai. Antes, aproximemo-nos dele com a ousadia de uma criança que sabe que é amada por seu pai.

Anne

24 DE FEVEREIRO

Permanecendo firme

DANIEL 3:1-30

…queremos deixar claro, ó rei,
que jamais serviremos seus deuses ou adoraremos
a estátua de ouro que o rei levantou.
—Daniel 3:18

No livro de Daniel, Nabucodonosor havia erguido uma estátua de ouro e decretado que todos deveriam curvar-se para adorá-la. Contudo, Sadraque, Mesaque e Abede-Nego se recusaram a curvar-se. Irado, o rei lhes deu mais uma "chance de se prostrarem e adorarem" ou enfrentariam a morte certa (3:12,15).

Os jovens não hesitaram. Eles rejeitaram a oferta do rei, afirmando: "…o Deus a quem servimos pode nos salvar. […] Mas, ainda que ele não nos livre, queremos deixar claro, ó rei, que jamais serviremos seus deuses ou adoraremos a estátua de ouro que o rei levantou" (vv. 17,18). Em lugar de focarem-se em cogitar se Deus lhes livraria ou não, os três firmaram suas vidas e ações na certeza de quem Deus é.

Nossa habilidade de nos posicionarmos em meio às lutas depende de nosso foco. Se buscarmos somente livramento imediato, podemos não resistir. Mas, se estivermos olhando para Jesus, Ele nos auxiliará a perceber que independentemente do que acontecer, firmamo-nos em quem Deus é, não no que Ele faz por nós.

Remi

25 DE FEVEREIRO

O que lhe importa?

JOÃO 21:15-22

Jesus respondeu: "Se eu quiser que ele permaneça vivo até eu voltar, o que lhe importa? Quanto a você, siga-me".
—João 21:22

Todas nós lutamos por sermos intrometidas algumas vezes. Podemos nos perceber controlando o que está acontecendo com outras pessoas e afastamos o nosso olhar de Jesus. Esquecemo-nos de ser gratas pelo que Ele fez em nossa vida.

Quando Jesus reintegrou Pedro ao grupo de Seus discípulos (João 21:15-17) após ele ter negado o Senhor anteriormente, o apóstolo imediatamente tirou o seu olhar do Salvador e lhe perguntou se João sofreria da mesma forma que ele próprio (v.21). Considerando a dúvida de Pedro, Jesus basicamente respondeu: *Não se preocupe com ele. Mantenha seu foco em mim* (v.22).

À medida que seguimos a Cristo, nosso ponto de interesse passa a ser centrado nele e não no que está acontecendo na vida de outras pessoas. Isto pode significar, entre outras coisas, limitar as mídias sociais. Também implica buscar a Deus e Sua sabedoria ao lidar com as tentações e pecados em nossa vida. Conforme nos submetemos ao poder de Cristo, Ele nos liberta de sermos envolvidas em preocupações doentias com a situação de outros. Quando mantemos nossos olhos no Senhor, Ele provê a visão que precisamos! — *Marlena*

26 DE FEVEREIRO

A receita da vovó

SALMO 145:1-13

Lembrem-se dos dias de muito tempo atrás, pensem nas gerações passadas. Perguntem a seus pais, e eles os informarão; consultem os líderes, e eles lhes contarão. —Deuteronômio 32:7

Muitas famílias têm uma receita secreta, um modo especial de preparar um prato que o deixa especialmente saboroso. Para nós Hakkas (meu grupo étnico chinês), há um prato tradicional chamado de sementes de ábaco, batizado por sua aparência semelhante a grãos. Você realmente precisa experimentar!

Minha avó tinha a melhor receita, mas nunca lhe pedimos que nos passasse. Ela já não está mais conosco e a sua receita secreta se foi com ela.

Sentimos saudades da vovó e é triste ter perdido a receita dela. Porém, muito mais trágico seria fracassar em preservar o legado de fé confiado a nós. Deus deseja que os Seus atos poderosos sejam compartilhados de uma geração à outra (Salmo 145:5). Moisés anteriormente havia instruído os israelitas a se lembrarem: "...dos dias de muito tempo atrás [...]. Perguntem a seus pais, e eles os informarão; consultem os líderes, e eles lhes contarão" (Deuteronômio 32:7).

No momento em que compartilhamos as nossas histórias sobre como recebemos a salvação e os modos como o Senhor nos ajudou a enfrentar desafios, nós o honramos e passamos a fé adiante. Isso é muito mais importante do que repassar receitas como um legado.

Poh Fang

A maior história de amor
CÂNTICO DOS CÂNTICOS 2:4-16

Meu amado é meu, e eu sou dele;
ele pastoreia entre os lírios.
—Cântico dos Cânticos 2:16

Quando John e Ann Betar celebraram seu 81.º aniversário de casamento, eles foram considerados o casal com o casamento mais longo nos Estados Unidos. Seu conselho? "Não guardem ressentimentos. Perdoem um ao outro", John aconselha. E Ann acrescenta: "É amor incondicional e compreensão".

O Cântico dos Cânticos captura esse compromisso ativo de dois enamorados se deleitando e ansiando um pelo outro (1:15,16; 3:1-3). Eles amam e, em retorno, são amados (2:16; 7:10) e têm satisfação e contentamento na companhia um do outro (2:16; 4:9-11; 7:10). Certamente essa pode ser uma das maiores alegrias da vida.

O amor terreno entre marido e esposa é um eco do amor apaixonado e da busca fervorosa de Jesus por aqueles que creem nele. "Porque Deus amou tanto o mundo que deu seu Filho único, para que todo aquele que nele crer não pereça, mas tenha a vida eterna" (João 3:16).

Ainda que seja belo ver o amor que um homem e uma mulher podem compartilhar por décadas, isso empalidece se comparado ao incrível amor que Deus estende a nós pela eternidade. *Essa* é a maior história de amor! — *Ruth*

28 DE FEVEREIRO

Plágio espiritual

JOÃO 1:1-18

*Assim, a Palavra se tornou ser humano,
carne e osso, e habitou entre nós. Ele era cheio de graça
e verdade. E vimos sua glória,
a glória do Filho único do Pai.* —João 1:14

Quando dou aulas de redação, tento me familiarizar com a voz de escrita de cada estudante. Dessa forma, eu consigo definir se eles estão "emprestando" demais de outro escritor. Os estudantes ficam surpresos ao descobrir que a sua "voz de escrita" — o que eles dizem assim como o modo como dizem — é tão distintiva quanto a própria voz articulada. Assim como as palavras que falamos vêm de nosso coração, o mesmo acontece com as que escrevemos. Elas revelam quem nós somos.

Nós nos familiarizamos com a voz de Deus de forma muito similar. Ao ler o que Ele escreveu, nós aprendemos quem Ele é e como Ele se expressa. Satanás, contudo, tenta fazer sua voz soar semelhante à de Deus (2 Coríntios 11:14). Por exemplo, ao convencer pessoas a fazerem coisas que simulam piedade, tais como confiar em um regime externo de autodisciplina em lugar de confiar na morte de Cristo para obter salvação (Colossenses 2:23), Satanás desviou muitos.

Deus foi a extremos para garantir que reconheceríamos Sua voz. Ele não apenas nos deu Sua Palavra, mas também nos deu a Palavra que se fez carne — Jesus (João 1:14) — para que não fôssemos facilmente enganadas ou ludibriadas.

Julie

29 DE FEVEREIRO

Transformando vidas

PROVÉRBIOS 15:4; 16:24; 18:21

Palavras bondosas são como mel: doces para a alma e saudáveis para o corpo. —Provérbios 16:24

Algumas vezes nossa vida muda rapidamente por causa do impacto de outros. Para Bruce Springsteen, lenda do *rock and roll*, a obra de músicos o ajudou a passar por uma infância difícil e luta com a depressão. Ele encontrou significado em seu trabalho pela verdade que havia vivenciado em primeira mão: "Com a canção certa, pode-se transformar a vida de alguém em três minutos".

Como uma canção envolvente, as palavras bem escolhidas podem nos dar esperança e mudar o curso de nossa vida. As palavras de um professor que mudam como vemos o mundo, palavras de encorajamento que restauram a confiança, palavras gentis de um amigo que nos amparam.

Talvez por isso o livro de Provérbios enfatiza nossa responsabilidade de valorizar palavras e as usar com sabedoria. As Escrituras nunca tratam o discurso como "mero falar". Antes, somos ensinadas que nossas palavras podem ter consequências de vida ou morte (18:21). Em poucas palavras, podemos aniquilar o espírito de alguém, ou, com palavras de sabedoria e esperança, podemos nutrir e fortalecer outros (15:4).

Nem todas temos a habilidade de compor músicas influentes. Mas cada uma de nós pode buscar a sabedoria de Deus para servir ao próximo por meio de nosso discurso (Salmo 141:3). Com apenas algumas palavras bem escolhidas, Deus pode nos usar para impactar uma vida. — *Monica*

1.º DE MARÇO

Alegrando-se

SALMO 30

Este é o dia que o SENHOR fez;
nele nos alegramos e exultaremos.
—Salmo 118:24

Um de meus livros favoritos na infância era *Pollyana*; a história de uma jovem otimista que sempre encontrava algo pelo que se alegrar mesmo quando algo ruim acontecia.

Recentemente, lembrei-me dessa amiga da literatura infantojuvenil quando minha amiga, na vida real, caiu e quebrou o seu braço ao andar de bicicleta. Marianne me disse como ficou agradecida por ter podido voltar de bicicleta à sua casa e por não precisar de cirurgia. E ela se maravilhou por ter ossos bons, assim o braço dela poderia recuperar-se bem!

Uau! Marianne é um exemplo de alguém que aprendeu a se alegrar apesar da dificuldade. Ela tem a confiança de que Deus tomará conta dela, não importa o que acontecer.

O sofrimento eventualmente nos alcança a todos. E, acredito que Deus nos olha com satisfação quando encontramos razões para sermos gratas (1 Tessalonicenses 5:16-18) apesar do problema. E, conforme o fazemos, podemos ser gratas porque Deus nos mantém próximas a Ele. É quando confiamos em Sua bondade que encontramos alegria. — *Cindy*

Tempo de esperar

GÊNESIS 8:1-12

Depois de esperar mais sete dias, Noé soltou a pomba mais uma vez. Quando ela voltou ao entardecer, trouxe no bico uma folha nova de oliveira...
—Gênesis 8:10,11

Mais de um ano havia se passado desde que as fontes das grandes profundezas irromperam e as comportas do céu foram abertas sobre a Terra (Gênesis 7:11) durante o dilúvio nos dias de Noé. O mundo ficou completamente submerso.

O dilúvio em si durou apenas 40 dias, mas a água secar era outra questão. Deus foi claro ao ordenar a construção da arca provendo instruções específicas. Mas agora estava em silêncio. Noé e sua família esperaram e esperaram. Deus havia se esquecido deles?

Não, Ele não os havia esquecido. Deus estava trabalhando por eles para restabelecer a ordem. O Senhor enviou um vento para que as águas recuassem (Gênesis 8:1) e a arca parou sobre uma montanha. Na sequência, a pomba que Noé enviou não retornou. Entretanto, Noé esperou até que Deus lhe dissesse para sair da arca (Gênesis 8:16). Sua paciência e confiança foram recompensadas com um mundo renovado.

A atual cultura de gratificação instantânea nos coloca em conflito com o tempo de Deus. Quando o Senhor parece estar silente, é tempo de esperarmos e confiarmos que Ele solucionará as situações de uma forma que jamais conseguiríamos. Sempre vale a pena esperar por Ele! — *Remi*

3 DE MARÇO

Maduros para a colheita

JOÃO 4:35-38

...despertem e olhem em volta.
Os campos estão maduros para a colheita.
—João 4:35

No final do verão, fomos fazer uma caminhada pelos arredores da cidade. Colhemos mirtilos silvestres enquanto observávamos os cavalos saltitarem perto de nós. Enquanto eu desfrutava da abundância de frutas doces plantadas por outras pessoas muitos anos antes, pensei nas palavras de Jesus a Seus discípulos: "Eu envio vocês para colher onde não semearam..." (João 4:38).

Eu amo a generosidade do reino de Deus refletida nessas palavras. Ele nos permite usufruir dos frutos do trabalho de outra pessoa, tal como quando compartilhamos nosso amor por Jesus com um amigo cuja família tem orado por ele há anos, ainda que isso seja um fato desconhecido para nós. Eu também amo os limites sugeridos nas palavras de Jesus, pois plantaremos sementes que nunca colheremos, mas outra pessoa colherá. Portanto, podemos descansar nas tarefas colocadas diante de nós sabendo que não somos responsáveis pelos resultados.

Que campos estão maduros para a colheita diante de você? Diante de mim? Que possamos prestar atenção à amável instrução de Jesus: "...despertem e olhem em volta" (v.35).

— *Amy*

4 DE MARÇO

Vida plena

MARCOS 10:28-31; JOÃO 10:9,10

*...Eu vim para lhes dar vida,
uma vida plena, que satisfaz.*
—João 10:10

Quando visitei a família de minha irmã, meus sobrinhos me mostraram, com muito entusiasmo, seu novo sistema de tarefas: um conjunto de tabuleiros eletrônicos. Cada tabuleiro colorido registra suas tarefas e os recompensa de acordo. Um trabalho bem feito adiciona pontos à sua "conta poupança". Um delito (como deixar a porta dos fundos aberta) acarreta em uma dedução do total. Uma soma elevada de pontos traz recompensas interessantes, então meus sobrinhos agora estão motivados a fazer bem as suas tarefas e a manter as portas fechadas!

Eu brinquei que gostaria de ter uma ferramenta motivacional como essa! Mas é claro que o nosso Senhor nos deu motivação. Jesus não ordenou obediência, mas prometeu que uma vida dedicada a segui-lo, ainda que dispendiosa, é também uma vida de abundância, "...uma vida plena..." (João 10:10). Experimentar a vida em Seu reino vale "...cem vezes mais..." do que seu custo — agora e eternamente (Marcos 10:29,30).

Servimos a um Deus generoso, ao Deus que não nos recompensa ou nos pune como merecemos. Ele aceita generosamente os nossos esforços mais débeis. Vamos hoje servi-lo com alegria.

Monica

5 DE MARÇO

Perguntas para Deus
JUÍZES 6:11-16,24

Vá com a força que você tem [...]
Certamente estarei com você...
—Juízes 6:14,16

Você alguma vez se perguntou porque Deus permitiu o sofrimento em sua vida? Gideão, o herói do Antigo Testamento, sim. Certo dia "O anjo do Senhor apareceu a Gideão e disse: 'O Senhor está com você, guerreiro corajoso!'. Gideão respondeu: 'Meu Senhor, se o Senhor está conosco, por que nos aconteceu tudo isso?..." (Juízes 6:12,13). Gideão queria saber o motivo pelo qual parecia que Deus tinha abandonado o Seu povo.

Deus não respondeu essa pergunta. Após Gideão ter suportado sete anos de ataques inimigos, inanição e esconderijos em cavernas, o Senhor não explicou porque nunca interviera. Deus poderia ter revelado que o pecado passado de Israel fora o motivo, mas, em lugar disto, Ele deu a Gideão esperança para o futuro dizendo: "Vá com a força que você tem [...] Certamente estarei com você..." (vv.14,16).

Quando Gideão finalmente creu que Deus estava com ele e que o ajudaria, ele construiu um altar e o chamou de "...Javé-Shalom..." (v.24).

Há paz em saber que, independentemente do que fizermos e onde quer que formos, estaremos com o Deus que prometeu nunca abandonar ou deixar Seus seguidores. *Jennifer*

6 DE MARÇO

Desespero santo

MARCOS 5:24-34

*Jesus [...] virou-se para a multidão e perguntou:
"Quem tocou em meu manto?"*
—Marcos 5:30

Quando Jesus estava no meio da multidão e perguntou quem havia tocado nele, os discípulos provavelmente pensaram que Ele estava fora de si. Tantas pessoas o apertavam de todos os lados, contudo o Senhor queria identificar apenas uma delas (Marcos 5:31). Eventualmente, a mulher apresentou-se tremendo com uma confissão, impressionando a todos (v.33).

Jesus sabia que essa mulher precisava dele. Os médicos haviam sugado seus recursos e o sangramento constante a condenava à impureza. Para evitar contaminação, a família e os amigos tinham que manter-se distantes. Ela não podia entrar no Templo e, isso vinha acontecendo há 12 anos! Jesus era sua única esperança (Marcos 5:26-28). Então ela tocou no Senhor. E Jesus percebeu esse toque.

Como nós o "tocamos"? Achegamo-nos a Deus com o entendimento de que Ele é nossa única esperança? Ou nos achegamos descuidadamente procurando por bênçãos?

Em Isaías 29:13 e Mateus 15:8, as Escrituras abordam o problema de fazermos uma demonstração verbal de fé sem um verdadeiro comprometimento de coração. Jesus vê além da fachada, enxerga o que está por detrás dela. Com verdadeira sinceridade e em necessidade tremenda, busquemos o Mestre e o Seu amável toque hoje.

— Remi

7 DE MARÇO

Ainda em processo

COLOSSENSES 3:10-19; 4:5,6

*Acima de tudo, revistam-se do amor
que une todos nós em perfeita harmonia.*
—Colossenses 3:14

A transformação nem sempre é fácil em nossa vida, especialmente quando envolve o nosso coração. Os relacionamentos, seja com Deus, com nosso cônjuge ou com qualquer outra pessoa, são uma jornada, não um destino. As circunstâncias na vida invariavelmente nos trazem fatores estressantes ou ajustes que exigem que nos submetamos humildemente à obra contínua de Deus, que geralmente utiliza nossos relacionamentos mais próximos para promover a transformação que será o testemunho do amor de Jesus, a um mundo incrédulo (João 13:35; Colossenses 4:5).

Dos comportamentos secretos do coração até as nossas ações de autopreservação, Deus nos chama: "Revistam-se da nova natureza e sejam renovados à medida que aprendem a conhecer seu Criador..." (Colossenses 3:10). A verdadeira mudança, contudo, exige humildade — um abdicar de nossos direitos para que possamos adotar os do Senhor (Salmo 25:9; Provérbios 10:12).

Conforme nosso valor e propósito passam a ser mais escondidos em Cristo (Colossenses 3:3), menos precisaremos provar que estamos certas e mais desejaremos que Sua Palavra se torne viva em nós, assim amaremos verdadeiramente.

Regina

8 DE MARÇO

Oração dos cinco dedos

TIAGO 5:13-18

...orem uns pelos outros...
—Tiago 5:16

A oração é uma conversa com Deus, não uma fórmula. Contudo, algumas vezes podemos utilizar um "método" para renovar nosso momento de oração. Recentemente, encontrei o método "Oração dos cinco dedos" para usar como guia ao orar pelos outros:

- Quando você une as mãos, o polegar é o dedo que fica mais próximo de você. Então comece orando por aqueles que lhe são mais próximos — os seus amados (Filipenses 1:3-5).
- O indicador é o que aponta. Ore por aqueles que ensinam — os mestres do ensino bíblico, pregadores e aqueles que ensinam as crianças (1 Tessalonicenses 5:25).
- O dedo médio é o mais longo. Lembre-se de orar por aqueles que são autoridade sobre você — líderes nacionais e locais e o seu supervisor no trabalho (1 Timóteo 2:1,2).
- O dedo anelar é geralmente o mais fraco. Ore por aqueles que estão com dificuldades ou sofrendo (Tiago 5:13-16).
- E então vem o dedo mínimo. Ele a lembra de sua pequenez em relação à grandiosidade de Deus. Peça ao Senhor que supra as suas necessidades (Filipenses 4:6,19).

Seja qual for o método que você utilizar, simplesmente fale com o seu Pai. Ele quer ouvir sobre o que há em seu coração.

— Anne

9 DE MARÇO

Quem lhes dirá?

2 CORÍNTIOS 4:1-6

E agora ele tornou tudo isso claro para nós com a vinda de Cristo Jesus, nosso Salvador, que destruiu o poder da morte e iluminou o caminho para a vida e a imortalidade por meio das boas-novas.
—2 Timóteo 1:10

A Segunda Guerra Mundial havia acabado. A paz fora declarada. Mas o Segundo Tenente Hiroo Onoda do Exército Imperial Japonês, lotado na Ilha Lubang, nas Filipinas, não sabia que a guerra havia findado. Foram feitas tentativas para encontrá-lo e dizer-lhe que a guerra já tinha acabado. Mas Onoda, cuja última ordem em 1945 fora permanecer e lutar, rejeitou essas tentativas como sendo manobras do inimigo. Ele não se rendeu até março de 1974 — quase 30 anos após o fim da guerra — quando seu antigo comandante viajou do Japão às Filipinas, revogou sua ordem inicial e oficialmente dispensou Onoda do serviço militar. Onoda finalmente acreditou que a guerra havia acabado.

Quando se trata das boas-novas sobre Jesus Cristo, muitos ainda não creem que Ele "...destruiu o poder da morte e iluminou o caminho para a vida e a imortalidade por meio das boas-novas" (2 Timóteo 1:10).

Quando outros lhes contam as gloriosas boas-novas de salvação, muitos podem reagir com ceticismo, mas animem-se. Imaginem a liberdade que as pessoas encontrarão quando finalmente perceberem que a batalha já foi vencida!

Poh Fang

O jogo da culpa

GÊNESIS 16:1-6; 21:8-13

Então Sarai disse a Abrão:
"Você é o culpado da vergonha que estou passando!
Entreguei minha serva a você, mas, agora que
engravidou, ela me trata com desprezo. O SENHOR
mostrará quem está errado: você ou eu!". —Gênesis 16:5

Quando o marido de Janete a deixou por outra mulher, ela jurou que jamais conheceria a nova esposa dele. Mas, quando ela percebeu que sua amargura estava prejudicando o relacionamento de seus filhos com o pai, Janete pediu a ajuda de Deus para dar os primeiros passos a fim de superar a amargura em uma situação inalterável.

Em Gênesis 16, lemos a história de um casal a quem Deus promete um bebê. Quando Sarai sugeriu que o seu marido Abrão tivesse um filho com a serva dela, Hagar, ela não estava confiando totalmente em Deus. Quando o bebê nasceu, Hagar desprezou Sarai (16:3,4) e Sarai tornou-se amarga (vv.5,6).

Hagar fora escrava sem direito algum e repentinamente se tornou especial. Como Sarai reagiu? Culpando outros, inclusive Abrão (v.5). A promessa de Deus foi concretizada com o nascimento de Isaque, 14 anos depois. Até mesmo a celebração do desmame do menino foi arruinada pela atitude de Sarai.

Pode ter sido necessário um milagre da graça para mudar a atitude de Sarai, mas, por meio da força do Senhor, ela poderia ter lidado com essa situação de forma diferente e dado glória a Deus. — *Marion*

Uma boa herança

2 TIMÓTEO 1:1-15

Lembro-me de sua fé sincera, como era a de sua avó,
Loide, e de sua mãe, Eunice...
—2 Timóteo 1:5

Meus avós não tinham muito dinheiro, contudo tornavam cada Natal memorável para todos os seus netos. Nós sempre tínhamos muita comida, diversão e amor. E, desde muito novos, aprendemos que foi Cristo quem tornou essa celebração possível.

Queremos deixar o mesmo legado para nossos filhos. No último mês de dezembro, quando nos reunimos pela última vez para compartilhar o Natal com a família, percebemos que essa maravilhosa tradição havia começado com o vovô e a vovó. Eles tiveram o cuidado de plantar as sementes de amor, respeito e fé para que nós — os filhos de seus filhos — pudéssemos imitar o exemplo deles.

Na Bíblia lemos sobre a avó Loide e a mãe Eunice, que compartilharam a fé genuína com Timóteo (2 Timóteo 1:5). A influência delas sobre ele o preparou para compartilhar as boas-novas com muitos outros.

Podemos preparar uma herança espiritual para aqueles a quem influenciamos por meio de uma vida de íntima comunhão com Deus dando-lhes nossa atenção e compartilhando a vida com eles. Quando o nosso viver reflete a realidade do amor de Deus, deixamos um legado duradouro aos outros.

Keila

12 DE MARÇO

Um indício do Céu

1 CORÍNTIOS 14:6-12, 26

O mesmo se aplica a vocês. Uma vez que estão ansiosos para ter os dons espirituais, busquem os dons que fortalecerão a igreja toda.
—1 Coríntios 14:12

Um jardim botânico renomado foi o local escolhido para um encontro de toda a comunidade da igreja. Enquanto eu caminhava pelos jardins desfrutando dos belos arredores tratados por pessoas que conhecem e amam plantas, percebi que a noite estava rica em símbolos de como a igreja deve agir — um pequeno indício do Céu na Terra.

Um jardim é o lugar onde cada planta é colocada no ambiente em que crescerá. Os jardineiros preparam o solo, protegem as plantas e garantem que cada uma receba a nutrição necessária. O resultado é um lugar belo, colorido e perfumado do qual as pessoas desfrutam.

Como um jardim, a igreja deve ser um lugar onde todos trabalham juntos para o bem comum, um lugar onde todos florescem porque é seguro, um lugar onde as pessoas são tratadas conforme sua necessidade (1 Coríntios 14:26).

Como plantas bem cuidadas, as pessoas que crescem em um ambiente saudável têm uma doce fragrância que atrai outros a Deus porque manifestam a beleza de Seu amor. A igreja não é perfeita, mas é, de fato, um indício do Céu.

Julie

Cantando na tristeza

LAMENTAÇÕES 3:19-24

O amor do S㎎ɴʜᴏʀ não tem fim!
Suas misericórdias são inesgotáveis.
—Lamentações 3:22

Nossa filha pequena desenvolveu o hábito de cantar sempre que eu corto as unhas dos seus pés. Isso a distrai do que está acontecendo. As pesquisas demonstram que cantarolar sua melodia favorita traz benefícios psicológicos, neurológicos e emocionais.

Segundo a Bíblia, até mesmo uma canção triste pode ser benéfica. Um exemplo é o *lamento* — uma expressão fervorosa de sofrimento nascida do arrependimento ou do pesar que também podem trazer esperança e paz.

Jeremias, o profeta pranteador, admitiu que a desobediência de sua nação levou-os às terríveis consequências enfrentadas pelo povo de Judá e Jerusalém (Lamentações 1:5). Ele frequentemente os alertava sobre a ira de Deus, apelando que houvesse arrependimento (Jeremias 6:10,11; 18:11,12). Mas, o povo se recusava a ouvir. A cidade deles foi destruída e suas famílias foram levadas ao exílio (1 Crônicas 9:1).

O profeta clama porque o seu coração está abatido ao ver a desesperada súplica de seu povo. Jeremias, contudo, vivencia a esperança ao lembrar-se do fiel amor de Deus que nunca se acaba e de Suas misericórdias inesgotáveis (Lamentações 3:22-24).

Até mesmo um lamento pode lembrar-lhe de colocar sua esperança no Deus fiel. — *Ruth*

14 DE MARÇO

Ensinando linhas

TITO 2:1-15

...Incentive os homens mais jovens a viver com sabedoria. Você mesmo deve ser exemplo da prática de boas obras. Tudo o que fizer deve refletir a integridade e a seriedade de seu ensino. —Tito 2:7

Ouvi, por acaso, o meu filho de 11 anos contar à sua avó sobre uma das suas aulas na escola. "No nosso primeiro dia de aula de artes", ele disse: "nossa professora falou para desenharmos autorretratos. Os desenhos de todos ficaram ruins. No outro dia ela ensinou a gente a usar linhas e os autorretratos de todos ficaram melhores". Na arte e na vida, aparentemente, utilizar as ferramentas corretas nos ajuda a alinhar as coisas corretamente e a fazer o que é melhor.

No Novo Testamento, o apóstolo Paulo forneceu a seu pupilo, Tito, uma lista de coisas que ele e outros líderes deveriam fazer e ensinar a outros membros da igreja:

- "Os homens mais velhos devem exercitar o autocontrole, a fim de que sejam dignos de respeito e vivam com sabedoria..." (2:2).
- "...as mulheres mais velhas devem viver de modo digno..." (2:3).
- "Devem instruir as mulheres mais jovens a amar o marido e os filhos, a viver com sabedoria e pureza..." (2:4,5).
- "...incentive os homens mais jovens a viver com sabedoria" (2:6).

Tito deveria usar essas "linhas" ao guiar as pessoas a quem estava servindo, pois são boas ferramentas de ensino para todos os que seguem a Jesus — o Mestre dos mestres.

— Roxanne

Treinando para a vida

1 CORÍNTIOS 9:24-27

Disciplino meu corpo como um atleta, treinando-o para fazer o que deve, de modo que, depois de ter pregado a outros, eu mesmo não seja desqualificado. —1 Coríntios 9:27

Conheci uma mulher que forçava seu corpo e sua mente ao limite. Ela escalou montanhas, enfrentou a morte e, até mesmo, quebrou um recorde mundial do *Guinness*. Agora ela está comprometida com um desafio diferente: criar o seu filho que tem necessidades especiais. A coragem e a fé que ela empregou enquanto subia as montanhas, agora as coloca na maternidade.

Em 1 Coríntios, o apóstolo Paulo fala de um corredor competindo numa corrida. Após apelar a uma igreja repleta de pessoas que amavam os seus próprios direitos para que começassem a demonstrar apreço uns pelos outros (capítulo 8), ele explica que via os desafios do amor e do autossacrifício como uma maratona de resistência (capítulo 9). Como seguidores de Jesus, as pessoas deveriam renunciar aos seus direitos em obediência ao Senhor.

Assim como os atletas treinam seus corpos para vencer, podemos treinar o nosso corpo e mente de modo que a nossa alma possa se desenvolver. Ao pedirmos ao Espírito Santo que nos transforme, deixamos nossa velha criatura para trás. Capacitadas por Deus, impedimo-nos de executar ações que não são piedosas.

Conforme nos exercitamos no Espírito de Cristo, como Deus pode querer nos moldar hoje? — *Amy*

16 DE MARÇO

O vale da bênção

2 CRÔNICAS 20:1, 13-22

...Se enfrentamos alguma calamidade, [...]
Clamaremos a ti em nossa angústia,
e tu nos ouvirás... —2 Crônicas 20:9

O artista francês Henri Matisse sentia que a sua obra, nos últimos anos de sua vida, era a que melhor o representava. Durante aquela época, ele experimentou um novo estilo criando imagens coloridas em grande escala com as quais ele decorou as paredes de seu quarto. Isso era importante para ele porque estava doente e com frequência confinado à sua cama.

Adoecer, perder um emprego ou suportar uma mágoa são exemplos do que alguns chamam de "estar no vale", onde o pavor obscurece todo o restante. O povo de Judá vivenciou isso quando eles ouviram que um exército invasor se aproximava (2 Crônicas 20:2,3). O rei deles orou: "...Se enfrentarmos alguma calamidade, [...] Clamaremos a ti em nossa angústia, e tu nos ouvirás..." (v.9). Deus respondeu: "...Saiam para enfrentá-los amanhã, pois o SENHOR está com vocês!" (v.17).

Quando o exército de Judá chegou ao campo de batalha, seus inimigos já haviam se destruído. O povo de Deus louvou ao Senhor e deu ao lugar o nome de "Vale de Beracá" que significa "bênção".

Deus caminha conosco tornando possível que descubramos bênçãos no vale.

Jennifer

Muito bom

GÊNESIS 1:24-31

*Então Deus olhou para tudo o que havia feito
e viu que era muito bom...* —Gênesis 1:31

Alguns dias parecem ter um tema específico. Recentemente eu tive um desses dias. Nosso pastor começou o seu sermão em Gênesis 1 com dois minutos de fotografias de flores desabrochando em imagens aceleradas de tirar o fôlego. Depois, em casa, uma passada pelas mídias sociais revelou-me inúmeras postagens de flores. Mais tarde, em uma caminhada pela floresta, as flores silvestres da primavera nos cercavam — lírios, calêndulas e íris selvagens.

Deus criou as flores e todas as outras variedades de vegetação (e solo seco no qual elas possam crescer) no terceiro dia da criação. E duas vezes naquele dia, Deus viu que isso era "bom" (Gênesis 1:10,12). E no sexto dia da criação, Deus criou "grande variedade de animais [...] e viu que "isso era bom" (v.25). Então, Deus fez o ser humano à Sua imagem e "...olhou para tudo que havia feito e viu que era muito bom" (v.31).

Na história da criação, vemos o Deus Criador que se deleitava em tudo que fez — e parecia se alegrar exatamente no ato de criar. Por que outro motivo Ele faria um mundo com variedade tão colorida e incrível? E Ele deixou o melhor por último quando "...criou os seres humanos à sua própria imagem..." (v.27). Como portadoras da Sua imagem, somos abençoadas e inspiradas pela deslumbrante obra de Suas mãos.

Alyson

18 DE MARÇO

Adversário derrotado

EFÉSIOS 6:10-18

Estejam atentos! Tomem cuidado com seu grande inimigo, o diabo, que anda como leão rugindo à sua volta, à procura de alguém para devorar.
—1 Pedro 5:8

O leão rugindo pode ser o "rei da selva", mas os únicos leões que muitos de nós vemos são felinos letárgicos em zoológicos. Seus dias são preenchidos pelo descanso e o jantar deles lhes é servido sem que tenham que erguer uma só pata.

Em seu *habitat* natural, contudo, os leões não vivem tão relaxadamente. Sua fome lhes diz que devem caçar; então eles procuram os jovens, fracos, doentes ou feridos. Arrastando-se pela vegetação alta, eles rastejam adiante e, lançando-se repentinamente, travam a mandíbula em sua nova vítima impiedosamente.

Pedro usou as palavras "leão rugindo" como uma metáfora para Satanás — um predador confiante procurando uma presa fácil para devorar (1 Pedro 5:8). Ao lidar com ele, precisamos ser vigilantes e colocarmos "…toda a armadura de Deus…" e sermos "…fortes no Senhor e em seu grande poder" (Efésios 6:10,11).

Satanás pode ser um inimigo poderoso, mas pessoas que estão protegidas pela salvação, oração e pela Palavra de Deus não precisam paralisar-se de medo. Como Tiago nos garante: "…Resistam ao diabo, e ele fugirá de vocês" (4:7).

— Cindy

19 DE MARÇO

Cuidado com as soluções fáceis

SALMO 106:1-15

Depressa, porém, esqueceram-se do que ele havia feito; não quiseram esperar por seus conselhos.
—Salmo 106:13

Conta-se a história de uma menina rica, acostumada a ter serviçais, que tinha medo de subir sozinha uma escada escura. Sua mãe sugeriu que ela vencesse seu medo pedindo a Jesus que subisse a escada com ela. Quando a criança chegou ao topo, ouviram-na dizer: "Obrigada, Jesus. Agora você está dispensado".

Nós podemos rir dessa história, mas o Salmo 106 contém um sério alerta contra o dispensar Deus da nossa vida — como se isso fosse possível. Israel subestimou as misericórdias do Senhor, e Deus caracterizou isso como rebelião (v.7). Eles desenvolveram almas malnutridas porque escolheram ignorá-lo (vv.13-15). Que lição para nós!

Espere grandes coisas vindas de Deus, mas não espere que Ele esteja à sua disposição. Em vez disso, esteja à disposição dele, ávida por cumprir Sua vontade.

Como a pequena menina rica, peça a Deus que a acompanhe pelos caminhos obscuros da vida. Mas, em vez de dispensá-lo quando as suas necessidades especiais são supridas, apegue-se a Ele como se a sua vida dependesse disso. E, de fato, depende!

— Joanie

20 DE MARÇO

Escrevendo cartas

2 CORÍNTIOS 3:1-6

Vocês mesmos são nossa carta, escrita em nosso coração, para ser conhecida e lida por todos!
—2 Coríntios 3:2

Minha mãe e suas irmãs dedicam-se ao que está se tornando uma arte perdida: escrever cartas. Toda semana elas escrevem cartas pessoais umas às outras com tanta perseverança que um de seus carteiros se preocupa quando ele não tem algo para lhes entregar.

À medida que reflito sobre esse exercício semanal das mulheres de minha família, isso me ajuda a valorizar ainda mais as palavras do apóstolo Paulo ao afirmar que aqueles que seguem Jesus são "uma carta de Cristo", que foi "…escrita não com pena e tinta, mas com o Espírito do Deus vivo…" (2 Coríntios 3:3). Paulo encorajou a igreja em Corinto a manter-se seguindo o Deus verdadeiro e vivo como ele ensinara anteriormente. Ao fazê-lo, ele descreveu os cristãos, memoravelmente, como uma carta de Cristo. Suas vidas transformadas eram um testemunho mais poderoso da obra do Espírito do que qualquer carta redigida poderia ser.

O Espírito de Deus em nós escreve uma história de graça e redenção! A nossa vida é o melhor testemunho da verdade do evangelho, pois ela fala muito alto e claramente por meio de nossa compaixão, serviço, gratidão e alegria. Que mensagem você enviará hoje?

— Amy

21 DE MARÇO

O bom, o ruim e o terrível

1 SAMUEL 20:35-42

...Não o deixarei; jamais o abandonarei.
—Hebreus 13:5

Uma amiga me enviou a seguinte mensagem de texto: "Fico tão feliz porque podemos contar uma à outra as coisas boas, as ruins e as terríveis!". Por sermos amigas há muitos anos, aprendemos a compartilhar nossas alegrias e nossos fracassos. Sabemos que estamos longe de ser perfeitas, então compartilhamos nossas lutas enquanto também nos alegramos com o sucesso uma da outra.

Davi e Jônatas também tinham uma amizade sólida que começou nos bons dias da vitória de Davi contra Golias (1 Samuel 18:1-4). Eles compartilharam seus medos durante os dias ruins da inveja do pai de Jônatas (18:6-11; 20:1,2). Finalmente, eles sofreram juntos durante os dias terríveis de planos dos Saul para matar Davi (20:42).

Os bons amigos não se abandonam quando as circunstâncias externas mudam. Mas permanecem juntos nos dias bons e maus. Nossas amigas também podem nos direcionar a Deus nos dias terríveis, quando podemos nos sentir tentadas a nos distanciarmos dele.

As amizades verdadeiras exemplificam o nosso Amigo perfeito, que permanece leal nos dias bons, ruins e terríveis. Disso, o Senhor nos lembra: "Não o deixarei; jamais o abandonarei" (Hebreus 13:5).   — *Keila*

22 DE MARÇO

Esperança plena

1 TESSALONICENSES 4:13-5:11

Agora, irmãos, não queremos que ignorem o que acontecerá aos que já morreram, para que não se entristeçam como aqueles que não têm esperança. —1 Tessalonicenses 4:13

Segurando suas mãos escuras e desgastadas, nós nos curvamos para orar. Como aluno (ele) e professora (eu), nossas experiências de vida se cruzaram em meu pequeno escritório. Sua mãe já estava doente por algum tempo, e a doença havia se espalhado. Confiantes na habilidade de Deus em curar, oramos ao Senhor pedindo que restaurasse o corpo da sua mãe — mas também pedimos pelo milagre do consolo. Enquanto escrevo, ele está sentado à beira da cama da mãe e sabe que em breve terá que se despedir. Pelo menos por enquanto.

A morte nunca é fácil. Fazemos tudo o que podemos para permanecer com aqueles a quem amamos por um pouco mais de tempo; até mesmo para o cristão a separação trazida pela morte parece ser tão permanente. Fomos criados para o eterno, não fomos feitos para a perda. Algo dentro de nós clama pela vida eterna e pela *esperança*.

Que bela é a esperança para os que creem em Jesus: "Cristo morreu por nós para que, quer estejamos despertos, quer dormindo, vivamos com ele para sempre" (1 Tessalonicenses 5:10). E podemos consolar outros cristãos com a verdade de que em Cristo a nossa esperança é plena! — *Regina*

O que você tem no banco?

EFÉSIOS 2:4-7

Assim, aproximemo-nos com toda confiança do trono da graça, onde receberemos misericórdia e encontraremos graça para nos ajudar quando for preciso.
—Hebreus 4:16

No inverno de 2009, um enorme avião de passageiros fez um pouso de emergência no Rio Hudson em Nova Iorque. O capitão Chesley Sullenberger, o piloto que fez o pouso seguro do avião, foi mais tarde questionado sobre os momentos no ar em que precisou tomar uma decisão de vida ou morte. "Uma maneira de olhar para isso", ele disse, "pode ser que durante 42 anos eu fiz pequenos depósitos frequentes no banco da experiência, formação e treinamento. E [naquele dia] o saldo era suficiente, de modo que pude fazer um grande saque".

A maioria de nós enfrentará uma crise. É nesses momentos que precisamos cavar fundo nas reservas de nossa conta bancária espiritual.

E o que encontraremos ali? Se tivermos desfrutado de um relacionamento profundo com Deus, teremos feito "depósitos" de fé frequentes. Experimentamos a Sua graça (2 Coríntios 8:9; Efésios 2:4-7). Confiamos na promessa das Escrituras que afirma que Deus é justo e fiel (Deuteronômio 32:4; 2 Tessalonicenses 3:3).

O amor e a graça de Deus estão disponíveis quando os Seus filhos precisam fazer um "saque" (Salmo 9:10; Hebreus 4:16).

— Cindy

24 DE MARÇO

"Tragam o menino para cá"
MARCOS 9:14-27

*Jesus lhes disse: "Geração incrédula!
Até quando estarei com vocês? Até quando terei de
suportá-los? Tragam o menino para cá".*
—Marcos 9:19

"Eu não acredito em Deus e eu não vou", disse Marcos.

Amália lutou para desfazer o nó em sua garganta. Seu filho havia deixado de ser um menino feliz e agora era um jovem rude que não colaborava. A vida era um campo de batalhas, e o domingo se tornara um dia a ser temido, pois Marcos se recusava a ir à igreja com a família. Finalmente, seus pais, desesperados, consultaram um conselheiro, que lhes disse: "Marcos precisa ter sua própria jornada de fé. Vocês não podem forçá-lo a fazer parte do reino. Deixem que Deus tenha espaço para trabalhar. Continuem orando e esperem".

Amália esperou e orou. Certa manhã, as palavras de Jesus que ela havia lido ecoaram em sua mente. Os discípulos de Jesus fracassaram ao tentar ajudar um menino possesso por demônios, mas Jesus tinha a resposta: "…Tragam o menino para cá" (Marcos 9:19). Se Jesus pôde curar em uma situação tão extrema, certamente Ele podia também ajudar seu filho. Mentalmente, ela recuou e deixou o seu filho aos cuidados Daquele que o amava ainda mais do que ela era capaz.

Todos os dias Amália, silenciosamente, entregava Marcos a Deus, apegando-se à certeza de que o Senhor conhecia as necessidades de Marcos e, em Seu tempo e de Sua maneira, trabalharia em sua vida.
— Marion

O que há em um nome?

JOÃO 1:35-42

*Agora eu lhe digo que você é Pedro,
e sobre esta pedra edificarei minha igreja, e as forças
da morte não a conquistarão.*
—Mateus 16:18

Quando Jesus renomeou Simão como Pedro/Cefas (João 1:42), isso não foi uma escolha aleatória. Pedro significa "rocha". Mas foi necessário certo tempo para que ele passasse a viver de acordo com seu novo nome. Os relatos sobre ele revelam que Pedro era um pescador conhecido por seu agir inconsequente — uma pessoa do tipo areia movediça. Pedro discordou de Jesus (Mateus 16:22,23), atacou um homem com uma espada (João 18:10,11) e até mesmo negou conhecer o Mestre (João 18:15-27). Mas em Atos, lemos que Deus trabalhou nele e por meio dele, como um incrível pregador para estabelecer Sua Igreja. Pedro verdadeiramente se tornou um rochedo.

Se, como Pedro, você também segue a Jesus, você tem uma nova identidade. Em Atos 11:26, lemos: "...Foi em Antioquia que os discípulos foram chamados de cristãos pela primeira vez". O nome "cristão" significa "pequeno Cristo". Você agora é um destes que são como Cristo. Esse título o eleva e o chama a tornar-se o que você ainda não é. Deus é fiel e completará a Sua boa obra em você (Filipenses 1:6).

— *Poh Fang*

26 DE MARÇO

Semear o quê?

MARCOS 4:1-20

*A riqueza do perverso dura apenas um momento,
mas a recompensa do justo é duradoura.*
—Provérbios 11:18

Na torre do relógio da universidade que frequentei, há uma escultura *art déco* em baixo relevo intitulada *O Semeador*. A inscrição abaixo dela é de Gálatas: "A pessoa sempre colherá aquilo que semear" (6:7). Essa universidade continua sendo líder em pesquisas agronômicas, mas este fato específico permanece: sementes de milho não produzirão feijões.

Jesus usou muitas metáforas agrícolas para explicar o reino de Deus. Na parábola do semeador (Marcos 4), Ele comparou a Palavra de Deus às sementes plantadas em diferentes tipos de solo. Como a parábola indica, o semeador semeia indiscriminadamente, sabendo que algumas sementes cairão em lugares onde não crescerão.

Como Jesus, nós devemos semear boas sementes em todos os lugares em todos os momentos. Deus é responsável pelo local onde elas caem e como crescem. O importante é que semeemos. Devemos semear as sementes das quais colheremos a vida eterna (Gálatas 6:8).

A resposta à pergunta: "Semear o que?" é: "Semeie o que você quer colher". Para ter uma boa colheita em sua vida, comece a semear sementes de bondade.

Julie

27 DE MARÇO

Satisfeita em Jesus

GÊNESIS 25:29-34

Mas Jacó disse: "Primeiro, jure [...]" Esaú fez um juramento e [...] vendeu todos os seus direitos de filho mais velho a seu irmão, Jacó. —Gênesis 25:33

A mulher perdeu peso e começou a se sentir atraente de novo. Logo ela se cansou de seu marido e de sua vida juntos — uma vida que incluía quatro filhos pequenos. Ela jogou fora a estabilidade da família — o amor e a devoção de seu marido e o bem-estar das crianças — para satisfazer os seus desejos. Quando os seus votos matrimoniais se tornaram inconvenientes, ela os violou.

Muito parecida com Esaú (Gênesis 25:32,33), ela demonstrou desprezo pelo que era mais importante e procurou a satisfação fugaz. O alicerce de sua vida familiar foi destruído em troca de relacionamentos que acabaram tão rápido quanto a refeição de Esaú (v.34). E como Esaú, ela não estava pensando nas consequências, a longo prazo, que o seu comportamento traria (Hebreus 12:16).

O pecado pode facilmente nos emaranhar e nos fazer tropeçar quando começamos a focar unicamente em nós mesmas e não em Jesus (vv.1,2). É aí que a destruição pode se infiltrar em nossa vida.

Os prazeres da vida não podem ser comparados às bênçãos de Deus. Jesus disse: "...Eu vim para lhes dar [aos que creem em Cristo] vida, uma vida plena, que satisfaz" (João 10:10). Fixemos nosso olhar em Cristo hoje e experimentemos a plenitude que somente Ele provê! — *Marlena*

28 DE MARÇO

Regra dos cinco minutos

SALMO 102: 1-17

*Ouvirá as orações dos indefesos
e não rejeitará suas súplicas.*
—Salmo 102:17

Li sobre a regra dos cinco minutos que certa mãe tinha para seus filhos. Todos os dias, eles tinham que estar prontos para a escola cinco minutos antes da hora de sair.

Eles se reuniam ao redor da mãe e ela orava por eles citando os nomes de um por um, pedindo a bênção do Senhor para o dia deles. Em seguida, beijava-os e assim eles partiam para a escola. Até as crianças da vizinhança eram incluídas no círculo de oração se passassem por ali naquele momento. Uma das crianças disse muitos anos depois que com essa experiência ela aprendera como a oração é de vital importância para o seu dia.

O escritor do Salmo 102 ensinou a importância da oração. Ele clamou: "Senhor, ouve minha oração, […] responde-me depressa quando clamo a ti" (vv.1,2). Deus "…olhou para baixo […] Do alto olhou para a terra" (v.19)

Deus quer ouvir o que você tem a lhe dizer. Seja seguindo a regra dos cinco minutos ou utilizando mais tempo clamando a Ele em profunda angústia, fale com o Senhor todos os dias. O seu exemplo pode ter um grande impacto sobre alguém que lhe é próximo — e sobre você! *Anne*

29 DE MARÇO

Fruto abundante

GÁLATAS 5:16-25

"…eu os escolhi. Eu os chamei para irem e produzirem frutos duradouros…". —João 15:16

Admiro os frutos crescendo no jardim de nosso vizinho durante a primavera e o verão. Suas videiras se espalham numa cerca que compartilhamos e produzem cachos de uva aos montes. Os galhos pontilhados de ameixas roxas e de laranjas roliças também pendem ao nosso alcance.

Ainda que não cultivemos o solo, plantemos as sementes ou reguemos e capinemos o jardim, o casal vizinho compartilha o resultado conosco. Eles se responsabilizam por nutrir a plantação e permitem que nós nos deleitemos com uma porção da colheita.

Isso me lembra de outra colheita: a colheita do fruto do Espírito.

Os seguidores de Cristo são comissionados a reivindicar os benefícios de viver pelo poder do Espírito Santo (Gálatas 5:16-21). Conforme as sementes da verdade divina florescem em nosso coração, o Espírito aumenta a nossa habilidade de expressar "…amor, alegria, paz, paciência, amabilidade, bondade, fidelidade, mansidão e domínio próprio…" (vv.22,23).

Com o tempo, o Espírito Santo pode mudar o nosso modo de pensar, nossas atitudes e nossas ações. Conforme crescemos e amadurecemos em Cristo, podemos ter a alegria adicional de amar o nosso próximo compartilhando os benefícios da generosa colheita do Senhor. *Xochitl*

30 DE MARÇO

Lá estás também...

SALMO 139:1-12

Portanto, sejam fortes e corajosos!
Não tenham medo e não se apavorem diante deles.
O Senhor, seu Deus, irá adiante de vocês.
Ele não os deixará nem os abandonará.
—Deuteronômio 31:6

Davi, o noivo de Tânia, estava em uma UTI após um procedimento delicado para tratar-se de um aneurisma cerebral. Os olhos dele se focavam em Tânia, que raramente deixou de estar ao seu lado durante muitos dias. Maravilhado, ele disse: "Amo todas as vezes que olho para cima e você está aqui. Todas as vezes que penso em você, abro meus olhos e você está presente".

O apreço desse jovem pela mulher que ama, lembra-me do modo como deveríamos nos sentir em relação à presença de Deus em nossa vida.

No Salmo 139, lemos sobre o que o rei Davi pensava sobre a preciosa presença de Deus. Ele escreveu: "Ó Senhor, tu examinas meu coração e conheces tudo a meu respeito. Sabes quando me sento e quando me levanto [...] conheces meus pensamentos [...] Se subo aos céus, lá estás..." (vv.1-3,8).

Independentemente do que acontecer conosco, temos esta garantia: "Deus é nosso refúgio e nossa força, sempre pronto a nos socorrer em tempos de aflição" (Salmo 46:1). Abra os seus olhos e o seu coração. Deus está presente. *Cindy*

31 DE MARÇO

Nosso novo nome

APOCALIPSE 2:12-17

Quem tem ouvidos para ouvir, ouça o que o Espírito diz às igrejas. Ao vitorioso, darei do maná escondido. Também lhe darei uma pedra branca, e nela estará gravado um nome novo, que ninguém conhece, a não ser aquele que o recebe. —Apocalipse 2:17

Ela dizia ser uma especialista em preocupações, mas, quando o seu filho se feriu em um acidente, ela aprendeu a fugir desse rótulo restritivo. Enquanto seu filho se recuperava, a mãe se encontrava com amigos para conversar e orar pedindo a Deus por auxílio e cura. Ao transformar seus medos e preocupações em oração, ela percebeu que estava sendo transformada de especialista em preocupação para especialista em oração, e que o Senhor estava lhe dando um novo nome.

Na carta de Jesus à igreja de Pérgamo, o Senhor promete dar aos fiéis uma pedra branca em que haverá um novo nome (Apocalipse 2:17). Comentadores bíblicos debatem sobre o significado disso, mas a maioria concorda que essa pedra branca se refere a nossa liberdade em Cristo. Nos tempos bíblicos, os jurados em um tribunal usavam uma pedra branca para o veredito de inocência e a pedra preta para o veredito de culpa. Uma pedra branca também concedia entrada em eventos como banquetes àqu ele que a carregava; da mesma forma, aqueles que recebem a pedra branca de Deus são recebidos no banquete celestial. A morte de Jesus nos traz liberdade, nova vida e um novo nome.

Que novo nome Deus poderá lhe dar? — *Amy*

1º DE ABRIL

Receita para o sucesso
JOSUÉ 1:1-9

Relembre continuamente os termos deste Livro da Lei. Medite nele dia e noite, para ter certeza de cumprir tudo o que nele está escrito. Então você prosperará e terá sucesso em tudo o que fizer.
—Josué 1:8

Recentemente fiz uma excelente descoberta ao preparar uma receita especial de macarrão com queijo. Anotei os ingredientes e guardei a receita para uma referência futura. Sem essas instruções, eu sabia que a próxima vez que a preparasse seria um fiasco.

Sem as instruções de Deus, Josué teria fracassado em guiar os israelitas até a Terra Prometida. O primeiro passo era ser "...forte e corajoso..." (v.6). Em seguida, ele deveria meditar continuamente no Livro da Lei e, finalmente, deveria fazer tudo o que esse Livro dizia. Enquanto seguisse as orientações de Deus, Josué teria o "sucesso" que Deus lhe prometera (v.8).

A "receita de sucesso" de Deus pode funcionar para nós também. No original hebraico, "terá sucesso" significa "então você agirá com sabedoria". Assim como Deus chamou Josué para caminhar em sabedoria, Ele quer que vivamos não "...como insensatos, mas como sábios" (Efésios 5:15).

À medida que nos encorajarmos no Senhor, deleitar-mo-nos em Sua Palavra e lhe obedecermos, teremos uma receita para o sucesso aos olhos de Deus, e isso é melhor do que qualquer coisa que pudermos fazer por nossa conta.

Jennifer

Prematuro

ISAÍAS 51:1-16

*Pus minhas palavras em sua boca
e o escondi em segurança em minha mão.
Estendi os céus e lancei os alicerces da terra...*
—Isaías 51:16

Nascido de 34 semanas, o bebê era um milagre de um quilo e meio. Tubos e fios estendiam-se de seu corpo diminuto para monitorar o seu progresso. O pequenino ser frequentemente se frustrava com o equipamento restringindo os seus movimentos. No entanto, o bebê paralisava e caía no sono quando seu pai esticava o braço pela pequena abertura na incubadora para, gentilmente, envolver a pequena cabecinha em sua enorme mão.

As Escrituras nos dizem que "É da natureza humana fazer planos, mas é o Senhor quem dirige nossos passos" e "...os planos do Senhor permanecem para sempre..." (Provérbios 16:9; Salmo 33:11). Mas, em um mundo onde opções parecem estender-se infinitamente, somos convencidas de nossa infalibilidade. Esquecemo-nos da soberania de Deus até que uma crise nos lembre de nossa fragilidade (Isaías 51:6). *Nós não estamos no controle.*

Como um bebê prematuro, carregamos a imagem do que *seremos* um dia. Enquanto aguardamos em esperança, Deus nos alcança em nossos momentos mais profundos de necessidade e nos envolve em Sua mão (vv.12,16). Aqui aprendemos a descansar com esperança no Senhor que estendeu os céus (v.16).

— Regina

3 DE ABRIL

Saiba qual é o custo

1 PEDRO 1:17-21

Pois foram comprados por alto preço.
Portanto, honrem a Deus com seu corpo.
—1 Coríntios 6:20

Quando demos um par de botas novas ao nosso filho de dois anos, ele ficou tão feliz que não as retirou até a hora de deitar-se. Mas, no dia seguinte, ele esqueceu as botas e colocou seus tênis velhos. Meu marido disse: —Eu gostaria que ele soubesse o preço que as coisas custam.

Uma criança recebe presentes de braços abertos, mas nós sabemos que não podemos esperar que ela saiba valorizar totalmente os sacrifícios que seus pais fazem para lhe dar coisas novas.

Algumas vezes me comporto como uma criança. De braços abertos, recebo os dons de Deus por meio de Suas muitas misericórdias, mas sou grata? Considero o preço que foi pago para que eu tenha uma vida plena?

O custo foi alto — mais do que "…simples ouro ou prata, que perdem seu valor" (1 Pedro 1:18). Pedro continua dizendo que foi necessário "…o sangue precioso de Cristo, o Cordeiro de Deus, sem pecado nem mancha" (v.19). Jesus deu a Sua vida, um alto preço a ser pago, para nos tornar parte de Sua família. E Deus o ressuscitou dos mortos (v.21).

Quando entendemos o custo de nossa salvação, aprendemos a ser verdadeiramente gratas.

Keila

4 DE ABRIL

Os últimos poucos quilos

LUCAS 14:25-35

Da mesma forma, ninguém pode se tornar meu discípulo sem abrir mão de tudo o que possui.
—Lucas 14:33

Seja qual for a dieta para perder peso que você escolher, ela a fará perder alguns quilos — pelo menos por um certo tempo. Mas a maioria das pessoas que faz dieta alimentar chega a um ponto de estagnação antes de atingirem seus objetivos, e muitos se desencorajam quando o entusiasmo desaparece antes de perderem o peso pretendido. Muitos desistem!

Algo semelhante acontece em nossa vida cristã. Quando começamos a caminhar com Jesus, eliminamos facilmente muitos dos pecados que nos sobrecarregavam. Na sequência, descobrimos que os "pequenos" pecados como a inveja, o ressentimento e a ira não são eliminados tão prontamente como os "grandes". Algumas de nós nos desencorajamos a ponto de perder de vista o nosso comprometimento com Cristo e, dessa maneira, voltamos a alguns de nossos antigos modos de vida.

Quando Jesus falou sobre o custo de sermos Seus discípulos (Lucas 14:25-35), Ele queria que aqueles que o ouviam percebessem que crer nele e segui-lo envolve muito mais do que simplesmente iniciar algo; significa também permanecer fiel a Ele — mesmo que isso seja difícil.

Então, quer estejamos falando de perda de peso ou de ganho espiritual, a mensagem permanece a mesma: o que mais importa não é a maneira como começamos, mas como terminamos.

Julie

Lembrando-se...

SALMO 119:17-19,130-134

Guardei tua palavra em meu coração,
para não pecar contra ti.
—Salmo 119:11

Uma parte difícil de envelhecer é o medo de perder a memória curta. Mas o Dr. Benjamin Mast, um especialista em Alzheimer, oferece encorajamento. Ele diz que o cérebro dos pacientes frequentemente é tão "bem utilizado" e "habituado" que consegue ouvir um antigo hino e acompanhar cantando todos os versos. Ele sugere que as disciplinas espirituais como ler as Escrituras, orar e cantar hinos fazem a verdade ficar embutida em nosso cérebro, pronta para ser acessada quando solicitada.

No Salmo 119, lemos como o poder de guardar as palavras de Deus em nosso coração pode nos fortalecer, ensinar-nos a obediência e dirigir os nossos passos (vv.28,67,133). Em troca, isso nos traz esperança e compreensão (vv.49,130). Até mesmo quando começamos a notar deslizes de memória em nós ou em alguém que amamos, a Palavra de Deus memorizada anos antes ainda está ali "armazenada" ou "guardada" no coração (v.11). As palavras de Deus continuarão a falar conosco.

Nada — nem mesmo uma memória falha — pode nos separar do Seu amor e cuidado. Ele nos garante isso com a Sua Palavra.
— *Cindy*

6 DE ABRIL

Absorvendo a Palavra de Deus

DEUTERONÔMIO 6:1-9

*Guarde sempre no coração as palavras
que hoje eu lhe dou. Repita-as com frequência
a seus filhos.* —Deuteronômio 6:6,7

Quando o nosso filho Xavier era bem pequeno, nós fizemos uma viagem e o levamos a um Aquário. Ao entrarmos no prédio, apontei para uma grande escultura suspensa no teto dizendo: —Olhe, uma baleia jubarte!

—Enorme, Xavier concordou.

Meu marido voltou-se para mim: —Como ele conhece essa palavra?

—Ele deve tê-la ouvido de nós em algum momento, respondi-lhe e encolhi os ombros, maravilhada porque o nosso bebê havia absorvido uma palavra que nós não o tínhamos ensinado intencionalmente.

Em Deuteronômio 6, Deus encoraja o Seu povo a ensinar intencionalmente as gerações mais jovens a conhecerem e obedecerem a Sua Palavra. Conforme os israelitas ampliassem o seu conhecimento de Deus, o mais provável seria que eles e seus filhos tivessem mais reverência ao Senhor (vv.2-5).

Ao saturarmos intencionalmente o nosso coração e a nossa mente com as Escrituras (v.6), estaremos melhor preparadas para compartilhar o amor e a verdade de Deus com os nossos filhos durante as atividades diárias (v.7). Liderando pelo exemplo, podemos equipar e encorajar os mais novos a reconhecerem e a respeitarem a autoridade e a relevância da verdade imutável de Deus (vv.8,9). — *Xochitl*

7 DE ABRIL

Multiplique

APOCALIPSE 22:1-5

Não haverá mais maldição sobre coisa alguma, porque o trono de Deus e do Cordeiro estará ali, e seus servos o adorarão. —Apocalipse 22:3

Depois que Amália batalhou por cinco anos contra o câncer, seu médico lhe disse que os tratamentos estavam fracassando. Ela tinha apenas poucas semanas de vida.

Procurando garantia sobre a eternidade, Amália perguntou a seu pastor: —Como será o Céu?

Ele perguntou-lhe sobre o que mais ela gostava em sua vida na Terra. Amália falou-lhe sobre as caminhadas, os amigos atenciosos e as risadas das crianças. —Então, ela lhe perguntou desejosamente: —Você está dizendo que eu vou ter tudo isso lá?

Ele lhe respondeu: —Acredito que sua vida lá será muito mais bela e incrível do que qualquer coisa que você já amou ou vivenciou aqui. Pense no que é o melhor para você aqui e multiplique isso por muitas e muitas e muitas vezes. É assim que acho que será o Céu".

A Bíblia não descreve em detalhes a vida na eternidade, mas nos diz que estar com Cristo no Céu é "...muitíssimo melhor..." do que as nossas circunstância atuais (Filipenses 1:23).

Mas o mais importante é que nós veremos o Senhor Jesus face a face. Nossos anseios mais profundos serão plenamente satisfeitos nele.

— Anne

8 DE ABRIL

No lava-car

ISAÍAS 43:1-13

Quando passar por águas profundas, estarei ao seu lado.
Quando atravessar rios, não se afogará.
Quando passar pelo fogo, não se queimará;
as chamas não lhe farão mal. —Isaías 43:2

Nunca me esquecerei da primeira vez que usei o serviço de um lava-car automático. Eu coloquei o dinheiro na abertura, chequei mais de uma vez se havia fechado as janelas, dirigi o carro até a fila e aguardei. Poderes além do meu controle moveram o carro deslizando-o para a frente. Ali estava eu, encapsulada, quando um estrondoso jato de água, detergente e escovas vindos de todas as direções atingiram o meu carro por completo. E apavorada pensei: *E se eu não conseguir sair daqui?* Repentinamente as águas cessaram e meu carro foi impulsionado ao mundo exterior novamente, limpo e polido.

Já passei por muitos momentos tempestuosos em minha vida em que aparentemente eu era vítima de forças além do meu controle. Eu as chamo de "Experiências de lava-car". Minha certeza nesses momentos é que, sempre que passei por águas profundas o meu Redentor esteve ao meu lado abrigando-me contra a maré emergente (Isaías 43:2). Ao chegar ao outro lado eu podia dizer com confiança: "Deus é sempre fiel!".

Você está passando por uma experiência difícil? Confie que Deus a levará até o outro lado. E ali você será um testemunho reluzente de que o poder de Deus a sustenta e ampara.

— Joanie

9 DE ABRIL

Amando um pródigo

LUCAS 15:11-32

*Mas tínhamos que comemorar este dia feliz,
pois seu irmão estava morto e voltou à vida.
Estava perdido e foi achado!*
—Lucas 15:32

Tenho uma amiga em especial que me impressionou com o amor profundo e sacrificial que ela e seu marido derramaram sobre os seus filhos, particularmente a um filho que foi pródigo.

"[Meu filho] nos levou em uma jornada de 12 anos em seu mundo de prodigalidade", ela diz. Ela fundou um dia mundial de oração por filhos pródigos, que começou com o esforço dessa mãe em orar por seu filho — que agora voltou à sua fé em Cristo.

O filho pródigo da Bíblia disse insensivelmente a seu pai: "...Quero minha parte na herança..." (Lucas 15:12). Após receber sua herança precocemente, ele saiu de casa e desperdiçou o que recebera. Somente após perder tudo, esse filho voltou ao seu lar e confessou os seus pecados a seu pai, que o recebeu de braços abertos.

"Você não desiste porque, de fato, ama esse filho voluntarioso e rebelde", minha amiga me disse. E reforçou que aprendemos isso com Deus, que "continua amando, continua acreditando, continua perdoando".

Louvado seja Deus por Seu amor por todos nós... até mesmo os pródigos. Ele chama pacientemente: "Voltem à vida!" (Lucas 15:32). — *Roxanne*

Elogio imerecido

LUCAS 5:27-32

Não vim para chamar os justos, mas sim os pecadores, para que se arrependam. —Lucas 5:32

Antes mesmo que eu pudesse comprar um forno autolimpante, eu mantinha o meu forno limpo. Inclusive meus convidados comentavam. "Puxa! O seu forno é tão limpo! Parece novo!" Eu aceitava o elogio mesmo sabendo que não o merecia. A resposta não era o meu esfregar meticuloso — ele era limpo porque eu raramente o utilizava.

Com que frequência, eu me questiono se sou culpada por aceitar admiração imerecida por minha vida "limpa"? É fácil aparentar ser virtuosa; simplesmente não faça nada difícil, controverso ou que aborreça as pessoas. Mas Jesus disse que devemos amar as pessoas que discordam de nós. O amor exige que nos envolvamos nas situações complicadas da vida de outras pessoas. Jesus frequentemente tinha problemas com líderes religiosos que estavam mais preocupados em manter suas reputações limpas do que com a condição espiritual daqueles a quem deveriam atender. Tais líderes religiosos consideravam que Jesus e Seus discípulos eram impuros, pois se misturavam aos pecadores; mas Jesus estava simplesmente tentando resgatá-los (Lucas 5:30,31).

Os verdadeiros discípulos de Jesus estão dispostos a arriscar a própria reputação para ajudar os outros a saírem do lamaçal do pecado.

Julie

11 DE ABRIL

O coração é importante

PROVÉRBIOS 4:20-27

*Acima de todas as coisas, guarde seu coração,
pois ele dirige o rumo de sua vida.*
—Provérbios 4:23

O coração humano bate em média de 70 a 75 vezes por minuto e bombeia em torno de 6.000 litros de sangue todos os dias. Diariamente o coração dispende energia suficiente para mover um caminhão por 30 quilômetros. Durante uma vida toda, isso equivale a dirigir até a Lua e voltar. Um coração saudável pode fazer coisas incríveis, mas, se o coração tem mau funcionamento, todo o corpo entra em falência.

Podemos dizer o mesmo sobre o nosso "coração espiritual". Nas Escrituras, a palavra *coração* representa o centro de nossas emoções, do pensar e do raciocinar. É o "centro de comando" de nossa vida.

Então faz muito sentido quando lemos: "…guarde seu coração…" (Provérbios 4:23). Porém, esse é um conselho difícil de ser seguido. A vida sempre exigirá o nosso tempo e energia; e investir nosso tempo para ouvir a Palavra de Deus e fazer o que ela diz, pode não parecer uma prioridade. Nós não notaremos imediatamente as consequências dessa negligência, mas com o tempo isso pode abrir espaço para um ataque cardíaco espiritual.

Precisamos da ajuda de Deus para alinhar o nosso coração ao dele e à Sua Palavra todos os dias, e para praticá-la sem qualquer negligência.

Poh Fang

Não recebeu crédito?

COLOSSENSES 4:7-18

Da mesma forma, suas boas obras devem brilhar, para que todos as vejam e louvem seu Pai, que está no céu. —Mateus 5:16

Durante os altamente populares musicais de Hollywood nos anos 50 e 60, Audrey Hepburn, Natalie Wood e Debora Kerr emocionavam sua plateia com seus desempenhos irresistíveis. Mas você sabia que era a voz de Marni Nixon que frequentemente dublava as canções em lugar das vozes das Senhoritas em destaque?

No Corpo de Cristo há frequentemente pessoas que suportam fielmente aquelas que exercem um papel um pouco mais público. O apóstolo Paulo dependia exatamente desse tipo de pessoas em seu ministério. O trabalho de Tércio como escriba, concedeu a Paulo a sua poderosa voz escrita (Romanos 16:22). As orações consistentes de Epafras nos bastidores estabeleceram um fundamento essencial para Paulo e para a Igreja Primitiva (Colossenses 4:12,13). A obra de Paulo não teria sido possível sem o apoio desses companheiros e de outros servos (vv.7-18).

Podemos não ter papéis altamente visíveis, contudo sabemos que Deus se agrada quando cumprimos nossa parte essencial em Seu plano. Quando nos entregarmos ao trabalho "...para o Senhor com entusiasmo..." (1 Coríntios 15:58), descobriremos valor e significado em nosso serviço, à medida que este trouxer glória a Deus e atrair outras pessoas ao Senhor.

— Cindy

13 DE ABRIL

Narcisos até os joelhos

LUCAS 24:13-34

...É verdade que o Senhor ressuscitou!
Ele apareceu a Pedro!
—Lucas 24:34

Quando as primeiras flores da primavera desabrocharam em nosso jardim, meu filho de 5 anos caminhava com dificuldade em uma trilha de narcisos e notou alguns resíduos de plantas que haviam morrido meses antes. Ele disse: —Mamãe, quando eu vejo algo morto, lembro-me da Páscoa porque Jesus morreu na cruz. Eu lhe respondi: —Quando vejo algo vivo, como os narcisos, lembro-me de que Jesus ressuscitou!

Uma razão que nos garante que Jesus ressuscitou da sepultura é esta: Ele abordou os viajantes para Emaús três dias depois de Sua crucificação. Jesus caminhou com eles, jantou com eles e lhes deu uma aula sobre profecias do Antigo Testamento (Lucas 24:15-27). Com certeza, Jesus estava vivo! Os dois viajantes retornaram a Jerusalém e disseram aos discípulos de Jesus: "...É verdade que o Senhor ressuscitou..." (v.34).

Se Jesus não tivesse voltado à vida, nossa fé seria irrelevante e ainda estaríamos sob a punição de nosso pecado (1 Coríntios 15:17). Contudo, Jesus "...foi ressuscitado para que fôssemos declarados justos diante de Deus" (Romanos 4:25). Hoje podemos ser "declaradas justas" diante de Deus porque Jesus está vivo! *Jennifer*

O tempo perfeito de Deus

LUCAS 2:36-40

*Chegou ali naquele momento e começou a louvar a Deus.
Falava a respeito da criança a todos
que esperavam a redenção de Jerusalém.*
—Lucas 2:38

De vez em quando, eu visito duas senhoras idosas. Uma não tem preocupações financeiras, está em forma considerando sua idade e vive em sua casa própria — mas sempre tem algo negativo para dizer. A outra é incapacitada pela artrite, vive em acomodações simples e é muito esquecida. Mas, para todos os visitantes, seu primeiro comentário é sempre o mesmo: "Deus é tão bom para mim". Em minha última visita, notei que ela havia escrito o seguinte em seu bloquinho de lembretes: "Sair para almoçar amanhã! Maravilhoso! Mais um dia feliz".

Ana era uma profetisa na época do nascimento de Jesus e suas circunstâncias eram difíceis (Lucas 2:36,37). Viúva muito jovem e possivelmente sem filhos, ela pode ter se sentido destituída e sem propósito. Mas seu propósito era servir a Deus. Ela ansiava pelo Messias, e, portanto, mantinha-se ocupada com as coisas de Deus — orando, jejuando e ensinando aos outros tudo o que ela havia aprendido com o Senhor.

Finalmente, chegou o dia em que ela, agora em seus 80 anos, viu o bebê Messias nos braços de Maria. Sua espera paciente foi recompensadora. Seu coração cantou com alegria ao louvar a Deus e anunciar a feliz notícia aos outros.

Marion

As Senhoras de Arlington

MATEUS 26:6-13

Eu lhes garanto: onde quer que as boas-novas sejam anunciadas pelo mundo, o que esta mulher fez será contado, e dela se lembrarão. —Mateus 26:13

Em 1948, o Chefe de Gabinete da Força Aérea dos Estados Unidos percebeu que ninguém compareceu ao funeral de um piloto no Cemitério Nacional de Arlington, e isso o incomodou profundamente. Ele conversou com sua esposa sobre a preocupação que tinha de que todos os soldados fossem honrados por ocasião de seu sepultamento, e ela começou um grupo chamado — As Senhoras de Arlington.

Alguém desse grupo honra cada soldado morto indo ao seu funeral. As Senhoras também escrevem bilhetes pessoais de solidariedade e expressam gratidão aos membros da família. Se possível, uma representante mantém contato com a família por meses depois. Margaret Mensch, uma Senhora de Arlington, diz: "É uma honra prestar homenagem aos heróis do dia a dia que compõem as Forças Armadas".

Jesus demonstrou a importância de prestar tributos. Após uma mulher derramar um óleo caro e aromático em Sua cabeça, Ele afirmou que ela seria lembrada e honrada (Mateus 26:13). Os discípulos pensaram que esse ato praticado por ela fosse um desperdício, mas Jesus chamou-o de "…algo tão bom…" (v.10) e pelo qual ela seria lembrada.

Temos o privilégio de honrar a todos que fizeram "algo tão bom" em nome de Jesus. *— Anne*

Atalhos perigosos

MATEUS 4:1-10

*Jesus, porém, respondeu: "As Escrituras dizem: '
Uma pessoa não vive só de pão, mas de toda palavra
que vem da boca de Deus'".* —Mateus 4:4

Durante uma das recentes eleições em meu país, uma mãe com dificuldades financeiras trocou seu voto por um pacote de fraldas. Sua escolha me decepcionou. "E as suas convicções?", eu lhe perguntei. Ela permaneceu em silêncio. Seis meses depois que o candidato dela vencera as eleições, os impostos ficaram ainda mais altos. Agora tudo está mais caro... até mesmo as fraldas!

A corrupção política não é algo novo e nem a corrupção espiritual. Satanás tentou seduzir Jesus para que Ele "vendesse" as Suas convicções (Mateus 4:1-10). O tentador aproximou-se de Jesus quando Ele estava cansado e faminto, oferecendo-lhe a satisfação imediata, pão fresco em questão de segundos, um resgate miraculoso e os reinos do mundo.

Mas Jesus não era bobo. Ele sabia que os atalhos eram perigosos. Os atalhos podem oferecer uma estrada livre de sofrimento, mas no fim das contas a dor que trazem é muito pior do que qualquer coisa que possamos imaginar. Jesus falou três vezes durante Sua tentação: "...as Escrituras dizem..." (vv.4,7,10). Ele apegou-se firmemente a Deus e à Sua Palavra.

Quando somos tentadas, Deus pode nos auxiliar também. Podemos depender dele e da verdade que está em Sua Palavra para nos ajudar a evitar os atalhos perigosos. *Keila*

17 DE ABRIL

Tempo juntos

SALMO 147:1-11

*O Senhor se agrada dos que o temem,
dos que põem a esperança em seu amor.*
—Salmo 147:11

Minha mãe tem Alzheimer, uma doença que destrói progressivamente a memória, pode afetar negativamente o comportamento e, eventualmente, leva à perda da fala — e outras perdas mais.

Sofro devido à doença dela, mas sou grata porque ela ainda está aqui, e podemos passar tempo juntas e até mesmo conversar. Fico emocionada porque, sempre que vou vê-la, ela se ilumina de alegria e exclama: "Alyson, que surpresa agradável!". Nós desfrutamos da companhia uma da outra e, até no silêncio, quando lhe faltam palavras, nós temos comunhão.

Isso talvez seja uma pequena imagem de nosso relacionamento com Deus. As Escrituras nos dizem: "O Senhor se agrada dos que o temem, dos que põem a esperança em seu amor" (Salmo 147:11). Deus chama de filhos aqueles que creem em Jesus como seu Salvador (João 1:12). E, ainda que possamos fazer os mesmos pedidos repetidamente ou que nos faltem as palavras, o Senhor é paciente conosco porque temos um relacionamento de comunhão com Ele. Deus se alegra quando conversamos com Ele em oração — até mesmo quando nos faltam as palavras.

Alyson

18 DE ABRIL

Não o medo, mas a fé

NÚMEROS 13:25-14:9

*...o Senhor está conosco!
Não tenham medo deles!*
—Números 14:9

"Ofereceram a meu marido uma promoção em outro país, mas eu tive medo de deixarmos nossa casa, então ele rejeitou a oferta." Minha amiga compartilhou isso comigo e me explicou, depois, que algumas vezes ela se pergunta o que eles perderam por não se mudar.

Os israelitas deixaram sua ansiedade paralisá-los quando foram chamados para habitar uma terra rica e fértil "...que produz leite e mel com fartura..." (Êxodo 33:3). Quando ouviram relatórios do poderoso povo em grandes cidades (Números 13:28), o medo fez muitos israelitas rejeitarem o chamado para entrar na terra.

Mas Josué e Calebe os incentivaram a não temerem, dizendo: "...o Senhor está conosco!" (14:9). Ainda que o povo ali aparentasse ser numeroso, os israelitas podiam confiar na presença de Deus.

Minha amiga não recebeu uma ordem para se mudar para outro país como os israelitas receberam, contudo ela se arrependia por ter deixado o medo bloquear essa oportunidade. E você? Está enfrentando uma situação temerosa? Se sim, saiba que o Senhor está com você e a guiará. Com o Seu amor infalível, podemos prosseguir com fé. — *Amy*

19 DE ABRIL

Sentindo compaixão

LUCAS 10:25-37

*O homem, porém, querendo justificar
suas ações, perguntou a Jesus:
"E quem é o meu próximo?".*
—Lucas 10:29

"O bote aberto", uma história escrita por Stephen Crane, conta a lenda de quatro homens tentando sobreviver em um bote salva-vidas no mar. Um dos homens ironicamente refletiu sobre um poema que havia lido na escola quando ainda era jovem. O poema era sobre um soldado que lutara em Argel, capital de Argélia. Ele percebeu que "nunca havia considerado ser de sua alçada o fato de um soldado da Legião cair morto em Argel, nem lhe parecia ser isso um motivo de tristeza". Crane não havia sentido compaixão pelo soldado, até aquele momento.

A palavra *compaixão* significa literalmente "sofrer com alguém". Nossa habilidade de sentir a dor de outros pode ser escassa até que nos encontremos sofrendo a nossa própria dor. Como o especialista na lei religiosa que testou Jesus, nós também justificamos a nossa apática reação quando se trata de cumprir a parte final do que Jesus disse ser o maior mandamento (Lucas 10:27).

Jesus demonstrou grande compaixão ao entregar Sua vida por nós salvando-nos do nosso mais profundo desespero. Por meio do poder do Espírito Santo, sigamos o exemplo do nosso Mestre.

Regina

Tempo para tudo

ECLESIASTES 3:1-14

*Há um momento certo para tudo,
um tempo para cada atividade debaixo
do céu.* —Eclesiastes 3:1

Numa viagem recente, observei uma mãe e seus dois filhos algumas fileiras à minha frente. Enquanto o filho mais velho brincava contente, a mãe olhava nos olhos de seu recém-nascido, sorrindo para ele e acariciando sua bochecha. Desfrutei daquele momento com um toque de melancolia pensando em meus filhos nessa mesma idade e na época que já passara.

Contudo, refleti nas palavras do rei Salomão no livro de Eclesiastes sobre "cada atividade debaixo do céu..." (v.1). Ele descreve um "...tempo de nascer, e tempo de morrer..." (v.2). Talvez o rei Salomão nesses versículos estivesse desesperado com o que parece ser um ciclo insignificante da vida. Entretanto, ele também reconhece o papel de Deus em cada momento, que o nosso trabalho é "...presente de Deus" (v.13) e que "...tudo o que Deus faz é definitivo..." (v.14).

Com certeza, podemos nos lembrar com saudade de momentos diferentes em nossa vida. No entanto, sabemos que Deus promete estar conosco em todas as etapas da vida (Isaías 41:10). Podemos contar com a Sua presença e continuar caminhando com o Senhor em todo o tempo. — *Amy*

21 DE ABRIL

O baú de tesouros

HEBREUS 11:32-40

Assim, não se tornarão displicentes, mas seguirão o exemplo daqueles que, por causa de sua fé e perseverança, herdarão as promessas. —Hebreus 6:12

Quando eu era pequena, minha mãe me deixava inspecionar sua caixa de botões durante a recuperação de alguma doença. Alegrava-me ao mexer em botões antigos e familiares e me lembrar das vestimentas que outrora adornavam. Gostava especialmente quando ela escolhia um botão antigo e subestimado para reutilizá-lo.

Da mesma forma, frequentemente folheio a minha Bíblia durante momentos angustiantes e me recordo de promessas que me fortaleceram anteriormente. Recebo encorajamento ao encontrar auxílio em promessas que jamais notara.

Lembro-me de uma manhã sombria em que meu marido enfrentava uma doença terminal e eu estava procurando uma palavra de Deus para me consolar e sustentar. Em Hebreus 11, notei que Deus havia resgatado o Seu povo sofredor de maneiras dramáticas. Porém nem sempre eu conseguia me identificar. Daí, li sobre alguém cuja "...fraqueza foi transformada em força..." (v.34). Percebi que mesmo em minha fraqueza eu poderia encontrar a Sua força. Minha fé foi renovada.

Você está passando por provações? Lembre-se de que há muitas promessas na Bíblia. Muitas gerações provaram que as promessas que encontramos nas Escrituras Sagradas são verdadeiras e você também pode usufruir delas. —*Joanie*

22 DE ABRIL

No tempo certo

HEBREUS 9:11-22

*Mas Jesus disse: "Basta!". E tocando
a orelha do homem, curou-o.*
—Lucas 22:51

Muito cedo em sua carreira, o músico de jazz Herbie Hancock foi convidado para tocar no quinteto do legendário Miles Davis. Tempos depois, Hancock admitiu ter ficado nervoso, mas descreveu essa oportunidade como sendo uma experiência maravilhosa porque Davis era muito acolhedor. Durante uma apresentação, quando Davis se aproximava de entoar a nota mais alta do seu solo, Hancock tocou o acorde errado. O jazzista ficou mortificado, mas Davis continuou a cantar como se nada tivesse acontecido. Mais tarde, Hancock disse: "Ele tocou algumas notas que fizeram o meu acorde se encaixar".

Que exemplo de liderança amorosa! Davis simplesmente ajustou o seu tom e transformou um erro, potencialmente desastroso, em algo belo.

O que Davis fez por Hancock, Jesus fez por Pedro. Quando Pedro cortou a orelha de um soldado que havia vindo para prender Jesus, o Senhor a recolocou no soldado (Lucas 22:51) indicando que o propósito do Seu reino era curar, não era ferir. Vez após vez Jesus usou os erros dos discípulos para indicar um caminho melhor.

O que Jesus fez por Seus discípulos, Ele também faz por nós. O que Ele faz por nós, somos capazes de fazer por outros. Em lugar de magnificar todos os erros, podemos transformá-los em belos atos de perdão, cura e redenção. *Julie*

23 DE ABRIL

Como posso ajudar?
MARCOS 10:43-52

*"O que você quer que eu lhe faça?",
perguntou Jesus. O cego respondeu:
"Rabi, quero enxergar".*
—Marcos 10:51

Haddon Robinson, presidente de um seminário norte-americano, encontrou-se com um rico doador para solicitar uma contribuição significativa. Quando Robinson pediu uma quantia específica, o doador respondeu: "Eu estava preparado para dar-lhe muito mais se você tivesse pedido".

Essa história nos lembra de aproximarmo-nos "…com toda confiança do trono da graça, onde receberemos misericórdia e encontraremos graça para nos ajudar quando for preciso" (Hebreus 4:16).

É vital que levemos nossos pedidos a Deus, porque Ele se deleita em dar bons presentes aos Seus filhos (Mateus 7:11). Podemos compartilhar livremente os nossos pedidos com Ele, lembrando-nos de que esses pedidos devem refletir a nossa busca pelo reino de Deus acima de tudo. E o Senhor Deus, em Sua sabedoria, nos dará o que verdadeiramente precisamos, não apenas o que queremos (6:33).

Continuemos a buscar Deus, e a cumprir nossa missão em Seu reino, e, conforme o fazemos, levemos nossos pedidos ao Senhor. Ele pode estar preparado para "realizar infinitamente mais do que poderíamos pedir ou imaginar" (Efésios 3:20). *Marlena*

24 DE ABRIL

Esperança em um lamaçal

TIAGO 1:2-4

...nos alegramos ao enfrentar dificuldades e provações, pois sabemos que contribuem para desenvolvermos a perseverança, e a perseverança produz caráter aprovado, e o caráter aprovado fortalece nossa esperança. —Romanos 5:3,4

Quando meu marido construiu uma varanda coberta na parte da frente de nossa casa, ele colocou a viga do topo da coluna do canto de forma oblíqua, para impedir possíveis ninhos de pássaros. No começo funcionou, mas, após dois dias de chuva constante, vimos que um ninho, de fato, aparecera no local em que pensávamos ser impossível. Devido à chuva, a Sra. Pintarroxo conseguiu misturar um punhado de massa de lama. Misturando-a com ramos e grama, nossa determinada amiga de penas construiu para si um novo ninho. Ela foi perseverante.

A perseverança é inspiradora! Tentar viver de forma que honre a Cristo enquanto vivenciamos adversidades pode nos deixar frustradas e desencorajadas. Mas, quando dependemos de Deus para nos ajudar em nossas dificuldades, somos capacitadas a prosseguir mesmo quando nem sempre podemos ver a solução de nossos problemas. Gálatas 6:9 nos lembra de não nos cansarmos "...de fazer o bem..." e nos encoraja a não desistir.

Deus está usando um desafio aparentemente intransponível em sua vida para produzir a perseverança? Deixe o Senhor produzir caráter em você, e, por meio do caráter, a esperança (Romanos 5:3,4). — *Cindy*

25 DE ABRIL

Sorria

SALMO 29:1-11

O Senhor dá força ao seu povo,
o Senhor os abençoa com paz.
—Salmo 29:11

Certa vez, conheci uma bela moça chamada Mercy [N.E.: do inglês, Misericórdia ou piedade.], uma das pacientes num hospital de Kampala, capital da Uganda. Durante uma visita, o irmão dela explicou-me que os seus pais haviam morrido e ele, aos 14 anos, era o único cuidador de Mercy. "Descobri que vocês doaram travesseiros aos pacientes na semana passada", ele disse. "Minha irmã nunca dormiu com um travesseiro. Você poderia trazer um para ela?".

Mercy tinha o sorriso mais lindo que eu já havia visto. Ao olhar em seus olhos, eu sabia que estava testemunhando alguém que experimentava a paz de Deus — a inexplicável paz "que excede todo entendimento" descrita em Filipenses 4:7.

No dia seguinte, eu levei um travesseiro para Mercy. Seu enorme sorriso ficou ainda maior ao recebê-lo. Sentei-me e segurei suas mãos por um longo tempo. Quando retornei no dia seguinte, sua cama estava vazia; ela havia morrido. O pessoal do hospital me deixou ver o seu corpo para me despedir. Sua cabeça descansava no travesseiro em que ela havia dormido por apenas uma noite e sua boca estava fechada... mas *sorrindo*. Que o Senhor nos ajude a compreender com maior profundidade o que aquela bela moça já sabia: que Deus jamais abandonará os Seus filhos. — *Roxanne*

As pequenas coisas

SALMO 116:1-9

*Toda dádiva que é boa e perfeita
vem do alto…*
—Tiago 1:17

Minha amiga Glória, que não podia sair de casa exceto para consultas médicas, ligou com voz cheia de empolgação. "Meu filho acabou de conectar novas caixas de som ao meu computador, então agora posso ir à igreja!". Ela agora podia ouvir a transmissão do culto de adoração de sua igreja, e estava extasiada com a bondade de Deus.

Glória me ensina sobre ter um coração grato. Apesar de suas muitas limitações, ela é grata pelas pequenas coisas. Em toda a sua vida, ela viu Deus lhe prover e fala sobre o Senhor a qualquer um que a visite ou ligue.

Não sabemos quais dificuldades o autor do Salmo 116 estava enfrentando. Alguns comentaristas bíblicos dizem que provavelmente era uma doença porque ele disse: "A morte me envolveu com suas cordas…" (v.3). Mas, o salmista deu graças ao Senhor por ser misericordioso e cheio de compaixão quando ele "…estava diante da morte…" (vv.5,6).

Quando estamos fracas, pode ser difícil olhar para o alto. Contudo, se o fizermos, veremos que Deus é o doador de toda boa dádiva em nossa vida — grande e pequena — e aprenderemos a dar-lhe graças.

Anne

27 DE ABRIL

Compartilhando o consolo

2 CORÍNTIOS 1:3-11

*Temos firme esperança de que,
assim como vocês participam de nossos sofrimentos,
também participarão de nosso encorajamento.*
—2 Coríntios 1:7

Uma amiga me enviou algumas de suas cerâmicas feitas em casa, mas certas peças foram danificadas no caminho. Depois que meu marido colou a desordem quebrada, eu exibi em uma prateleira a bela xícara com marcas.

Como a cerâmica em pedaços que foi colada, tenho cicatrizes que provam que ainda posso me levantar com força após os momentos difíceis pelos quais Deus me ajudou a passar. Compartilhar como o Senhor trabalhou em minha vida e por meio dela, pode auxiliar outros durante seus momentos de sofrimento.

O apóstolo Paulo louva a Deus porque Ele é o "...Pai misericordioso e Deus de todo encorajamento" (2 Coríntios 1:3). O Senhor usa as nossas lutas e nossos sofrimentos para nos tornar mais semelhantes a Ele. Seu consolo em nossas provações nos equipa para encorajar outros conforme compartilhamos o que Ele fez por nós, durante nosso tempo de necessidade (v.4).

Como Paulo, podemos ser consoladas por saber que o Senhor nos redime de nossas provações para a Sua glória. Podemos compartilhar o Seu consolo e trazer esperança encorajadora aos que sofrem.
— *Xochitl*

O piano encolhido

FILIPENSES 1:1-11

Tenho certeza de que aquele que começou a boa obra em vocês irá completá-la até o dia em que Cristo Jesus voltar.
—Filipenses 1:6

Por três anos seguidos, meu filho participou de um recital de piano. No último ano em que ele tocou, eu o observei enquanto ele subia os degraus e preparava-se para a sua apresentação. Ele tocou duas canções, voltou a sentar-se ao meu lado e sussurrou: "Mãe, neste ano o piano era menor." Eu disse: "Não, é o mesmo piano que você tocou no ano passado. Você é que cresceu e está maior!".

O crescimento espiritual, tal como o crescimento físico, acontece geralmente de forma lenta e com o passar do tempo. É um processo contínuo que implica em tornar-se mais semelhante a Jesus e isso acontece à medida que somos transformadas por meio da renovação de nossa mente (Romanos 12:2).

O crescimento espiritual envolve o Espírito Santo, nossa disposição de mudar e tempo. Em certos momentos da nossa vida, podemos olhar para trás e ver que crescemos espiritualmente. Que Deus nos dê a fé para continuarmos a crer que "...aquele que começou a boa obra em vocês" a completará "...até o dia em que Cristo Jesus voltar" (Filipenses 1:6).

Jennifer

29 DE ABRIL

De novo não

2 TESSALONICENSES 2:13-17

Quanto a nós, não podemos deixar de dar graças a Deus por vocês, irmãos amados pelo Senhor.
Somos sempre gratos porque Deus os escolheu para estarem entre os primeiros a receber a salvação por meio do Espírito que os torna santos e pela fé na verdade.
—2 Tessalonicenses 2:13

Enquanto eu estava lendo a mensagem em meu celular, minha temperatura começou a subir e meu sangue começou a ferver. Eu estava a ponto de responder com uma mensagem desagradável quando uma voz interior me disse para me acalmar e responder no dia subsequente. Na manhã seguinte, após uma boa noite de sono, a questão que havia me aborrecido tanto, agora parecia banal. Eu havia exagerado e não estava disposta a passar por inconveniências para poder ajudar alguém.

Lamentavelmente, minha tendência é responder com ira mais frequentemente do que gostaria de admitir. Constantemente me encontro tendo que colocar em prática verdades bíblicas familiares tais como: "…não pequem ao permitir que a ira os controle" (Efésios 4:26) e "não procurem apenas os próprios interesses, mas preocupem-se também com os interesses alheios" (Filipenses 2:4).

Felizmente, Deus nos concedeu o Seu Espírito, que nos auxilia em nossa batalha contra o nosso pecado. Paulo e Pedro chamaram isso de "obra santificadora do Espírito" (2 Tessalonicenses 2:13; 1 Pedro 1:2). Com a ajuda do Senhor, podemos ser vitoriosas.
— *Poh Fang*

Livre do medo

SALMO 34:1-10

*Busquei o Senhor, e ele me respondeu;
livrou-me de todos os meus temores.*
—Salmo 34:4

O medo se esgueira em meu coração sem permissão. Pinta uma imagem de desesperança e rouba a minha paz. O que me causa medo? A segurança de minha família ou a saúde de quem amo. A perda de um emprego ou um relacionamento rompido. O medo volta meu foco para o íntimo e revela um coração incrédulo.

Quando esses medos e essas preocupações surgem, como é bom ler a oração de Davi no Salmo 34: "Busquei o Senhor, e ele me respondeu; livrou-me de todos os meus temores" (v.4). E como Deus nos livra de nossos medos? Quando nós "olhamos para ele" (v.5), confiamos que Ele está no controle. Davi então menciona um tipo diferente de temor: um profundo respeito e maravilhamento por Aquele que nos cerca e nos livra (v.7). Podemos nos refugiar nele porque Ele é bom (v.8).

Esse maravilhar-se com a Sua bondade nos ajuda a colocarmos os nossos medos em perspectiva. Quando nos lembramos de quem Deus é e de quanto Ele nos ama, podemos repousar em Sua paz. Ao buscar o Senhor, podemos ser libertas de nossos medos.

Keila

1.º DE MAIO

Começo de maio

GÊNESIS 8:15-22

*Enquanto durar a terra, haverá plantio e colheita,
frio e calor, verão e inverno, dia e noite.*
—Gênesis 8:22

Quando jovem, eu morava num local onde celebrávamos a primavera e o desabrochar das primeiras flores no início do mês de maio. Meu passatempo era fazer uma cesta de papel e preenchê-la com flores — em sua maioria narcisos e violetas. Depois eu a colocava à porta da casa de minha vizinha, batia em sua porta e me escondia rapidamente atrás de um arbusto. Em seguida, espiava para observar e vê-la abrir a porta e recolher a sua surpresa.

A beleza das flores da primavera e a constante mudança de estações nos lembram da fidelidade de Deus. Quando Noé, sua família e os animais saíram da arca após as águas terem baixado, Deus lhes deu esta promessa: "Enquanto durar a terra, haverá plantio e colheita, frio e calor, verão e inverno, dia e noite" (Gênesis 8:22). E o Senhor tem sido fiel e tem cumprido essa promessa desde então. Deus "…criou o universo…" e "…com sua palavra poderosa sustenta todas as coisas…" (Hebreus 1:2,3).

Agradeçamos a Deus hoje por Sua bela criação e por Sua fidelidade em sustentar o Seu mundo e os que nele habitam.

Anne

Enxergando-nos

1 CORÍNTIOS 11:23,24

*Portanto, examinem-se antes
de comer do pão e beber do cálice.*
—1 Coríntios 11:28

Há muito tempo, antes da invenção de espelhos ou superfícies polidas, as pessoas raramente viam-se a si mesmas. Poças d'água, correntezas e rios estavam entre as poucas maneiras utilizadas para enxergarem o seu reflexo.

Mas os espelhos mudaram essa condição, e a invenção de câmeras levou a outro patamar a fascinação por nossa aparência. Agora temos imagens duradouras de nós mesmos produzidas em qualquer época da vida. Isso é bom para mantermos memórias vivas, mas pode ser prejudicial ao nosso bem-estar espiritual. Nossa tendência pode vir a ser prestarmos mais atenção na aparência exterior — e menor interesse em examinar o nosso interior.

O autoexame é crucial para a vida espiritual saudável. Ele é tão importante que as Escrituras afirmam que não devemos participar da Ceia do Senhor sem antes nos examinarmos (1 Coríntios 11:28). O enfoque desse autoexame não é apenas para nos justificar diante de Deus, mas também para garantir que estamos bem uns com os outros. Não podemos celebrar a comunhão adequadamente se não vivemos em harmonia com outros cristãos.

O autoexame promove unidade com outros e o relacionamento saudável com Deus.

Julie

3 DE MAIO

Mudança imprevista

SALMO 37:1-24

O Senhor dirige os passos do justo;
ele se agrada de quem anda em seu caminho.
—Salmo 37:23

Há alguns anos, a Secretaria de Educação de nosso município decidiu não renovar a licença de nossa igreja para utilizar o prédio de uma escola onde nos reuníamos todos os domingos.

Chocados, nós procuramos por outros locais, mas, por algum tempo, não conseguimos encontrar nada adequado. Quando implantamos a igreja, já tínhamos entendido a imprevisibilidade de utilizarmos instalações compartilhadas. Mas não havíamos contado com *isso*.

Os planos são portas de esperança para aquilo que acreditamos ser o que Deus deseja que façamos. Davi sabia da importância de entregarmos nossos planos a Deus: "Entregue seu caminho ao Senhor; confie nele, e ele o ajudará" (Salmo 37:5). Em lugar de nos sobrecarregarmos com as expectativas pela futura mudança, o importante para mim e meu marido era nos aquietarmos "...na presença do Senhor e [esperar] nele com paciência..." (v.7).

Entregar os nossos planos a Deus não significa que Ele os cumprirá da maneira como gostaríamos, mas "...o Senhor dirige os passos do justo..." (v.23). Quando confiamos nele em meio ao imprevisto, Ele utiliza as mudanças inesperadas e as transforma em oportunidades para que a nossa fé cresça.

— Regina

4 DE MAIO

Alvo ou canal?

COLOSSENSES 1:24-29

Por isso trabalho e luto com tanto esforço, na dependência de seu poder que atua em mim. —Colossenses 1:29

Certo dia durante meu momento devocional, o seguinte pensamento me veio à mente: *Não deixe a vida simplesmente acontecer para você. Deixe-a acontecer por meio de você.*

A primeira frase foi uma descrição que me serviu como uma luva, pois eu tinha a tendência de ver a vida como algo que chega até mim. Senti-me como um alvo desgastado. Estava usando todas as minhas energias para me proteger dos dardos das tribulações da vida.

Mas a segunda frase — "Deixe-a acontecer por meio de você" — apresentou uma abordagem diferente. Em lugar de desviar dos dardos inflamados da vida, eu deveria deixar a vida e o amor de Deus serem canalizados por meio de mim, abençoando-me em sua trajetória para abençoar outros.

Naquele dia, eu escolhi me tornar o canal de Deus ao invés de ser o alvo da vida. Então eu poderia começar a viver mais efetivamente para Ele.

Em sua carta aos colossenses, Paulo mencionou as muitas tribulações que estava enfrentando. No entanto, ele estava determinado a ser canal de bênção permitindo que Deus trabalhasse por meio dele.

E você? É um alvo ou um canal? Esse é um desafio e uma escolha para todo cristão.

Joanie

5 DE MAIO

Repouse

ÊXODO 20:8-11

*Ele me faz repousar em verdes pastos
e me leva para junto de riachos tranquilos.
Renova minhas forças e me guia pelos caminhos
da justiça; assim, ele honra o seu nome.*
—Salmo 23:2,3

Nosso cachorro se empolga tão exageradamente que chega a ter convulsões. Para impedir que isso aconteça nós tentamos acalmá-lo com vozes suaves. Quando ouve "deita!", ele evita o contato visual conosco e começa a reclamar. Finalmente, com um suspiro dramático de resignação, ele cede e desaba no chão.

Algumas vezes nós também precisamos ser lembradas de que precisamos repousar. No Salmo 23 aprendemos que nosso Bom Pastor nos faz "...repousar em verdes pastos...". Ele sabe que precisamos da tranquilidade que o repouso provê.

Nosso corpo é projetado para o descanso. O próprio Deus descansou no sétimo dia depois de Sua obra de criação (Gênesis 2:2,3; Êxodo 20:9-11). Jesus sabia que havia um momento para ministrar às multidões e um momento para descanso. Ele instruiu os Seus discípulos a irem com Ele "...até um lugar tranquilo para descansar um pouco..." (Marcos 6:31).

O descanso é um presente, um bom presente de nosso Criador que sabe exatamente o que precisamos. Louve-o, pois Ele algumas vezes nos "...faz repousar em verdes pastos...".

— Cindy

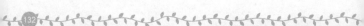

Conhecido por Deus

GÁLATAS 4:8-12

*Antes de conhecerem a Deus,
vocês eram escravos de supostos deuses que,
na verdade, nem existem.*
—Gálatas 4:8

Em 1996, eu era chefe de imprensa na Vila Olímpica, casa de todos os atletas que estavam competindo nos Jogos de Atlanta.

Certa noite, eu estava levando algumas pessoas à vila, tudo ia bem até que um casal começou a gritar: "Por que as câmeras não estão nos filmando? Vocês não sabem quem somos?". Eu certamente não sabia. Mas eventualmente eles foram parar em um *reality show* e ficaram famosos como queriam.

Muitas pessoas hoje têm a visão de que é importante serem conhecidas pelos outros. Elas não sabem que é melhor sermos conhecidas por nosso Criador. Jesus corrigiu esse modo de pensar: "E a vida eterna é isto: conhecer a ti, o único Deus verdadeiro, e a Jesus Cristo, a quem enviaste ao mundo" (João 17:3).

Em Gálatas 4, Paulo disse: "Agora que conhecem a Deus, ou melhor, agora que Deus os conhece, por que desejam voltar atrás e tornar-se novamente escravos…?" (v.9).

Há algo muito maior do que a fama. Que nos voltemos a Deus hoje e vivenciemos a alegria e a vida, que encontramos em Sua presença.

Roxanne

Lembre-se da cruz

MARCOS 15:19,20;33-39

"Este homem era verdadeiramente o Filho de Deus!"
—Marcos 15:39

Em minha igreja, há uma grande cruz na parte da frente do santuário. Ela representa a cruz original em que Jesus morreu. Ali, Deus permitiu que Seu Filho perfeito morresse por todos os erros que já cometemos. Na cruz, Jesus cumpriu a obra exigida para nos salvar da morte que merecemos (Romanos 6:23).

A visão de uma cruz me faz considerar o que Jesus suportou por nós. Ele foi flagelado, e cuspiram nele. Os soldados o atingiram na cabeça com bastões, zombaram de Jesus e tentaram fazê-lo carregar a Sua própria cruz. No Gólgota, eles martelaram pregos em Sua carne para segurá-lo na cruz. Essas chagas mantiveram o peso de Seu corpo pendurado no madeiro. Seis horas depois, Jesus deu o Seu último suspiro (Marcos 15:37). Um centurião que testemunhou a morte de Jesus declarou: "Este homem era verdadeiramente o Filho de Deus!" (v.39).

Na próxima vez em que você vir o símbolo da cruz, considere o que ela significa. O Filho de Deus sofreu e morreu ali e então ressuscitou para tornar a vida eterna possível. Para mim e para você.

— Jennifer

8 DE MAIO

Agradável diversão?

ROMANOS 11:33–12:2

Não imitem o comportamento e os costumes deste mundo, mas deixem que Deus os transforme por meio de uma mudança em seu modo de pensar, a fim de que experimentem a boa, agradável e perfeita vontade de Deus para vocês.

—Romanos 12:2

Uma amiga que estava procurando uma igreja para frequentar me disse que havia acabado de encontrar o que procurava: "Gosto desta igreja porque não preciso mudar meu estilo de vida de noitadas. Ali não me sinto culpada e nada é exigido de mim. Sinto-me bem comigo mesma quando estou ali".

Mas é para isso que Jesus nos chama? O autor Waldo Beach diz: "Não há ar-condicionado e banco acolchoado na igreja que possam esconder a dura verdade de que [...] o discipulado é dispendioso [...]. Ninguém pode entender o cristianismo em sua profundidade se vem a ele para desfrutá-lo como uma agradável diversão de fim de semana".

Ser cristão significa que conhecemos Jesus pessoalmente porque o recebemos por fé como o nosso Salvador pessoal que nos livra do pecado. Negamos a nossa vontade e escolhemos a vontade dele em lugar da nossa. Jesus transforma o nosso modo de pensar, nossos valores e as nossas prioridades para que reflitam o que é aceitável a Deus (Romanos 12:1,2).

A verdadeira fé não é uma diversão agradável de fim de semana; é um relacionamento intenso com Jesus! — *Anne*

9 DE MAIO

Poda dolorida

JOÃO 15:1-5

*Todo ramo que, estando em mim,
não dá fruto, ele corta. Todo ramo que dá fruto,
ele poda, para que produza ainda mais.*
—João 15:2

No último verão, nós plantamos roseiras no jardim dos fundos em honra à minha *abuelita*, minha avó. Rosas selvagens e de doce aroma cresciam ao redor de sua casa. As rosas que plantamos seriam uma bela lembrança dela.

Eu me alegrava ao observar as rosas florescerem durante todo o verão. Mas veio a primeira geada, e eu sabia que era hora de desbastar as roseiras e podar seus galhos.

Assim como eu tinha que podar as roseiras para promover o renovo anual, algumas vezes Deus precisa remover os excessos e podar algo em nós. Embora seja doloroso e não recebamos bem essa poda, Ele o faz para que produzamos "…ainda mais" (João 15:2). O objetivo do Pai não é nos ferir, mas nos conformar à imagem de Jesus (Romanos 8:29) para que sejamos abençoadas e cresçamos (Jó 5:17).

Talvez você esteja passando por um momento difícil; esteja lutando e desejando que a dor e o desconforto desapareçam. Isso é compreensível. Contudo, se você está sendo podada, pode olhar para o futuro com enorme expectativa. Deus está se certificando de que você produzirá ainda mais fruto. Ele jamais desperdiçará a sua dor e o seu sofrimento.

Marlena

10 DE MAIO

Ele responderá

SALMO 91

*Quando clamar por mim, eu responderei
e estarei com ele em meio às dificuldades;
eu o resgatarei e lhe darei honra.* —Salmo 91:15

Quando encontrei a página do *Twitter* de minha atriz coreana favorita, decidi deixar um comentário para ela. Enviei minha mensagem e aguardei. Mas ela nunca respondeu.

Felizmente, não é assim com Deus.

Sabemos que Ele nos responde. Ele é o "Altíssimo", o "Todo-Poderoso" (Salmo 91:1). Contudo, Ele nos é acessível. Deus nos convida: "Quando clamar por mim, eu responderei…" (v.15).

Há uma antiga lenda sobre um monarca que contratou tecelões para fazerem tapeçarias e trajes. O rei deu-lhes instruções para procurarem por sua ajuda caso tivessem dificuldades. Um jovem tecelão teve sucesso em seu trabalho enquanto os outros tiveram problemas. Quando perguntaram ao rapaz sobre o motivo do seu sucesso, ele respondeu: "Vocês não perceberam com que frequência eu fazia perguntas ao rei?". Eles responderam: "Mas ele é muito ocupado. Nós achávamos que você estava errado em perturbá-lo". O garoto lhes respondeu: "Eu simplesmente acreditei no que ele disse, e o rei sempre me ajudou com alegria!".

Nosso Deus é como esse rei — apenas muito mais grandioso. Ele é amável e gentil o suficiente para dar atenção à nossa preocupação mais insignificante e ao nosso sussurro mais tênue.

Poh Fang

11 DE MAIO

Nada é inútil

1 CORÍNTIOS 15:42-58

*...vocês sabem que nada do que fazem
para o Senhor é inútil.*
—1 Coríntios 15:58

Em meu terceiro ano lutando contra o desencorajamento e a depressão causados pela mobilidade limitada e a dor crônica, confidenciei a uma amiga: —Meu corpo está desmoronando. Sinto que não tenho nada de valor para oferecer a Deus ou a qualquer pessoa.

—Você diria que não faz diferença alguma quando cumprimento você com um sorriso ou ouço o que você tem a dizer?, ela perguntou.

—É claro que não.

—Então por que você está afirmando essas mentiras para si mesma? Afirma todas essas mesmas coisas por mim e pelos outros.

Agradeci a Deus por me lembrar de que nada do que fazemos por Ele é inútil.

Por Deus prometer que ressuscitaremos por meio de Cristo (1 Coríntios 15:43), podemos confiar que Ele utilizará todo pequeno esforço que fizermos por Ele para fazer diferença em Seu reino (v.58).

Até mesmo quando somos limitadas fisicamente, um sorriso, uma palavra de encorajamento, uma oração, ou uma demonstração de fé durante nossa luta podem ser utilizados para ministrar a outros. Quando servimos ao Senhor, nenhum trabalho ou ato de amor é insignificante demais.

Xochitl

12 DE MAIO

A solução para a inveja

1 SAMUEL 18:5-15

Daquele momento em diante, Saul começou a olhar para Davi com suspeita. —1 Samuel 18:9

Enquanto cuidava de meus netos, perguntei-lhes o que haviam feito no fim de semana anterior. Bernardo, de 3 anos, relatou esbaforido que ele pôde dormir na casa de seus tios — e comeu sorvete, foi num carrossel e assistiu a um filme! Depois foi a vez de Samuel, de 5 anos. Ele simplesmente disse: —Acampei. —Você se divertiu?, perguntei-lhe. —Não muito, ele respondeu desanimado.

Samuel esqueceu-se do quanto se divertiu acampando com o seu pai quando ouviu o seu irmão contar empolgadamente sobre o seu fim de semana.

Todos nós incorremos na inveja. O rei Saul cedeu ao "monstro de olhos verdes" quando o louvor que Davi recebeu excedeu o que ele próprio havia recebido: "Saul matou milhares, e Davi, dezenas de milhares!" (1 Samuel 18:7). Saul ficou indignado e "Daquele momento em diante, [...] começou a olhar para Davi com suspeita" (v.9). Ele estava tão enraivecido a ponto de tentar matar Davi!

Deus nos deu muitas bênçãos, incluindo a vida abundante aqui e a promessa de vida eterna vindoura. Depender do auxílio do Senhor e nos firmarmos nele com gratidão pode nos ajudar a vencer a inveja.

Alyson

13 DE MAIO

Face a face

ÊXODO 33:7-14

...o Senhor falava com Moisés face a face, como quem fala com um amigo.
—Êxodo 33:11

Ainda que estejamos todos conectados eletronicamente como nunca antes estivemos, nada é melhor do que passar tempo juntos presencialmente. Aqueles que se amam, sejam familiares ou amigos, gostam de compartilhar uns com os outros face a face.

Nós vemos esse relacionamento face a face entre o Senhor e Moisés, o homem que Deus escolheu para liderar o Seu povo. Moisés sentiu-se mais confiante ao longo dos anos em que seguia Deus e continuou a seguir o Senhor apesar da rebelião e idolatria do povo. Depois que o povo adorou um bezerro de ouro em lugar do Senhor (Êxodo 32), Moisés montou uma tenda fora do acampamento na qual encontraria Deus, enquanto o povo deveria assistir à distância (33:7-11). Quando a coluna de nuvem, que significava a presença de Deus, descia à tenda, Moisés falava em nome do povo. O Senhor prometeu que Sua presença iria com eles (v.14).

Hoje, não precisamos mais de alguém como Moisés para falar com Deus em nosso nome. Antes, assim como Jesus ofereceu aos Seus discípulos, nós podemos ter amizade com Deus por meio de Cristo (João 15:15). Nós também podemos nos encontrar com o Senhor, e ouvi-lo falar conosco como se estivéssemos falando com um amigo. — *Amy*

Olhos para ver

JOSUÉ 3:1-11

*Levanto minhas mãos a ti em oração;
anseio por ti, como a terra seca...*
—Salmo 143:6

Meu primeiro vislumbre da Terra Prometida, estando nas colinas de Moabe, foi decepcionante. "Isto era completamente diferente quando os israelitas chegaram aqui?", perguntei à guia enquanto olhávamos em direção a Jericó. "Não", ela respondeu. "Tem a mesma aparência há milhares de anos".

Eu reformulei a pergunta. "O que os israelitas viram quando chegaram aqui?". Ela respondeu: "O maior oásis na face do planeta Terra".

Só então eu entendi. Eu havia passado pelo deserto árido dentro do luxo e conforto de um ônibus com ar-condicionado, suprido com água gelada engarrafada. Para mim, um oásis não era nada espetacular. Os israelitas haviam passado anos perambulando em um deserto quente e seco. Para eles, o retalho disperso de verde pálido a uma distância nebulosa significava água refrescante e mantenedora da vida.

Como um oásis, a bondade de Deus é encontrada em lugares secos e desfavoráveis. Com que frequência, eu me pergunto, nós não conseguimos ver a bondade dele porque nossos sentidos espirituais foram entorpecidos pelo conforto? Algumas vezes os dons de Deus são vistos mais claramente quando estamos cansadas e sedentas. Que sempre tenhamos sede dele (Salmo 143:6).

Julie

15 DE MAIO

Uma lição aprendida

FILIPENSES 4:10-19

Não digo isso por estar necessitado, pois aprendi a ficar satisfeito com o que tenho. —Filipenses 4:11

Maria era viúva e enfrentava sérios problemas de saúde. Sua filha então a convidou para se mudar para o novo "apartamento da vovó" anexado à sua casa. Embora essa mudança envolvesse deixar amigos e o restante da família muitos quilômetros para trás, Maria se alegrou com essa provisão de Deus.

Seis meses depois do início de sua nova vida, o contentamento dela já tinha desaparecido. Ela sentia falta de seus amigos cristãos, e sua nova igreja era longe demais para que pudesse ir até o local sem depender de outras pessoas.

Ela então leu algo que Charles Spurgeon, o pregador do século 19, havia escrito: "...o contentamento é uma das flores do Céu e [...] deve ser cultivado" (dia 16 de fevereiro, *Dia a dia com Spurgeon, Manhã e Noite: meditações diárias*, Publicações Pão Diário, 2015). Paulo diz: "aprendi a ficar satisfeito", como se ele em algum momento não o soubesse.

Maria concluiu que, se um fervoroso evangelista como Paulo, confinado numa prisão, abandonado por amigos e diante da morte pôde aprender o contentamento, então ela também poderia.

E disse: "Confessei minha lamúria interior e pedi o perdão de Deus. Logo depois disso uma senhora recém-aposentada perguntou se eu poderia ser a sua parceira de oração e outras me ofereceram carona para ir à igreja. Minhas necessidades foram maravilhosamente atendidas". — *Marion*

Batalhas de lápis
JUÍZES 2:11-22

*Quando o juiz morria, porém, eles voltavam
a seus caminhos corruptos e se comportavam ainda pior
que seus antepassados. Seguiam outros deuses, servindo-os
e adorando-os. Não abandonavam suas práticas
perversas e seus caminhos teimosos.* —Juízes 2:19

Quando eu estava aprendendo a escrever cartas, minha professora da primeira série insistia que eu segurasse meu lápis de uma forma específica. Enquanto ela me observava, eu segurava o lápis do modo como ela queria. Mas, assim que ela se virava, eu obstinadamente voltava a segurar o lápis da forma que achava mais confortável.

Décadas mais tarde, percebo que minha sábia professora sabia que meu hábito teimoso se transformaria em uma má prática de escrita que resultaria em um cansaço mais rápido de minha mão.

Crianças raramente compreendem o que é bom para elas. Elas agem quase que completamente de acordo com o que querem no momento. Talvez os "filhos de Israel" foram assim nomeados visto que, geração após geração, insistiam teimosamente em adorar os deuses das nações ao seu redor em lugar de adorar o único Deus verdadeiro. Suas ações iraram profundamente o Senhor porque Ele sabia o que era melhor e, assim, removeu a Sua bênção deles (Juízes 2:20-22).

Se uma postura rebelde está nos impedindo de obedecer a Deus, é hora de uma mudança no coração. Volte ao Senhor; Ele é gracioso e misericordioso.

Cindy

17 DE MAIO

Quão belo Ele é

ISAÍAS 9:1-7

*Pois um menino nos nasceu, um filho nos foi dado.
O governo estará sobre seus ombros, e ele será chamado
de Maravilhoso Conselheiro, Deus Poderoso,
Pai Eterno e Príncipe da Paz.* —Isaías 9:6

Um grupo de crianças de nossa cidade estava em um culto de adoração, e nós começamos a cantar. Ariel, de 7 anos, inclinou-se próxima a mim e disse suavemente: "Eu amo essa música; ela me faz chorar".

A música e a letra sobre Jesus, seu Salvador, tocavam o coração dela conforme cantávamos a canção de John Wimber: "Quão belo Ele é".

Sim, o Senhor é belo. Nós não encontramos uma referência específica na Bíblia descrevendo-o dessa forma, mas o Seu caráter é forte, contudo gentil; santo, todavia perdoador; majestoso, porém humilde — tudo isso em conjunto. Simplesmente belo!

Em sua profecia, Isaías descreveu Jesus e Sua vida desta forma: "Pois um menino nos nasceu, um filho nos foi dado. O governo estará sobre seus ombros, e ele será chamado de Maravilhoso Conselheiro, Deus Poderoso, Pai Eterno e Príncipe da Paz" (Isaías 9:6).

Jesus é o Maravilhoso Conselheiro — que nos concede sabedoria e consolo. O Pai Eterno — que provê todas as nossas necessidades e nos protege. E o Príncipe da Paz — que oferece reconciliação com Deus e com os outros.

Jesus é belo! Adore-o.

Anne

Aquele que serve

LUCAS 22:24-27

Quem é mais importante, o que está à mesa ou o que serve? Não é aquele que está à mesa? Mas não aqui! Pois eu estou entre vocês como quem serve.
—Lucas 22:27

"Não sou serva de ninguém!", eu gritei. Naquela manhã as demandas de minha família pareciam muito excessivas enquanto eu freneticamente ajudava a procurar a gravata azul de meu marido, ao mesmo tempo que dava comida para o bebê chorando e recuperava um brinquedo perdido, que estava debaixo da cama de nosso filho de 2 anos.

Mais tarde naquele dia, encontrei algo que Jesus disse: "Quem é mais importante, o que está à mesa ou o que serve? Não é aquele que está à mesa? Mas não aqui! Pois eu estou entre vocês como quem serve" (Lucas 22:27).

A sociedade de hoje insiste que devemos almejar "ser alguém". Queremos o emprego que paga melhor, o cargo mais elevado na empresa, uma função importante na igreja. Contudo, independentemente da posição em que estivermos, podemos aprender sobre servir com o nosso Salvador.

Todas nós temos papéis diferentes, mas a questão é a seguinte: desempenhamos a nossa tarefa com a atitude de servas? Ainda que minha rotina diária seja algumas vezes cansativa, sou grata pelo auxílio do Mestre, porque quero seguir os Seus passos e deliberadamente servir aos outros.

Que Deus ajude cada uma de nós a sermos aquelas que servem.

Keila

19 DE MAIO

Oração ou preocupação?

EFÉSIOS 3:14-21

Toda glória seja a Deus que, por seu grandioso poder que atua em nós, é capaz de realizar infinitamente mais do que poderíamos pedir ou imaginar. —Efésios 3:20

Um missionário escreveu uma carta informativa para agradecer seus mantenedores por serem "guerreiros de oração". No entanto, devido a um erro de digitação ele os chamou de "guerreiros de preocupação". Para algumas de nós, essa pode ser uma boa descrição.

Neil Wiseman em seu livro *Growing Your Soul* (Desenvolvendo a sua alma), escreve: "A oração deve ser mais do que um tipo de reafirmação de preocupações inquietas ou um remoer de nossos problemas. Nossas petições devem ir além do desespero sombrio, que lida sobretudo com calamidade e aflição".

Durante uma época de angústia em minha vida, eu me tornei uma "guerreira de preocupação". Eu implorava: "Senhor, por favor não deixe meu vizinho me causar problemas amanhã". Ou: "Pai, não permita que aquela pessoa geniosa espalhe fofocas a meu respeito".

Mas depois o Senhor me ensinou a orar por pessoas ao invés de orar contra elas. Paulo não era um "guerreiro de preocupação". Ele orava pelo povo de Deus para que eles pudessem conhecer a força, o amor e a plenitude de Deus, quem é capaz de fazer muito mais do que podemos pedir ou até mesmo pensar (Efésios 3:14-21). Tal confiança fez Paulo tornar-se um verdadeiro "guerreiro de oração". Não é isso o que todas nós queremos ser?

— Joanie

20 DE MAIO

O leão que late

PROVÉRBIOS 22:1-5

A boa reputação vale mais que as grandes riquezas;
ser estimado é melhor que prata e ouro.
—Provérbios 22:1

Os visitantes de um zoológico ficaram indignados quando o "leão africano" começou a latir. A equipe do zoológico disse que havia disfarçado um mastim tibetano — uma raça de cães gigantes — de leão porque não podiam pagar por um leão verdadeiro. A reputação desse zoológico ficou severamente comprometida.

A reputação é frágil; uma vez questionada, é difícil restaurá-la. As Escrituras nos encorajam: "A boa reputação vale mais que as grandes riquezas…" (Provérbios 22:1). O verdadeiro valor não deve ser colocado no que temos, mas em quem somos.

Sócrates, o filósofo grego clássico disse: "O modo de ganhar boa reputação é esforçar-se para ser o que você deseja aparentar". Como seguidoras de Jesus, somos portadoras do Seu nome. Por causa de Seu amor por nós, lutamos para caminharmos de modo digno dele, refletindo Sua semelhança em nossas palavras e atos.

Quando falhamos, Ele nos levanta novamente por Seu amor. Com nosso exemplo, outros ao nosso redor serão encorajados a louvar o Deus que nos redimiu e transformou (Mateus 5:16), pois o nome do Senhor é digno de glória, de honra e de todo o louvor.

Poh Fang

21 DE MAIO

Testado e purificado

JÓ 23:1-12

*...quando ele me provar,
sairei puro como ouro.*
—Jó 23:10

Durante uma entrevista, a cantora e compositora Meredith Andrews falou sobre o seu esgotamento por tentar equilibrar campanhas evangelísticas, criatividade, questões conjugais e a maternidade. Ao refletir sobre sua dificuldade, ela disse: "Sentia-me como se Deus estivesse me fazendo passar por um período de refinamento — quase um processo esmagador".

Jó, o personagem do Antigo Testamento, ficou esgotado após perder tanto. E embora Jó tivesse sido um adorador de Deus diariamente, ele sentiu que o Senhor estava ignorando seus apelos de ajuda. Jó alegava que não podia ver Deus ainda que olhasse para o norte, sul, leste ou oeste (Jó 23:2-9).

Em meio ao desespero, Jó teve um momento de clareza, e disse: "...ele sabe aonde vou; quando ele me provar, sairei puro como o ouro" (v.10). Algumas vezes, Deus usa a dificuldade para destruir a nossa autossuficiência, nosso orgulho e sabedoria terrena.

A dor e os problemas podem produzir o caráter reluzente, sólido como a rocha, que surge como consequência de confiarmos em Deus quando a vida é árdua. *Jennifer*

22 DE MAIO

Esperar e conceder misericórdia

LUCAS 18:9-14

*...Deus, tem misericórdia de mim,
pois sou pecador.*
—Lucas 18:13

Quando as escolhas de uma amiga a estavam levando mais profundamente ao pecado, queixei-me com outra amiga que respondeu gentilmente: "Não é você que sempre diz que Jesus é nosso padrão de santidade, então não devemos comparar os nossos pecados com os pecados de outros? E quando falamos de sua amiga estamos fofocando. Então..."

"Estamos pecando". Inclinei a minha cabeça e disse: "Por favor, ore por nós duas".

Em Lucas 18, Jesus compartilhou uma parábola sobre dois homens aproximando-se do Templo para orar de maneiras muito diferentes (vv.9-14). Como o fariseu, nós podemos ficar presas num círculo de comparação com outras pessoas. Podemos nos vangloriar (vv.11,12) e viver como se tivéssemos o direito de julgar e a responsabilidade, ou o poder, de mudar os outros.

Mas, quando olhamos para Jesus como nosso exemplo de um viver santo e de imediato encontramos a Sua bondade, como aconteceu com o coletor de impostos, amplia-se a nossa gritante necessidade pela graça de Deus (v.13). Ao vivenciarmos pessoalmente a amável compaixão e o perdão do Senhor, seremos para sempre transformadas e capacitadas a ansiar por misericórdia e também a concedê-la em lugar de condenar os outros.

— Xochitl

23 DE MAIO

Salmos de acampamento

SALMO 8:1-9

*Ó Senhor, nosso Senhor,
teu nome majestoso enche a terra...*
—Salmo 8:1

Quando meu marido e eu fazemos caminhadas pela natureza, um de nossos tópicos favoritos para fotografar são os cogumelos que surgem durante a noite e pontilham as florestas com respingos de laranja claro, vermelho e amarelo!

Essas fotografias da natureza me inspiram a levantar os olhos para o Criador — que criou não apenas os cogumelos, mas também as estrelas no Céu. Ele projetou um mundo de dimensões e variedade infinitas. E o Senhor nos colocou exatamente no meio dessa beleza para dela desfrutarmos e a governarmos (Gênesis 1:27,28; Salmo 8:6-8).

Meus pensamentos se voltam para um dos "salmos de acampamento" de nossa família — Salmos que lemos quando nos sentamos ao redor da fogueira. "Ó Senhor, nosso Senhor, teu nome majestoso enche a terra; tua glória é mais alta que os céus [...]! Quando olho para o céu e contemplo a obra de teus dedos, a lua e as estrelas que ali puseste, pergunto: Quem são os simples mortais para que penses neles? Quem são os seres humanos, para que com eles te importes?" (Salmo 8:1-4).

Como é incrível que o grande Deus que criou o mundo em todo o seu esplendor se importa comigo e com você!

Alyson

24 DE MAIO

Descendo a escada

2 CRÔNICAS 12:1-8

...se meu povo, que se chama pelo meu nome, humilhar-se e orar, buscar minha presença e afastar-se de seus maus caminhos, eu os ouvirei dos céus, perdoarei seus pecados e restaurarei sua terra.
—2 Crônicas 7:14

O vídeo começa com uma cadelinha no topo da escada — com medo de descer. Apesar do encorajamento das pessoas torcendo ao pé da escada, Paçoca não consegue compreender. Ela quer ir até os que a incentivam, mas o medo a mantém no topo. Então surge um cachorro maior para ajudá-la. Simba sobe as escadas correndo e depois desce demonstrando como é fácil. Após algumas poucas tentativas discretas, Paçoca finalmente ousa deixar suas patas traseiras seguirem as dianteiras. Simba desce ao lado dela. Quando Paçoca consegue, todos comemoram!

Que bela imagem de discipulado. Nós investimos muito tempo tentando ensinar outros a subirem, mas o mais importante e o mais difícil é aprender a "descer". Por toda a Bíblia lemos que Deus deseja humildade de nossa parte. Pelo povo de Judá ter se humilhado, o Senhor disse: "...não os destruirei..." (2 Crônicas 12:7).

Em inúmeras ocasiões, Deus demonstrou humildade ao descer até nós (Êxodo 3:7,8; 19:10-12; Miqueias 1:3).

Finalmente, Deus enviou Jesus que investiu a Sua vida no ensino da técnica que devemos seguir (Filipenses 2:5-11).

Julie

25 DE MAIO

Preso ao amor

GÊNESIS 15:1-20

*Então o Senhor fez uma aliança com Abrão
naquele dia e disse: "Dei esta terra a seus descendentes,
desde a fronteira com o Egito até o grande
rio Eufrates…".* —Gênesis 15:18

"Como você está?", perguntei à minha amiga. Ela imediatamente começou a enxugar suas lágrimas. Ela tinha visto muitas amigas mais novas se casarem ao longo dos anos enquanto ela permanecia solteira. A cada ano que passava, seus medos de envelhecer solteira se intensificavam.

Eu sabia — como ela sabe — que Deus é fiel e infinitamente mais do que precisamos. Embora o estar solteira e, da mesma forma, o casamento sejam um presente de Deus, minha amiga queria se casar. Então, eu a relembrei do meu amor por ela e, também, do quanto Deus a ama — algo que ela realmente precisava ouvir.

Gênesis 15 registra uma dor semelhante. Deus dera a Abraão o desejo de conceber um filho e também a promessa de Sua provisão (Gênesis 12:2; 13:14-16), mas, conforme o tempo passava, Abrão lhe perguntava: "Ó Senhor Soberano, como posso ter certeza de que a possuirei de fato?" (15:8). Deus respondeu com um juramento sagrado (Hebreus 6:13-17). Ao criar uma aliança indissolúvel, Ele prometeu cumprir o que havia sido prometido a Abraão.

Cada uma de nós tem anseios insatisfeitos (11:8-19) — é a realidade que enfrentamos em um mundo imperfeito. Contudo, esta verdade permanece: *Deus cumpre as Suas promessas e se entrega como "a resposta" aos nossos maiores anseios.*

— Regina

26 DE MAIO

Um jugo fácil

MATEUS 11:25-30

*Tomem sobre vocês o meu jugo.
Deixem que eu lhes ensine, pois sou manso
e humilde de coração, e encontrarão descanso
para a alma.* —Mateus 11:29

Uma professora de Escola Dominical leu Mateus 11:30 para sua turma e, em seguida, perguntou-lhes: "Jesus disse: 'Meu jugo é fácil'. Quem pode me dizer o que é um jugo?". Um menino levantou a mão e respondeu: "Um jugo é algo que eles colocam no pescoço dos animais para eles se ajudarem".

A professora então perguntou: "Qual é o jugo que Jesus coloca em nós?". Uma menininha quieta ergueu a mão e disse: "É Deus colocando o Seu braço em volta da gente".

Quando Jesus veio, Ele ofereceu um jugo "fácil" e "leve" comparado ao jugo dos líderes religiosos (Mateus 11:30). Eles haviam colocado fardos pesados nas pessoas (Mateus 23:4), que ninguém jamais conseguiria carregar.

Ao reconhecermos nossa necessidade de perdão, Jesus se coloca do nosso lado. Ele coloca Seu jugo sobre nós, libertando-nos da culpa e nos ajudando a viver de forma que agrade a Deus.

Você precisa da ajuda de Jesus? Ele diz: "Venham a mim […] Tomem sobre vocês o meu jugo. Deixem que eu lhes ensine…" (Mateus 11:28,29). Ele anseia envolvê-la em Seus braços.

Anne

Palavras descuidadas

TIAGO 3:1-12

*Assim também, a língua é algo pequeno
que profere discursos grandiosos.
Vejam como uma simples fagulha é capaz
de incendiar uma grande floresta.*

—Tiago 3:5

Quando minha filha sofreu com certa enfermidade, o marido dela foi maravilhosamente cuidadoso e acolhedor. "Você tem nele um verdadeiro tesouro!", eu lhe disse.

"Você não pensou assim quando eu o conheci," ela disse com um sorriso.

Ela estava certa. Quando eles noivaram, eu fiquei preocupada. Eles tinham personalidades tão diferentes, e eu tinha compartilhado bem francamente as minhas apreensões com relação a ele.

Fiquei horrorizada ao perceber que as críticas que fiz tão casualmente há quinze anos haviam permanecido na memória de minha filha. Isso me lembrou do quanto precisamos vigiar o que dizemos. Somos rápidas em apontar o que consideramos ser fraqueza em familiares, amigos ou colegas de trabalho ou em atentarmos apenas em seus erros e não em seus sucessos. Tiago diz: "...a língua é algo pequeno..." (3:5), contudo as palavras que ela profere podem destruir relacionamentos.

Talvez devêssemos orar como Davi ao começarmos cada dia: "Assume o controle do que eu digo, SENHOR, e guarda meus lábios" (Salmo 141:3). *Marion*

28 DE MAIO

Um dia para descansar

ÊXODO 23:10-13

*Vocês têm seis dias da semana
para realizar suas tarefas habituais,
mas não devem trabalhar no sétimo...*
—Êxodo 23:12

Em um certo domingo, eu parei no riacho gorgolejante que atravessa nossa comunidade, deleitando-me na beleza que ele traz à nossa área rodeada de prédios. Senti que relaxava ao observar a água em cascata e ouvir os pássaros cantando. Eu parei para agradecer ao Senhor pelo modo como Ele nos ajuda a encontrar descanso para nossa alma.

O Senhor instituiu o Sábado — um tempo para descanso e renovo — para o Seu povo no antigo Oriente Médio porque Ele queria que prosperassem. Como vemos no livro de Êxodo, o Senhor os chama para semear em seus campos por seis anos e descansar no sétimo. Assim também com os seis dias de trabalho e o descanso no sétimo.

Podemos aguardar o nosso dia de descanso com expectativa e criatividade, recebendo bem a chance de adorar e fazer algo que alimente a nossa alma, o que poderá variar segundo nossas preferências.

Como podemos redescobrir a beleza e a riqueza de separarmos um dia para descansar, caso não tenhamos essa prática?

— Amy

29 DE MAIO

Vulnerabilidade visível

EFÉSIOS 4:2-6

*Sejam sempre humildes e amáveis,
tolerando pacientemente uns aos outros
em amor.* —Efésios 4:2

Ao me aventurar a sair semanas após uma cirurgia no ombro, eu estava temerosa. Sentia-me confortável com o uso de minha faixa imobilizadora, mas meu fisioterapeuta me aconselhara a deixar de usá-la. Foi então que ouvi esta afirmação: "Neste estágio, usar um imobilizador não é aconselhável, exceto como um sinal visível de vulnerabilidade num ambiente que você não possa controlar".

Ah, esse era o ponto! Eu temia que uma pessoa mais empolgada pudesse me dar um abraço apertado ou que um amigo desavisado pudesse se chocar comigo acidentalmente. Eu estava me escondendo atrás de minha franzina faixa imobilizadora de cor azul bebê porque eu temia me machucar.

Permitir-nos ser vulneráveis pode ser assustador; nós queremos ser aceitas por quem somos, mas tememos que, ao sermos verdadeiramente conhecidas, podemos vir a ser rejeitadas.

Mas, como membros da família de Deus, temos a responsabilidade de nos ajudarmos a crescer em fé. É-nos dito: "animem e edifiquem uns aos outros" (1 Tessalonicenses 5:11) e "Sejam sempre humildes e amáveis, tolerando pacientemente uns aos outros em amor" (Efésios 4:2).

Quando somos vulneráveis com outros cristãos, compartilhamos da maravilhosa dádiva da graça de Deus em nossa vida.

Cindy

30 DE MAIO

Desfrutando de sua refeição

1 CORÍNTIOS 11:23-34

...agradeceu a Deus, partiu-o e disse: "Este é meu corpo, que é entregue por vocês. Façam isto em memória de mim". —1 Coríntios 11:24

Não se trata da mesa. Não se trata das cadeiras. Não se trata da comida, embora seja bom se tiver sido feita com amor. Uma boa refeição é apreciada quando dedicamos atenção àqueles com quem estamos.

Amo as reuniões ao redor da mesa desfrutando de boa conversa com amigos e família. No entanto, a tecnologia tem dificultado essa interação. Algumas vezes ficamos mais preocupadas com o que os outros — às vezes a quilômetros de distância — têm a dizer do que com as palavras que a pessoa do outro lado da mesa está dizendo.

Somos convidadas para outra refeição à mesa quando nos reunimos para celebrar a Ceia do Senhor. Não se trata da igreja, seja ela grande ou pequena. Não se trata do tipo de pão. Trata-se de afastarmos os nossos pensamentos de nossas preocupações e inquietações entregando a nossa atenção a Jesus.

Quando foi a última vez que desfrutamos de comunhão? Apreciamos a presença do Senhor ou estamos mais preocupadas com o que está acontecendo em outro lugar? Isso é importante porque "...cada vez que vocês comem desse pão e bebem desse cálice, anunciam a morte do Senhor até que ele venha" (1 Coríntios 11:26). — *Keila*

31 DE MAIO

Andarilhos mais rápidos do mundo

LUCAS 10:38-42

Sua irmã, Maria, sentou-se aos pés de Jesus e ouvia o que ele ensinava.
—Lucas 10:39

Segundo um estudo que mediu o ritmo da vida na cidade, as pessoas com mais pressa vivem aqui em Singapura. Nós caminhamos em torno de 18 metros em 10,55s comparados aos habitantes de Nova Iorque, que fazem a mesma distância em 12s, e às pessoas em Blantyre, Maláui, África, que precisam de 31,6s.

O estudo também revelou que as velocidades de caminhada aumentaram em 10% nos últimos 20 anos. Talvez precisemos diminuir o ritmo.

Estamos sendo envolvidas no frenesi de uma vida ocupada? Pare e considere as palavras de Jesus a Marta: "...você se preocupa e se inquieta com todos esses detalhes. Apenas uma coisa é necessária. Quanto a Maria, ela fez a escolha certa, e ninguém tomará isso dela" (Lucas 10:41,42).

Note as gentis palavras de Jesus. Ele não repreendeu Marta por ela querer ser uma boa anfitriã, mas lembrou-a de suas prioridades. Marta permitira que a necessidade tomasse proporções desmedidas. Ela estava tão ocupada fazendo o bem, que não separou tempo para sentar-se aos pés de Jesus.

Em nosso ímpeto de sermos produtivas, lembremo-nos da única coisa pela qual vale a pena nos preocuparmos: desfrutar de tempo com nosso Salvador.
— Poh Fang

1.º DE JUNHO

É belo

MARCOS 14:3-9

*...Deixem-na em paz. Por que a criticam
por ter feito algo tão bom para mim?*
—Marcos 14:6

No fim de uma viagem de negócios, Antônio queria escolher algumas lembranças para seus filhos. O balconista na loja de presentes do aeroporto recomendou vários itens caros. Quando Antônio lhe disse que não tinha muito dinheiro para gastar, o balconista tentou fazê-lo sentir-se mesquinho, mas ele sabia que seus filhos ficariam felizes com qualquer coisa que lhes desse, pois viria de um coração de amor. E Antônio estava certo; eles amaram os presentes que o pai lhes trouxe.

Durante a última visita de Jesus à cidade de Betânia, Maria quis demonstrar seu amor por Ele (Marcos 14:3-9). Ela trouxe "...um frasco de alabastro contendo um perfume caro..." (v.3). Jesus disse: ela fez "...algo tão bom para mim" (Marcos 14:6). O Mestre se agradou com o presente, pois veio de um coração de amor. Até mesmo ungi-lo para Seu sepultamento era algo belo!

O que você pode dar a Jesus para demonstrar o seu amor? Seu tempo? Seu talento? Seu tesouro? Não importa o valor e nem se outros compreenderão ou não. O que for ofertado com um coração de amor é belo para o Senhor. — *Anne*

2 DE JUNHO

O que Deus nos deve

COLOSSENSES 1:9-14

*Então vocês viverão de modo a sempre honrar e agradar
ao Senhor, dando todo tipo de bom fruto
e aprendendo a conhecer a Deus cada vez mais.*
—Colossenses 1:10

Conta-se a história sobre um comerciante que vendia rosquinhas por 50 centavos cada num carrinho na esquina de uma rua. Um corredor passava e jogava duas moedas de 25 centavos no balde, mas não levava a rosquinha. Isso aconteceu por meses. Certo dia, enquanto ele passava correndo, o comerciante o parou. O corredor perguntou: "Você provavelmente quer saber por que eu coloco o dinheiro, mas nunca levo a rosquinha, certo?" O comerciante lhe disse: "Não. Eu apenas queria lhe dizer que as rosquinhas agora custam 60 centavos".

Muitas vezes tratamos Deus de forma semelhante. Não apenas somos ingratas pelo que Ele já nos deu como também queremos mais. De alguma forma sentimos que Deus nos deve uma boa saúde, uma vida confortável e bênçãos materiais. Deus não nos deve nada, no entanto, Ele nos concede tudo o que temos.

O salmista disse: "Este é o dia que o Senhor fez; nele nos alegraremos e exultaremos" (Salmo 118:24). Isso deveria ser suficiente.

Todos os dias, sejam bons ou ruins, são mais um presente de nosso Deus. Nossa resposta de gratidão deveria ser viver para agradá-lo.

— Cindy

3 DE JUNHO

Parado na beirada

JOSUÉ 3:9-17

*O povo deixou o acampamento para atravessar o Jordão,
e os sacerdotes que levavam a arca da aliança
foram à frente deles.* —Josué 3:14

Minha menininha, que não sabe nadar, parou apreensivamente à beira da piscina. Sua instrutora a esperava dentro da piscina com braços estendidos. Enquanto minha filha hesitava, eu via as perguntas em seus olhos: *Você vai me segurar? O que vai acontecer se minha cabeça afundar?*

Os israelitas provavelmente tiveram alguns grandes desentendimentos enquanto se preparavam para cruzar o rio Jordão. Eles podiam confiar que Deus faria a terra seca aparecer no leito do rio? Deus estava guiando o seu novo líder, Josué, como havia guiado Moisés? Deus os ajudaria a derrotar os ameaçadores cananeus que estavam do outro lado?

Para obter resposta a essas perguntas, os israelitas tiveram que agir. Em fé eles deixaram "...o acampamento para atravessar o Jordão..." (v.14). Exercitar a sua fé lhes permitiu ver que Deus ainda estava com eles, orientando Josué, e que o Senhor lhes ajudaria a se estabelecerem em Canaã (vv.7,10,17).

Você está enfrentando uma provação de fé? Mova-se adiante com base no caráter de Deus e em Suas promessas infalíveis. Confie que o Senhor a ajudará a se locomover de onde você estiver até onde Ele deseja. — *Jennifer*

4 DE JUNHO

Devo perdoar?

MATEUS 18:23-25

*...Lembrem-se de que o Senhor os perdoou,
de modo que vocês também devem
perdoar.* —Colossenses 3:13

Cheguei cedo à igreja para ajudar na organização de um evento, e uma mulher estava em pé chorando do outro lado do santuário. Ela havia fofocado sobre mim no passado, então eu tratei de abafar os seus soluços com o barulho de um aspirador de pó. Por que eu deveria me importar com alguém que não gostava de mim?

Mas o Espírito Santo me lembrou de que Deus havia me perdoado, e eu me desloquei para onde a mulher estava. Ela então me confidenciou que a sua bebê estava no hospital há meses. Choramos juntas, abraçamo-nos e oramos por sua filha. Após tratarmos de nossas diferenças, tornamo-nos boas amigas.

Em Mateus 18, Jesus falou sobre um rei que decidiu acertar suas contas. Um servo desse rei que lhe devia uma espantosa quantia de dinheiro lhe implorou por misericórdia. Depois que o rei cancelou a dívida do seu servo, esse mesmo servo, já perdoado pelo rei, foi ao encontro de um homem que lhe devia muito menos do que ele devera ao rei e o condenou. O rei, ao saber disso, aprisionou o servo mau por causa do seu espírito impiedoso (vv.23,34).

Oferecer perdão nos liberta para desfrutar a dádiva imerecida da misericórdia de Deus quando o convidamos para realizar as belas obras da graça que restaura a paz em todos os nossos relacionamentos.

Xochitl

5 DE JUNHO

O espírito prometido

2 REIS 2:5-12

Quando chegaram à outra margem, Elias disse a Eliseu: "Diga-me, o que posso fazer por você antes de ser levado embora?". Eliseu respondeu: "Peço-lhe que eu receba uma porção dobrada do seu espírito…".
—2 Reis 2:9

Tenacidade e audácia. Eliseu tinha ambas aos montes. Por ter investido o seu tempo com Elias, ele testemunhou o Senhor trabalhando por meio do profeta que executava milagres e falava a verdade em dias de muitas mentiras. Em 2 Reis 2:1 vemos que o Senhor "…estava para levar Elias ao céu…", e Eliseu não queria que ele partisse.

Chegou a hora da temida separação, e Eliseu sabia que, para dar continuidade ao ministério com sucesso, precisava do que Elias tinha. Então Eliseu fez uma exigência audaz: "Peço-lhe que eu receba uma porção dobrada do seu espírito…" (2 Reis 2:9). Seu pedido ousado era uma referência à porção dobrada dada ao filho primogênito ou ao herdeiro sob a Lei (Deuteronômio 21:17). Eliseu queria ser reconhecido como herdeiro de Elias. E Deus consentiu.

Recentemente, uma de minhas mentoras morreu. Ela era uma mulher que difundia as boas-novas de Jesus. Sofremos muito a perda do seu amor e do seu exemplo. Contudo, apesar de sua partida, ela não nos deixou sozinhas. Nós também temos a presença de Deus por meio do Espírito Santo, e louvamos a Deus por isso!

Amy

6 DE JUNHO

Alivie a carga

FILIPENSES 4:10-20

*Posso todas as coisas por meio de Cristo,
que me dá forças.*
—Filipenses 4:13

Certa vez, li sobre uma mulher cristã que estava desolada e abalada porque seus filhos haviam se tornado indisciplinados. Ela telefonou para o seu marido no trabalho e em lágrimas descreveu a visita de uma amiga que havia fixado este versículo acima da pia da cozinha deles: "Posso todas as coisas por meio de Cristo, que me dá forças" (Filipenses 4:13). Com certeza, a amiga tivera boas intenções. Ela estava tentando ser prestativa, mas a atitude dela apenas fez aquela mãe se sentir mais fracassada ainda.

Algumas vezes não é útil simplesmente citar um versículo da Bíblia a alguém. Filipenses 4:13 era o testemunho pessoal de Paulo de que ele havia aprendido a estar contente em todas as situações, na abundância e na necessidade (vv.11,12). Seu segredo para o contentamento era que ele podia suportar "...todas as coisas por meio de Cristo..." que lhe dava forças (v.13).

Nós também podemos viver conforme esse segredo de Paulo. Podemos ser vitoriosas por meio da força de Cristo, mas não deveríamos forçar essa verdade às pessoas que estão se sentindo sobrecarregadas. Precisamos uns dos outros e todas nós temos fardos para carregar. Usemos a força que Cristo nos concede para ministrarmos aos outros e encontrarmos modos de aliviar suas cargas. — *Joanie*

7 DE JUNHO

Boa influência

NÚMEROS 16:1-33

A terra abriu a boca e engoliu os homens, todas as suas famílias, todos os seus seguidores e tudo que possuíam.
—Números 16:32

Nós temos dois cachorrinhos de 5 meses que amam explorar. A Azusa é muito aventureira e Pancho simplesmente se torna seu parceiro no crime. O interesse de Pancho em seguir sua irmã portas afora demonstra que a lealdade equivocada pode desorientar alguém.

Apesar dos milagres que Deus havia executado, a influência de dez espias fez os israelitas acovardarem-se (Números 13). Foi a voz dos outros que trouxe distração e, para alguns, rebelião (16:1-3,19). Em lugar de oferecer conselho sábio, Corá, Datã e Abirão usaram sua influência destrutivamente.

A liberdade dos que creem em Jesus é um dom poderoso. Nossa salvação, no entanto, não torna as nossas decisões à prova de falhas; e a tentação de fraquejar geralmente aparece no contexto dos relacionamentos (2 Coríntios 11:3,4; 2 Pedro 3:17). Nós ganhamos muito quando nos relacionamos com outras pessoas: consolo, inspiração, instrução e muito mais. Nós não fomos feitas para vivermos isoladas. É imprescindível que desenvolvamos a habilidade de discernir entre as boas influências que trazem vida e os relacionamentos que possam atrofiar a nossa caminhada com Deus. *Regina*

8 DE JUNHO

Reenquadrando a imagem

DEUTERONÔMIO 32:7-12

Como a águia que incentiva seus filhotes e paira sobre a ninhada, ele estendeu as asas para tomá-los e levá-los em segurança sobre suas penas. O Senhor, e mais ninguém, os guiou; nenhum deus estrangeiro os conduziu. —Deuteronômio 32:11,12

Durante três meses, eu tive um lugar na primeira fila — ou deveria dizer visão com "olhos de águia" — da incrível obra das mãos de Deus. Quase 30m acima do solo do Jardim Botânico local, os trabalhadores instalaram uma câmera focada no ninho de uma família de águias-de-cabeça-branca, e os espectadores podiam assistir à transmissão online.

Quando os ovos eclodiram, a mamãe e o papai águia estavam atentos às suas crias, alternando quem fazia as caçadas em busca de comida e quem guardava o ninho. Mas, um dia, quando os filhotes ainda pareciam bolinhas de pelo com bicos, os pais desapareceram. Eu me preocupei pensando que algo tivesse acontecido a eles.

Minha preocupação era infundada. O operador da câmera ampliou o ângulo e ali estava a mamãe águia empoleirada em um galho próximo.

Moisés utilizou a imagética de águias para descrever o Senhor. Como as águias que tomam conta dos seus filhotes, Deus cuida do Seu povo (Deuteronômio 32:11,12). Apesar do que possa parecer, o Senhor não está "...longe de nenhum de nós" (Atos 17:27). Isso é verdade mesmo quando nos sentimos abandonadas.

Julie

Nenhuma surpresa!

CÂNTICO DOS CÂNTICOS 1:1-4

*Nós amamos porque
ele nos amou primeiro.*
—1 João 4:19

"Ele é perfeito para você", disse minha amiga. Ela estava falando de um rapaz que tinha acabado de conhecer. Descreveu os seus olhos amáveis, o sorriso cativante e o seu coração bondoso. Quando o conheci, eu tive que concordar com a opinião dela. Hoje, essa pessoa é o meu marido e não é surpresa alguma que eu o amo!

Em Cântico dos Cânticos, a noiva descreve o seu amado. Seu amor é melhor do que o vinho e mais aromático do que unguentos. Seu nome é mais doce do que qualquer outra coisa neste mundo. E ela conclui que não é surpresa alguma ele ser amado.

Mas há Alguém muito maior do que qualquer ser amado na Terra. Seu amor satisfaz todas as nossas necessidades. Seu sacrifício se tornou um aroma suave para Deus (Efésios 5:2). E Seu nome está acima de todo nome (Filipenses 2:9). Não é surpresa alguma que nós o amemos!

É um privilégio amar Jesus. É a melhor experiência da vida! Separamos tempo para dizer-lhe isso? Expressamos com palavras a beleza de nosso Salvador? Se demonstrarmos a Sua beleza com nossa vida, os outros dirão: "Não me surpreende que você o ame!". *Keila*

10 DE JUNHO

Uma grande porção
LUCAS 22:7-30

Tomou o pão e agradeceu a Deus. Depois, partiu-o e o deu aos discípulos, dizendo: "Este é o meu corpo, entregue por vocês. Façam isto em memória de mim". —Lucas 22:19

Enquanto eu colocava meu filho de 11 anos na cama, nós conversávamos sobre o que havia acontecido na igreja naquela manhã. Quando fomos à frente para tomar a Ceia, ele partiu o pão e acabou ficando com um enorme pedaço — o que fez o diácono e eu cairmos na risada.

Após refletir por um minuto no que tinha acontecido, ele disse: "Mamãe, você acha que Deus quer que eu tome parte (sim, ele disse 'tome parte'!) de uma porção maior do corpo? Talvez seja por esse motivo que isso tenha acontecido".

Quando Jesus reuniu Seus discípulos para a última Ceia, Ele "Tomou o pão e agradeceu a Deus. Depois, partiu-o e o deu aos discípulos, dizendo: 'Este é o meu corpo, entregue por vocês. Façam isto em memória de mim'" (Lucas 22:19).

Anteriormente em Seu ministério, Jesus havia proclamado: "Eu sou o pão vivo […]. Quem comer deste pão viverá para sempre…" (João 6:51).

Ao participarmos da Ceia do Senhor, reflitamos no que Cristo fez por nós. Nosso relacionamento com Deus é restaurado pelo corpo de Cristo que foi partido em nosso favor.

Roxanne

11 DE JUNHO

Ilha pequena

TITO 3:1-7

*Lembre a todos [...] não devem caluniar ninguém,
mas evitar brigas. Que sejam amáveis e mostrem
a todos verdadeira humildade.*
—Tito 3:1,2

Singapura é uma ilha pequena. É tão pequena que mal se pode encontrá-la no mapa-múndi. Por ser densamente habitada, ter consideração com o outro é muito importante. Um homem descreveu a ilha à sua noiva que visitaria Singapura pela primeira vez: "O espaço é limitado. Portanto [...] você deve sempre estar consciente do espaço ao seu redor. Por isso, é necessário que você sempre dê espaço ao outro para garantir que não está bloqueando a passagem de alguém. O segredo é ser atenciosa".

O apóstolo Paulo escreveu a Tito, um jovem pastor: "Lembre a todos que [...] Devem ser obedientes e sempre prontos a fazer o que é bom. Não devem caluniar ninguém, mas evitar brigas. Que sejam amáveis e mostrem a todos verdadeira humildade" (Tito 3:1,2). O mundo sabe que os cristãos deveriam ser diferentes. Se formos intratáveis, autocentrados e rudes, o que os outros pensarão sobre Cristo e sobre o evangelho que compartilhamos?

Ser solícita e atenciosa é um boa atitude para praticarmos no dia a dia, e isso é possível se dependermos do Senhor. É uma das maneiras de refletirmos Cristo e de demonstrarmos ao mundo que Jesus salva e transforma vidas. *Poh Fang*

12 DE JUNHO

Ávida pelo Céu

2 TIMÓTEO 4:6-18

*As doze portas eram feitas de pérolas,
cada porta de uma única pérola. E a rua principal
era de ouro puro, transparente como vidro.*
—Apocalipse 21:21

Jasmine, minha vizinha de 9 anos, estava sentada na varanda numa noite de verão. Repentinamente, ela começou a falar sobre suas más escolhas e como precisava do perdão de Deus. Nós conversamos, oramos juntas, e ela pediu a Jesus que fosse o seu Salvador.

Perguntas sobre o Céu eclodiram em seu interior: "As ruas são mesmo de ouro? Minha mãe estará lá? E se ela não estiver? Eu vou dormir numa nuvem? O que eu vou comer?". Eu lhe assegurei que o Céu seria um lar perfeito e que ali ela estaria para sempre com Jesus. Ela me respondeu com empolgação: "Bom, então vamos para lá agora mesmo!".

Paulo também tinha uma expectativa sobre como seria o Céu (Filipenses 1:23). Seu testemunho era: "…para mim, o viver é Cristo, e o morrer é lucro" (v.21). O apóstolo Paulo sabia que esta vida se tratava de conhecer e servir a Deus e nele confiar. Mas ele também sabia que a vida no Céu "…seria muitíssimo melhor…" porque ele estaria "…com Cristo…" (v.23). Paulo queria ficar por aqui, mas estava pronto para ir para o Céu.

Jasmine está pronta para ir agora. Temos a mesma expectativa pelo Céu que ela? — *Anne*

13 DE JUNHO
Uma maravilhosa explosão
JOÃO 13:31-35

*Por isso, agora eu lhes dou um novo mandamento:
Amem uns aos outros. Assim como eu os amei, vocês
devem amar uns aos outros.*
—João 13:34

No livro *Beijos de Katie* (Ed. Seoman, 2012), Katie Davis relata sobre a alegria de se mudar para a Uganda e adotar muitas meninas ugandenses. Certo dia, uma de suas filhas perguntou: "Mamãe, se eu deixar Jesus entrar no meu coração eu vou explodir?". A princípio Katie disse que não.

Contudo, após pensar mais sobre a questão, Katie explicou que, quando decidimos dar nossa vida e coração a Jesus, "nós explodimos de amor, compaixão, de dor por aqueles que estão sofrendo e de alegria por aqueles que estão alegres". Em essência, conhecer Cristo nos faz ter profunda consideração por outras pessoas em nosso mundo.

Nós podemos demonstrar consistentemente essa resposta amorosa devido à obra do Espírito Santo em nosso coração. Quando recebemos a Cristo como o nosso Salvador, o Espírito Santo passa a viver dentro de nós. O apóstolo Paulo afirmou: "E, quando creram em Cristo, ele colocou sobre vocês o selo do Espírito Santo…" (Efésios 1:13).

Preocupar-se com outros —com a ajuda sobrenatural de Deus — demonstra ao mundo que somos Suas seguidoras (João 13:35). Isso também nos lembra de Seu amor por nós. Jesus diz a cada uma de nós: "…Assim como eu os amei, vocês devem amar uns aos outros" (v.34). — *Jennifer*

14 DE JUNHO

Se apenas...
JOÃO 11:21-35

*Se o Senhor estivesse aqui,
meu irmão não teria morrido.*
—João 11:32

Enquanto saíamos do estacionamento, meu marido desacelerou para esperar uma jovem andando de bicicleta passar. Quando Tom acenou para indicar que ela podia ir primeiro, ela sorriu, acenou e seguiu adiante. Momentos depois, o motorista de um veículo utilitário estacionado abriu inesperadamente a porta do seu carro derrubando a jovem ciclista no asfalto. As pernas dela sangravam enquanto ela chorava ao observar atentamente a sua bicicleta entortada.

Mais tarde, meu marido e eu refletimos sobre o acidente. Se apenas a tivéssemos feito esperar. Se apenas o motorista tivesse olhado antes de abrir sua porta. Se apenas... As dificuldades nos colocam em um ciclo de contradições.

Às vezes questionamos a bondade de Deus quando surgem os problemas inesperados. E podemos até sentir o desespero que Marta e Maria vivenciaram quando o irmão delas morreu. E se apenas Jesus tivesse vindo imediatamente após saber que Lázaro estava doente (João 11:21,32)!

Como Marta e Maria, nem sempre compreendemos porque as coisas difíceis acontecem. Mas podemos descansar na certeza de que Deus está executando os Seus propósitos para um bem maior. Em qualquer circunstância, podemos confiar na sabedoria de nosso Deus — fiel e amoroso. *Cindy*

15 DE JUNHO

Novo nascimento

SALMO 139:7-16

*Tu formaste o meu interior
e me teceste no ventre de minha mãe.*
—Salmo 139:13

O que os bebês têm que nos fazem sorrir? Muitas pessoas param tudo ao enxergarem um bebê e se juntam em bandos para espiar o pequenino. Eu notei isso quando visitei meu pai em um lar para idosos. A maioria dos residentes estava presa à cadeiras de rodas e sofria de demência, mas a visita de uma família com um bebê, sem dúvidas, trouxe uma fagulha de alegria aos olhos de todos e eles demonstraram sua alegria em sorrisos. Foi incrível ver a reação das pessoas.

Talvez os bebês nos fazem sorrir devido à fascinação por uma nova vida — tão preciosa, pequena e cheia de promessas. Ver um bebê pode nos lembrar de nosso incrível Deus que nos amou tanto a ponto de nos dar vida. "Tu formaste o meu interior...", o salmista diz: "...e me teceste no ventre de minha mãe" (Salmo 139:13).

Ele nos dá não apenas a vida física, mas o Senhor também nos oferece o novo nascimento espiritual por meio de Jesus (João 3:3-8). Deus promete aos cristãos novo corpo e vida eterna quando Jesus retornar (1 Coríntios 15:50-52).

A vida física e o novo nascimento espiritual são dons a serem celebrados, vindos das mãos de nosso Pai. *Alyson*

16 DE JUNHO

Pais que oram

MATEUS 9:13-15

Certo dia, trouxeram crianças para que Jesus pusesse as mãos sobre elas e orasse em seu favor, mas os discípulos repreendiam aqueles que as traziam.
—Mateus 19:13

Uma jovem mãe enviou este texto a uma revista: "Eu gostaria de poder envolver meus filhos num plástico bolha para protegê-los do grande e malvado mundo lá fora".

A autora Stormie Omartian entende como essa mãe se sente. Em seu livro *O poder de pais que oram* (Ed. Mundo Cristão, 2013), ela relata: "Certo dia, clamei a Deus dizendo: 'Senhor, isto é demais para mim. Não consigo vigiar meu filho 24 horas por dia, momento após momento. Como eu posso sentir paz?".

Deus a respondeu fazendo ela e seu marido se tornarem "pais que oram". Eles começaram a interceder por seu filho diariamente, mencionando os detalhes de sua vida em oração.

Envolver nossos filhos em oração, como Jesus fez (Mateus 19:13-15), é uma alternativa poderosa ao plástico bolha. Jesus se importa mais com os nossos filhos do que nós mesmas, então podemos entregá-los em Suas mãos por meio da oração. Ao orarmos, Ele nos dará a paz pela qual ansiamos (Filipenses 4:6,7).

Este desafio é para todos os pais — inclusive àqueles cujos filhos já cresceram: jamais deixe de envolvê-los em oração!

Joanie

Vestido por Deus

ZACARIAS 3

*...Veja, removi seus pecados e agora
lhe dou roupas de festa.*
—Zacarias 3:4

Quando meus filhos eram bem pequenos, eles brincavam fora de casa em nosso jardim encharcado e ficavam cobertos de lama e terra. Eu retirava suas roupas à porta de casa e os envolvia em toalhas antes de colocá-los no banho. Em pouco tempo eles se transformavam de imundos para limpos com o acréscimo de sabão, água e abraços.

Em uma visão dada a Zacarias, vemos Josué, um sumo sacerdote, coberto em trapos que representam pecado e transgressão (Zacarias 3:3). Mas o Senhor o purifica removendo suas vestes imundas e o cobrindo com vestimentas novas (3:5). O turbante e a túnica novos significam que o Senhor retirou os pecados dele.

Nós também podemos receber a purificação de Deus ao nos libertamos de nossa transgressão por meio da obra salvadora de Jesus. Como resultado de Sua morte na cruz, nós podemos ser limpas da lama e dos pecados que se aderem a nós ao recebermos novos mantos de filhas de Deus.

Peça a Deus que remova qualquer trapo imundo que estiver vestindo para que você possa revestir-se do que Ele lhe reservou.

Amy

Fora de contexto

LUCAS 4:1-13

Consagra-os na verdade,
que é a tua palavra.
—João 17:17

Quando um amigo começou a fazer afirmações aleatórias e desesperadoras, as pessoas começaram a se preocupar com ele e passaram a lhe dar conselhos e a oferecer-lhe encorajamento. No fim das contas, ele estava simplesmente se divertindo citando letras de música fora de contexto para iniciar uma conversa. Amigos que tentaram ajudá-lo desperdiçaram seu tempo oferecendo a ajuda que ele não precisava e conselhos que ele não queria.

Algumas pessoas que usam palavras fora do contexto querem simplesmente ganhar atenção ou vencer uma argumentação. Mas outras são mais sinistras. Elas distorcem a verdade para ganhar poder sobre os outros; elas comprometem não apenas vidas, mas também almas.

Quando as pessoas usam palavras para manipular outras para que se comportem de certa maneira — ou pior, quando citam a Bíblia fora de contexto para convencer outros a agirem errado — há apenas uma defesa: precisamos saber o que Deus verdadeiramente diz em Sua Palavra. Jesus conseguiu resistir à tentação com a verdade (Lucas 4). Nós temos o mesmo recurso. Deus nos deu Sua Palavra e Seu Espírito para nos guiar e para que não sejamos enganadas ou iludidas.

Julie

Hora de aposentar-se

MATEUS 16:24-28

*Se tentar se apegar à sua vida, a perderá.
Mas, se abrir mão de sua vida por minha causa,
a encontrará.* —Mateus 16:25

Depois de trabalhar por 40 anos como professora, Jane Hanson se aposentou. Ela e seu marido estavam ansiosos para relaxar, viajar e desfrutar da chegada de seu primeiro neto.

Jane então ouviu sobre um ministério com jovens em situação de risco e ela reconhecia que precisava se envolver. "Percebi que há jovens simplesmente esperando por uma oportunidade e eu poderia fazer alguma diferença", ela disse. Ela começou a ensinar inglês a uma jovem liberiana que fora forçada a fugir de seu país devido à Guerra Civil. Sobre essa oportunidade no ministério, Jane disse: "Eu poderia simplesmente ir às compras para me manter ocupada, mas que diversão isso me traria"?

Jane está fazendo a diferença. Talvez ela tenha aprendido um pouco do que Jesus quis dizer quando falou: "Se tentar se apegar à sua vida, a perderá. Mas, se abrir mão de sua vida por minha causa, a encontrará" (Mateus 16:25). Entregar-nos ao Senhor ajudando aos outros exige autonegação, contudo Jesus um dia recompensará esse esforço (v.27).

Sigamos o exemplo de Jane, exemplo de amor a Deus e aos outros — independentemente de qual seja o estágio de vida em que estejamos.

Anne

20 DE JUNHO

Nada de rio lento

PROVÉRBIOS 22:1-21

*Ensine seus filhos no caminho certo, e,
mesmo quando envelhecerem, não se desviarão dele.*
—Provérbios 22:6

Um dos lugares de férias preferidos de nossa família é uma bela comunidade na praia localizada em um estado adjacente. Esse lugar oferece uma piscina coberta com um rio de corrente lenta ao redor que é especialmente atraente para os nossos filhos. Eles gostam de tentar nadar contra a corrente apenas para serem carregados na direção oposta.

Meu marido e eu frequentemente precisamos nadar contra a corrente dos valores da sociedade para criar os nossos filhos com uma compreensão saudável, baseada em valores espirituais sobre quem eles são. Seja considerando nossa experiência no ministério com jovens ou em meu trabalho em educação cristã, voltamos a esta verdade: no fim das contas somos responsáveis pela educação espiritual de nossos filhos.

Ainda que o maior depósito espiritual que eu possa fazer para a vida de meus filhos seja trazer a eles o conhecimento e a disciplina de Deus (Provérbios 22:15,17-19), preciso também entender que eles nunca aprenderão a perseverar em sua fé se eu remover todos os obstáculos do caminho deles. Nadar contra a corrente nem sempre é fácil, mas, ao olharmos para a Palavra de Deus, podemos descansar em Sua promessa de que "O Senhor preserva aquele que tem conhecimento..." (22:12).

Regina

Lições para os pequeninos

PROVÉRBIOS 22:1-6

*Quando veio em forma humana,
humilhou-se e foi obediente até a morte,
e morte de cruz.*
—Filipenses 2:7,8

O sherpa tibetano Nawang Gombu e o americano Jim Whittaker pisaram no topo do Monte Everest em 1.º de maio de 1963. Ao se aproximarem do pico, cada um considerou a honra de ser o primeiro entre os dois a pisar no cume. Whittaker fez um sinal para que Gombu fosse adiante, mas Gombu rejeitou com um sorriso dizendo: "Você primeiro, Grande Jim!". Finalmente eles decidiram pisar no cume ao mesmo tempo.

Paulo encorajou os cristãos de Filipos a demonstrarem esse tipo de humildade. Ele disse: "não procurem apenas os próprios interesses, mas preocupem-se também com os interesses alheios" (Filipenses 2:4). O egoísmo e a superioridade podem separar as pessoas, mas a humildade nos une, uma vez que essa é a atitude que requer que tenhamos "…a mesma forma de pensar e um só propósito" (v.2).

Praticar a humildade nos ajuda a nos tornarmos mais semelhantes a Jesus que, por amor a nós, "humilhou-se e foi obediente até a morte…" (v.8). Seguir os passos de Jesus significa abrir mão do que é melhor para nós e fazer o que é melhor para os outros.

Jennifer

22 DE JUNHO

Reflita a luz de Cristo

MATEUS 5:13-16

Da mesma forma, suas boas obras devem brilhar, para que todos as vejam e louvem seu Pai, que está no céu. —Mateus 5:16

Uma menininha se perguntava o que era um santo. Certo dia, sua mãe a levou a uma grande catedral com vitrais expondo cenas bíblicas. Quando viu a beleza dos vitrais ela disse em voz alta: "Agora eu sei o que são os santos. São pessoas que deixam a luz passar por elas!".

Algumas de nós podemos pensar que os santos são pessoas do passado que viveram de maneira perfeita e fizeram milagres como os de Jesus. Mas quando as Escrituras usam a palavra *santo*, na verdade, referem-se a qualquer pessoa que pertença a Deus por meio da fé em Cristo. Em outras palavras, santos são pessoas como nós que temos o elevado chamado de servir a Deus enquanto tornamos visível o nosso relacionamento com Ele em tudo o que fazemos. Foi por isso que o apóstolo Paulo orou para que os seus leitores se considerassem uma herança preciosa de Cristo e santos de Deus (Efésios 1:8).

Se estivermos cumprindo o nosso chamado, seremos como pessoas que, ainda que sem perceber, estão deixando passar por si as ricas cores de Deus com nuances de amor, alegria, paz, paciência, bondade, amabilidade, fidelidade e autocontrole.

Keila

Árvores de trilha

ISAÍAS 53:4-12

...meus inimigos me rodeiam como cães, um bando de perversos me cerca; perfuram minhas mãos e meus pés. Posso contar todos os meus ossos; meus inimigos me encaram e desdenham de mim. Repartem minhas roupas entre si e lançam sortes por minha veste. —Salmo 22:16-18

Minha filha é fascinada pela história dos indígenas no norte do estado em que ela mora. Uma tarde quando eu a visitava, ela me mostrou uma estrada que tinha uma placa indicando: "Árvores de Trilha". Ela explicou que há muito tempo os nativos curvavam árvores jovens para apontar o caminho a locais específicos, e elas continuaram a crescer em formatos incomuns.

O Antigo Testamento tem um propósito semelhante. Seus muitos mandamentos e ensinos orientam nosso coração ao modo como o Senhor quer que vivamos — os Dez Mandamentos, por exemplo. Além disso, os profetas do Antigo Testamento apontaram o caminho para o Messias vindouro. Milhares de anos antes da vinda de Jesus, eles falaram de Belém — o local de nascimento de Jesus (Miqueias 5:2; Mateus 2:1-6). Em Isaías 53:6, lemos sobre o sacrifício que Jesus faria: "...o Senhor fez cair sobre ele os pecados de todos nós" (Isaías 53:1-12; Lucas 23:33).

Os servos de Deus apontaram para o Filho de Deus — Jesus — "...foram as nossas enfermidades que ele tomou sobre si, e foram as nossas doenças que pesaram sobre ele" (Isaías 53:4). Ele é o caminho para a vida. —*Cindy*

24 DE JUNHO

Novo modo de ver

1 PEDRO 3:3-6

Em vez disso, vistam-se com a beleza que vem de dentro e que não desaparece, a beleza de um espírito amável e sereno, tão precioso para Deus. —1 Pedro 3:4

Deus me deu novas coisas para valorizar e apreciar depois que deixei os Estados Unidos para morar na República de Uganda há alguns anos. Alguns dos interesses que eu tinha e coisas de que eu gostava antes de me mudar para o meu novo ministério foram, para minha surpresa, substituídas.

Na África, descobri beleza em contemplar o rosto de uma criança desfavorecida se iluminar após ganhar uma roupa de presente, em testemunhar uma mãe que ama e cuida de seu filho doente e em ver uma criança faminta compartilhar sua refeição escassa com um irmão.

Na pobre África Subsaariana, eu ganhei entendimento mais profundo da "...beleza que vem de dentro e que não desaparece, a beleza de um espírito amável e sereno, tão precioso para Deus" (1 Pedro 3:4). Tenho compreendido melhor como esse tipo de encanto, um modo de viver puro e reverente, agrada a Deus mais do que "...a beleza exterior obtida com penteados extravagantes, joias caras e roupas bonitas" (1 Pedro 3:3).

Deus provê o que precisamos para crescer em fé. Por Sua obra, somos mais bem preparadas para ver beleza — em todos os aspectos da vida — como Ele a vê. *Roxanne*

A força das pessoas

EFÉSIOS 4:7-16

Ele faz que todo o corpo se encaixe perfeitamente.
E cada parte, ao cumprir sua função específica,
ajuda as demais a crescer…
—Efésios 4:16

Um homem estava embarcando num trem quando escorregou. Sua perna ficou presa no espaço entre o vagão do trem e a plataforma da estação. Dezenas de pessoas rapidamente vieram resgatá-lo. Elas usaram o peso de sua força absoluta para afastar o trem da plataforma e o homem preso ficou livre!

Em Efésios 4, lemos que a força das pessoas é o plano de Deus para edificar a Sua família. Ele deu a cada um de nós um dom especial de Sua graça (v.7) com o único propósito de que "…todo o corpo se encaixe perfeitamente. E cada parte, ao cumprir sua função específica, ajuda as demais a crescer…" (v.16).

Todas as pessoas têm um trabalho a fazer na família de Deus; não há espectadores. Na família de Deus nós choramos e rimos juntos. Carregamos os fardos uns dos outros, oramos por encorajamento e para nos encorajarmos. Nós nos desafiamos e auxiliamos uns aos outros a abandonar o pecado. Que o Pai nos mostre o nosso papel em auxiliar Sua família hoje.

Poh Fang

26 DE JUNHO

O preço do amor

ISAÍAS 53:9-12

...pois ele se expôs à morte...
—Isaías 53:12

Nossa filha irrompeu em lágrimas ao darmos adeus aos meus pais. Após nos visitarem, eles estavam começando sua longa jornada de volta à sua casa em outro país. "Eu não quero que eles vão embora", ela disse. Enquanto eu a consolava, meu marido comentou: "Sinto dizer que este é o preço do amor".

Nós podemos sentir a dor de estarmos separados de quem amamos, mas Jesus sentiu a separação máxima quando pagou o preço do amor na cruz. Ele, que era tanto humano quanto Deus, quando "...levou sobre si a culpa de muitos..." (Isaías 53:12) cumpriu a profecia de Isaías 700 anos após esse profeta tê-la enunciado. Nesse capítulo, vemos preciosos indicadores de Jesus como Servo Sofredor, tais como quando Ele "...foi ferido por causa de nossa rebeldia..." (v.5).

Por causa do amor, Jesus veio à Terra e nasceu como bebê. Por causa do amor, Ele recebeu insultos de mestres da Lei, das multidões e de soldados. Por causa do amor, Ele sofreu e morreu para ser o sacrifício perfeito, colocando-se em nosso lugar diante do Pai. Nós vivemos porque Jesus pagou o preço do amor.

Amy

27 DE JUNHO

Quando sim significa não

ROMANOS 8:22-28

*Em minha angústia, clamei ao SENHOR,
e ele respondeu à minha oração.*
—Salmo 120:1

Agradeci a Deus pelo privilégio de servir como cuidadora de minha mãe morando com ela durante sua batalha contra a leucemia. Quando os medicamentos começaram a ferir mais do que ajudar, ela decidiu parar o tratamento. "Estou pronta para ir para casa", ela disse.

Eu pleiteei com nosso amável Pai celestial — confiante de que Ele poderia operar milagres. Finalmente, entreguei-me orando: "Seja feita a Tua vontade, Senhor".

Logo depois, Jesus recebeu minha mamãe em uma eternidade livre de dores.

Neste mundo caído, nós vivenciaremos o sofrimento até que Jesus volte (Romanos 8:22-25). Felizmente, "...o Espírito intercede por nós, o povo santo, segundo a vontade de Deus" (v.27). Ele nos lembra de que "Deus faz todas as coisas cooperarem para o bem daqueles que o amam" (v.28), mesmo quando o Seu "sim" a alguém signifique um desolador "não" para nós.

Quando aceitamos nossa pequena parte no grandioso propósito de Deus, podemos ecoar o lema de minha mãe: "Deus é bom, e isso é o que importa. Não importa o que Ele decidir, estou em paz". Confiantes na bondade do Senhor, podemos ter a certeza de que Ele responderá todas as orações de acordo com a Sua vontade e para a Sua glória. *Xochitl*

28 DE JUNHO

Reflexos em janelas

SALMO 34:1-10

*Abre meus olhos, para que eu veja
as maravilhas de tua lei.*
—Salmo 119:18

Muito das paisagens que vi durante as nossas férias no Alasca foi pela janela de veículos em movimento. Fiquei grata pelo vidro, mas era também um desafio. A chuva e a condensação nas janelas algumas vezes obscureciam a visão.

Esses desafios me ajudaram a compreender porque é impossível que vejamos a vida do modo como Deus havia planejado. O pecado obscurece a beleza da vida. Algumas vezes o pecado é interior — nosso egoísmo cria uma neblina que nos faz ver-nos como algo mais importante do que somos e nos faz esquecer os interesses de outros. Algumas vezes o pecado é exterior. A injustiça de outros faz nossas lágrimas caírem como chuva, impedindo-nos de ver a bondade de Deus. O pecado de qualquer tipo nos impede de ver a maravilha e a glória da vida como Deus planejou.

Por enquanto, apesar de vermos "…de modo imperfeito, como um reflexo no espelho…" (1 Coríntios 13:12) ainda assim, vemos o suficiente para saber que Deus é bom (Salmo 34:8). As muitas coisas maravilhosas que Deus revelou nos ajudarão a abandonar o pecado e a trabalhar para minimizar suas consequências no mundo.

Julie

Plantando boas sementes

OSEIAS 10:12-15

...Plantem boas sementes de justiça e terão uma colheita de amor. Arem o solo endurecido de seu coração, pois é hora de buscar o SENHOR, para que ele venha e faça chover justiça sobre vocês'. —Oseias 10:12

Como nova jardineira, logo aprendi que o solo sem cultivo era resistente ao plantio de sementes e ao crescimento. Mas, quando plantei boas sementes em solo bem preparado, o Sol e a chuva do céu fizeram sua parte até que veio a colheita. Isso não é verdade apenas em jardinagem, mas também no viver cristão.

Oseias, o profeta de Deus, pregou esse princípio ao povo de Israel. Eles haviam semeado sementes de perversidade e confiado em seus próprios caminhos em vez de confiar nos caminhos de Deus. Agora eles estavam comendo seus frutos amargos de mentiras, especialmente a mentira de que a sua segurança e o seu sucesso vinham de sua própria força militar (Oseias 10:13).

Oseias suplicou que Israel seguisse os caminhos de Deus — arasse o solo de seu coração endurecido pelo pecado e buscasse o Senhor (v.12). Se eles semeassem sementes de justiça, colheriam a misericórdia do Senhor e Ele faria chover bênçãos sobre eles.

Quando o solo de nosso coração estiver receptivo a Deus e à Sua Palavra, confiaremos nos caminhos de Deus. Semearemos ações e atitudes corretas em nossa vida e cresceremos do modo que Ele planejou. E Ele nos fará sermos frutíferas.

Joanie

30 DE JUNHO

Vigiem e orem

MARCOS 14:32-42

Vigiem e orem para que não cedam à tentação,
pois o espírito está disposto, mas a carne é fraca.
—Marcos 14:38

De minha janela, eu consigo ver uma colina de 1.700m chamada de Cerro del Borrego. Em 1862, o exército francês invadiu o México. Enquanto o inimigo acampava no parque central de Orizaba, o exército mexicano estabeleceu sua posição no topo da colina. Contudo, o general mexicano negligenciou a guarda no acesso ao topo. Enquanto as tropas mexicanas dormiam, os franceses atacaram e mataram 2.000 deles.

Isso me lembra de outra colina — o monte das Oliveiras — e do jardim no pé do monte onde um grupo de discípulos caiu no sono. Jesus os repreendeu dizendo: "Vigiem e orem para que não cedam à tentação, pois o espírito está disposto, mas a carne é fraca" (Marcos 14:38).

A tentação ataca quando somos mais vulneráveis. Quando negligenciamos certas áreas de nossa vida espiritual — tal como oração e o estudo da Bíblia —, ficamos sonolentas e baixamos a guarda tornando-nos alvos fáceis para Satanás, nosso inimigo, atacar-nos (1 Pedro 5:8).

Se permanecermos vigilantes e orarmos, o Espírito nos capacitará a resistir à tentação.

Keila

1.º DE JULHO

Enxergando bem

JOÃO 15:12-17

*Vocês serão meus amigos s
e fizerem o que eu ordeno.* —João 15:14

Halley é um cão vigoroso — grande, musculoso e pesa mais de 20 quilos! Ainda assim, ele interage bem com pessoas.

Certa vez, uma menina de 4 anos viu Halley do outro lado de um cômodo. De início ela sentiu medo, mas depois se aproximou dele e passou vários minutos falando com ele e acariciando-o. Ela descobriu que ele é tão gentil quanto vigoroso.

Essa combinação de qualidades me lembra do que lemos sobre Jesus. Ele era acessível, recebeu as criancinhas (Mateus 19:13-15) e foi amável com uma mulher adúltera em uma situação desesperadora (João 8:1-11). Ao mesmo tempo, o poder de Jesus era impressionante. As pessoas viravam suas cabeças para acompanhá-lo, ficavam boquiabertos quando Ele subjugava os demônios, acalmava tempestades violentas e ressuscitava mortos (Marcos 1:21-34; 4:35-41; João 11)!

O modo como vemos Jesus determina como nos relacionamos com Ele. Se atentarmos somente em Seu poder, podemos tratá-lo com a adoração desapegada de um super-herói de história em quadrinhos. Contudo, se exagerarmos na ênfase de Sua bondade, corremos o risco de tratá-lo com muita casualidade. A verdade é que Jesus é ambos: grande o suficiente para merecer a nossa obediência, porém humilde o suficiente para nos chamar de amigas. *Jennifer*

2 DE JULHO

Uma missão

LUCAS 9:46-62

"Não o proíbam!", disse Jesus.
"Quem não é contra vocês é a favor de vocês".
—Lucas 9:50

Meu marido e eu frequentemente precisamos agir como árbitros ao controlar discussões entre nossos dois filhos. Enquanto eles priorizam as suas diferenças, nós os lembramos de que eles precisam um do outro — algo que fica difícil de enxergarem.

A Igreja de Jesus Cristo é de certa forma assim: mais reconhecida por suas divisões do que por sua unidade.

Como Lucas 9:46-62 ilustra, o conflito não é uma novidade. Talvez os discípulos estivessem tentando proteger a integridade do ministério de Jesus, o desejo deles pela distinção ia além da paixão pela verdade. Eles disseram a Jesus: "Mestre, vimos alguém usar seu nome para expulsar demônios; nós o proibimos, pois ele não era do nosso grupo". Os discípulos estipularam uma linha de separação que Cristo não havia estabelecido (v.49).

Os discípulos estavam comprometidos em seguir a Cristo (v.62). Mas sua fé radical não garantia que a perspectiva deles sempre revelaria todo o contexto (1 Coríntios 13:12).

Quando se trata da unidade dos cristãos, devemos lembrar: o Corpo de Cristo foi ferido e Suas roupas foram divididas para que Sua Igreja não o fosse (1 Coríntios 13:13; Efésios 2:14; Colossenses 1:16-20). — *Regina*

3 DE JULHO

"Venham a mim"

MATEUS 11:25-30

Venham a mim todos vocês que estão cansados e sobrecarregados, e eu lhes darei descanso.
—Mateus 11:28

Eu estava estressada por pensar no acúmulo das nossas despesas médicas depois do nascimento da nossa terceira filha. Não conseguia dormir tentando descobrir como pagaríamos as contas. Meus músculos estavam tensos. Eu estava exausta e daí clamei a Deus.

Os especialistas nos dizem para combater o estresse com muito descanso, alimentação saudável e exercícios. Mas Jesus nos fala de outra coisa que provê paz verdadeira e descanso: a oração.

Enquanto eu orava, lembrei-me de Mateus 11:28 onde Jesus disse: "Venham a mim todos vocês que estão cansados e sobrecarregados, e eu lhes darei descanso". Jesus me convidou a ir a Ele para ganhar perspectiva e verdadeiro descanso. No versículo seguinte Ele disse: "Tomem sobre vocês o meu jugo. Deixem que eu lhes ensine [...] e encontrarão descanso para a alma" (v.29). Nosso amável Salvador não nos repreende por não sermos capazes de lidar com as pressões da vida sozinhas. Antes, Ele quer que *entreguemos* nossos fardos a Ele (Salmo 55:22).

Vá até Ele hoje! *— Marlena*

4 DE JULHO

Tudo vem de Deus

1 CRÔNICAS 29:14-19

*Ó Senhor, nosso Deus, até mesmo estes materiais
que juntamos para construir um templo
em honra ao teu nome santo vêm de ti!
Tudo pertence a ti!*
—1 Crônicas 29:16

Aos meus 18 anos, eu já havia trabalhado e guardado o suficiente para pagar por um ano de faculdade. Minha mãe então fez uma cirurgia de emergência, e percebi que tinha o dinheiro no banco para pagar sua operação.

Meu amor por minha mãe repentinamente ganhou prioridade em meus planos. Estas palavras de Elisabeth Elliot em *Passion and Purity* (Paixão e Pureza) ganharam outro significado: "Se nos apegarmos firmemente a qualquer coisa que nos foi dada, indispostos a abrir mão quando chegar o momento de fazê-lo [...] retardamos o crescimento da alma". Ela estava falando que aquilo que possuímos "é nosso para sermos gratos a Ele e para lhe oferecermos de volta".

Vi minhas economias como um presente de Deus! Pude ofertá-la à minha família porque eu tinha certeza que Deus me colocaria na universidade de alguma outra forma, e Ele o fez.

Hoje, pense na oração de Davi em 1 Crônicas 29:14: "...Tudo que temos vem de ti, e demos apenas o que primeiro de ti recebemos!".

— *Keila*

Caminhando em Sua poeira

MARCOS 1:16-20

Chamou-os de imediato e eles também o seguiram, deixando seu pai, Zebedeu, no barco com os empregados.
—Marcos 1:20

No primeiro século, se um judeu quisesse se tornar um discípulo de um rabino (mestre), ele deveria deixar sua família e seu emprego para caminhar com seu rabino. Eles tinham que morar juntos, 24 horas por dia discutindo e memorizando as Escrituras e aplicando-as à vida.

O chamado do discípulo era como diz o ditado popular "cobrir-se com a poeira dos pés do rabino" absorvendo cada uma de suas palavras. Ele seguia seu rabino tão estreitamente que "caminhava em sua poeira". Ao fazê-lo, ele se tornava semelhante ao rabino, o seu mestre.

Simão, André, Tiago e João sabiam que era para esse tipo de relacionamento que Jesus os estava chamando (Marcos 1:16-20). Por essa razão, imediatamente eles abandonaram seu trabalho e "…o seguiram…" (v.20). Durante três anos, eles ficaram próximos a Jesus ouvindo o Seu ensino, observando os Seus milagres, aprendendo os Seus princípios e "caminhando em Sua poeira".

Como seguidoras de Jesus hoje, nós também podemos "caminhar em Sua poeira". Ao investirmos o nosso tempo estudando e meditando em Sua Palavra e aplicando os seus princípios à vida nos tornaremos mais semelhantes ao nosso rabino — Jesus.

Anne

6 DE JULHO

Vale a pena

2 CORÍNTIOS 11:24-33

*Portanto, se devo me orgulhar,
prefiro que seja das coisas que mostram
como sou fraco.* —2 Coríntios 11:30

"Eu não consigo", Roberto disse jogando seu lápis em desespero. "É difícil demais!". Ler, escrever e soletrar parecia impossível para o nosso filho disléxico de 9 anos. Finalmente, alguém ofereceu uma solução, mas seria árduo: praticar leitura e soletração durante 20 minutos todas as noites. Algumas vezes nós simplesmente não sentíamos vontade de fazê-lo e em algumas vezes nos desesperávamos procurando progresso. Mas estávamos comprometidos em ajudar Roberto, então enfrentamos juntos essa batalha.

Após alguns anos, todas as lágrimas e lutas pareciam ter valido a pena. Roberto aprendera a ler e a soletrar. E todos nós aprendêramos a persistir resignadamente.

O apóstolo Paulo sofreu todos os tipos de dificuldades enquanto buscava seu objetivo de compartilhar as boas-novas de Jesus com aqueles que nunca as haviam ouvido. Perseguido, açoitado, aprisionado e mal compreendido, ele algumas vezes enfrentou a própria morte (2 Coríntios 11:25). Mas a alegria de ver as pessoas acolhendo a sua mensagem fez tudo valer a pena.

Se você sente que a tarefa para a qual Deus a chamou é difícil demais, lembre-se disto: as lições espirituais e a alegria parecem estar escondidas de início, mas elas certamente estão ali! Deus a ajudará a encontrá-las. — *Marion*

7 DE JULHO

Luzes gentis

1 PEDRO 3:13-17

*Da mesma forma, suas boas obras devem brilhar,
para que todos as vejam e louvem seu Pai,
que está no céu.* —Mateus 5:16

Wang Xiaoying (pronuncia-se Shao-ying) vive em uma área rural da província Yunnan, na China. Devido aos problemas de saúde, o marido dela não conseguia encontrar emprego, o que causou enormes dificuldades à família. A sogra de Wang culpou a nora pelos problemas da família por causa de sua fé em Deus. Ela maltratou a nora e impôs que ela devia voltar à religião tradicional de seus ancestrais.

Mas, pelo fato de o marido de Wang ter observado que a vida dela havia se transformado, disse: "Mãe, não é suficiente que apenas Wang creia em Deus; nós também deveríamos colocar a nossa fé nele!". E ele agora está considerando as boas-novas de Jesus.

As pessoas estão observando. A melhor testemunha combina bom comportamento com palavras adequadas, refletindo a diferença que Cristo faz em nossa vida.

Esta foi a instrução do apóstolo Pedro aos cristãos do primeiro século e a nós: se dediquem "a fazer o bem" (1 Pedro 3:13), vivam em obediência a Cristo, tenham boa consciência e estejam preparados para explicar a outros porque temos tal esperança (v.15).

Vamos brilhar por Jesus onde estivermos. Ele pode nos ajudar a alcançar até mesmo aqueles que não concordam conosco.

Poh Fang

8 DE JULHO

Fé em ação

TIAGO 2:14-26

*...Mostre-me sua fé sem obras e eu,
pelas minhas obras, lhe mostrarei minha fé!*
—Tiago 2:18

Enquanto uma amiga dirigia até o mercado, ela percebeu uma mulher andando ao lado da estrada e sentiu que deveria oferecer uma carona. Quando a ofereceu, ela descobriu que a mulher não tinha dinheiro para o ônibus. Aquela senhora já tinha caminhado muitos quilômetros do trabalho para casa no clima quente e úmido, e havia caminhado naquela mesma estrada de madrugada para chegar ao trabalho às quatro da manhã.

Ao oferecer uma carona, minha amiga agiu segundo a instrução de Tiago para que os cristãos exponham a sua fé por meio de suas ações: "...a fé por si mesma, a menos que produza boas obras, está morta" (v.17). Ele estava considerando que a Igreja deveria cuidar das viúvas e dos órfãos (Tiago 1:27) e Tiago também queria que os cristãos não se apoiassem apenas em palavras vazias, mas que praticassem a sua fé com atos de amor.

Somos salvas pela fé, não por obras, mas expressamos a nossa fé ao amar uns aos outros e nos preocuparmos com suas necessidades. Que possamos, como a minha amiga que ofereceu uma carona, manter os nossos olhos abertos para aqueles que possam precisar de nossa ajuda quando caminharmos juntas na jornada da vida. — *Amy*

Enfrentando meus medos

SALMO 138

*Quando eu clamo, tu me respondes;
coragem e força me dás.*
—Salmo 138:3

Depois que Bill e eu nos casamos, eu me tornei excessivamente dependente dele, em lugar de depender de Deus por minha segurança e força. Em secreto, eu me preocupava: "E se um dia eu não tiver mais o Bill?".

Quando o nosso trabalho missionário tirou Bill de casa por semanas, eu comecei a depender de mim mesma em lugar de depender dele. Sentindo ainda mais a minha inadequação, eu reduzia os riscos da vida sempre que possível e vivia em um casulo de ansiedade, amedrontada inclusive de sair em público.

Finalmente, no fundo do poço, eu segui o exemplo de Davi no Salmo 138:3, e, também, clamei a Deus e Ele me respondeu. A resposta do Senhor me trouxe o entendimento e a força para romper o casulo do medo e começar a abrir minhas asas em dependência de Deus. Lenta, mas definitivamente, o Senhor me transformou para ser uma serva ousada ao lado de meu marido.

Anos depois, quando Bill faleceu, eu reconheci como Deus havia lidado compassivamente com meu medo inicial: "E se um dia eu não tiver mais o Bill?". Em lugar de remover o meu medo, Deus me deu a força e a habilidade para enfrentá-lo. E, à medida que você depender dele, Ele também a capacitará.

Joanie

10 DE JULHO

Sem esconderijo

AMÓS 5:14-24

...e de Jesus Cristo. Ele é a testemunha fiel destas coisas,
o primeiro a ressuscitar dos mortos
e o governante de todos os reis da terra.
—Apocalipse 1:5

Quando senti o cheiro de algo queimando, fui correndo até a cozinha. Não havia nada no fogão ou no forno. Segui o odor pela casa. Meu olfato me levou até o meu escritório e, em seguida, até minha escrivaninha. Olhei por debaixo dela e ali, olhando para mim com grandes olhos suplicando ajuda, estava Maggie, a nossa cadela — nosso cão muito "cheirosa". Aquele cheiro de "queimado" era na verdade o odor distinto de um gambá. Maggie havia ido para o canto mais distante de nossa casa tentando escapar daquele odor horrível, mas não conseguia se livrar dele.

O dilema de Maggie me trouxe à mente as muitas vezes em que tentei fugir de circunstâncias desagradáveis apenas para descobrir que o problema não era a situação, mas eu. Nós fugimos de situações pensando que podemos escapar do aborrecimento — simplesmente para descobrir que o aborrecimento somos nós.

A única forma de escaparmos de nós mesmas é deixar de nos esconder, reconhecer nossa obstinação e permitir que Jesus nos purifique (Apocalipse 1:5). Sou grata porque, quando pecamos, Jesus está disposto a nos dar um começo completamente novo.

Julie

11 DE JULHO

O estourar da bolha

2 CORÍNTIOS 4:7-18

Portanto, não olhamos para aquilo que agora podemos ver; em vez disso, fixamos o olhar naquilo que não se pode ver. Pois as coisas que agora vemos logo passarão, mas as que não podemos ver durarão para sempre. —2 Coríntios 4:18

Um menino lançou bolhas de sabão em mim e em meu marido ao passar correndo por nós no calçadão da cidade. Nós havíamos ido à cidade para visitar o nosso cunhado no hospital e para ajudar a irmã de meu marido, que estava lutando e tendo dificuldades para ir às consultas médicas. Então, enquanto fazíamos um intervalo e caminhávamos no calçadão da orla, sentimo-nos um pouco sobrecarregados com as necessidades de nossa família.

Neste momento, chegaram as bolhas. Para mim elas tiveram um significado especial. Eu amo o brilho e a efemeridade das bolhas de sabão e tenho um tubo com detergente em meu escritório para soprá-las sempre que preciso do sorriso causado pelo estourar dessas bolhas. Essas bolhas e o vasto Oceano Atlântico me lembraram daquilo com que posso contar: Deus sempre está próximo. Ele é poderoso. Ele sempre se importa. E Ele pode usar até as menores experiências e momentos mais breves para nos ajudar a lembrar que a Sua presença é como um oceano de graça em meio a nossos momentos difíceis.

Talvez um dia nossos problemas se parecerão efêmeros como as bolhas de sabão — momentâneos à luz da eternidade, pois "…as coisas que agora vemos logo passarão, mas as que não podemos ver durarão para sempre" (2 Coríntios 4:18).

Anne

12 DE JULHO

Os porquês

JÓ 2

Jó respondeu: "Você fala como uma mulher insensata. Aceitaremos da mão de Deus apenas as coisas boas e nunca o mal?". Em tudo isso, Jó não pecou com seus lábios. —Jó 2:10

Certo dia, meu filho pequeno exclamou: "Eu te amo, mãe!". Quando eu perguntei por que ele me amava, ele respondeu: "Porque você brinca de carrinho comigo". "Alguma outra razão?", perguntei-lhe. "Não. Só isso". A resposta de meu filho me fez sorrir e pensar no modo como me relaciono com Deus. Eu o amo e confio nele apenas pelo que Ele faz por mim? E quando as bênçãos desaparecem?

Jó teve que responder a essas perguntas quando a catástrofe o atingiu. Sua esposa o aconselhou: "…Amaldiçoa a Deus e morra!" (2:9). Em vez disso, Jó perguntou: "…Aceitaremos da mão de Deus apenas as coisas boas e nunca o mal?…" (v.10). Sim, Jó lutou após sua tragédia — ele se irou com seus amigos e questionou o Todo-Poderoso. Contudo ele fez um voto: "Ainda que Deus me mate, ele é minha única esperança…" (13:15).

A afeição de Jó por seu Pai celestial não dependia de uma solução metódica para seus problemas. Antes, ele amava e confiava em Deus por tudo o que Ele é. Jó disse: "…Deus é muito sábio e poderoso…" (9:4).

Nosso amor por Deus não deve ser fundamentado apenas em Suas bênçãos, mas em quem Ele é. *Jennifer*

13 DE JULHO

Protegendo uma promessa

MATEUS 2:13-23

Depois que os sábios partiram, um anjo do Senhor apareceu a José em sonho. "Levante-se", disse o anjo. "Fuja para o Egito com o menino e sua mãe. Fique lá até eu lhe dizer que volte, pois Herodes vai procurar o menino a fim de matá-lo."
—Mateus 2:13

Que série de eventos fora aquela para José! Ele recebeu visitações angelicais, ouviu a voz de Deus e testemunhou o milagre de um nascimento virginal. Na mesma ocasião, ele teve outro sonho. A mensagem era clara: "Fuja, pois o perigo se aproxima" (Mateus 2:13).

Gritos e lamentos irromperam em Belém (v.16), mas o filho de José — o Filho de Deus — não seria contado entre os mortos. As Escrituras prenunciaram que o Messias prevaleceria: "Seu governo e sua paz jamais terão fim" (Isaías 9:7). Porém, José percebeu que Deus lhe confiara uma promessa (1:20-23). Sua responsabilidade de proteger o Messias estava repleta de perigo, dúvidas e incertezas.

Por que, então, pensamos que o nosso percurso deveria ser livre de conflitos? No fim das contas, o cumprimento da aliança de Deus com o Seu povo viria por meio de Sua mão. Mas, nós também temos um papel para desempenhar.

À medida que perseveramos pelo poder e pela provisão de Deus, que possamos guardar a Sua verdade (2 Timóteo 1:14) e permanecermos firmes. Deus cumprirá as Suas promessas (Isaías 46:11)! *Regina*

14 DE JULHO

A canção de nossa vida

JÓ 29:1-6, 30:1-9

*Vejam, Deus veio me salvar; confiarei nele
e não terei medo. O S<small>ENHOR</small> Deus é minha força
e meu cântico; ele me deu vitória!*
—Isaías 12:2

Os membros de uma orquestra ouvem mais claramente o som dos instrumentos mais próximos a eles.

Em certo sentido, nós somos os membros da orquestra de Deus. Ouvimos apenas a música mais próxima a nós. Pelo fato de não ouvirmos uma obra equilibrada, somos como Jó, que clamou enquanto sofria: "Agora, divertem-se às minhas custas! Sou alvo de piadas e canções vulgares" (Jó 30:9).

Jó se lembrou de como príncipes e oficiais o respeitavam. Mas agora, após suas lutas, ele se tornara o alvo de zombadores. "Minha harpa toca canções fúnebres…", ele lamentou (30:31). Contudo havia muito, muito mais acontecendo na sinfonia. Jó simplesmente não conseguia ouvir a canção completa.

Talvez hoje você ouça apenas as notas tristes de seu próprio instrumento. Não desanime. Cada detalhe de sua vida faz parte da composição de Deus.

A obra-prima de redenção desenvolvida por Deus é a sinfonia que estamos tocando, e, em última análise, tudo cooperará para o Seus bons propósitos. Deus é o compositor da nossa vida. Sua canção é perfeita, e nós podemos confiar nele.

Keila

15 DE JULHO

A compaixão de Jesus
LUCAS 7:11-17

Quando o Senhor a viu, sentiu profunda compaixão por ela. "Não chore!", disse ele.
—Lucas 7:13

Greg Boyle, que ajudou a lançar um ministério para ex-membros de gangues, sabe o que é amar e cuidar do próximo. Em seu livro *Tattoos on the Heart* (Tatuagens no coração), ele escreve: "A compaixão não se trata apenas de sentir a dor de outros; trata-se de trazê-los mais próximos de você".

A compaixão cria uma ponte entre nós e outra pessoa. Ela nos permite movermo-nos amavelmente em direção ao outro, em lugar de nos precipitarmos na direção oposta. Ao imitarmos a compaixão de Jesus, nunca agiríamos como o sacerdote ou o levita que se afastaram do homem ferido descrito na parábola do bom samaritano (Lucas 10:30-37). Foi a pessoa menos cogitada, um samaritano, que agiu mais semelhantemente a Cristo. A parábola nos lembra de que somos capazes de agir sem amor em relação ao nosso próximo.

Que ao contrário disso, nós possamos viver a compaixão de Jesus como a vemos demonstrada em Seu encontro com a viúva de Naim. Quando Jesus soube que o único filho dessa mulher havia morrido, "…sentiu uma profunda compaixão por ela…" e ressuscitou seu filho (7:11-15). Jesus se moveu *em direção* a ela e amavelmente atendeu à sua necessidade. Que nós, como Cristo, possamos nos mover em direção a outros com o coração compassivo.

Marlena

16 DE JULHO

Lição da máscara dos cavalos

SALMO 119:33-40

Desvia meus olhos de coisas inúteis
e restaura-me por meio de tua palavra.
—Salmo 119:37

Em uma fazenda de cavalos perto de nossa casa, alguns cavalos frequentemente usam máscaras para proteger seus olhos. A princípio, eu sentia pena desses cavalos por terem a visão limitada pelas máscaras. No entanto, as máscaras são feitas de tela, e os cavalos podem enxergar através delas. Entretanto, as moscas que causam doenças aos olhos são mantidas a distância. Essas máscaras não impedem os cavalos de ver; porém, impedem que eles fiquem cegos!

Não cristãos geralmente chegam a conclusões sobre a Bíblia que são semelhantes à conclusão a que eu cheguei sobre as máscaras. Eles pensam na Bíblia como algo que Deus "coloca sobre nossos olhos" para nos impedir de usufruir toda a diversão que poderíamos ter. Sentem pena dos cristãos porque acreditam que o Senhor nos impede de desfrutar a vida. O que eu desconhecia sobre a máscara para cavalos, os incrédulos não conhecem sobre a Bíblia. Ela evita que sejamos infectados por mentiras que causam cegueira espiritual. A Bíblia não nos impede de desfrutarmos a vida; ela torna possível a verdadeira satisfação.

Ao aprendermos a lição da máscara para os cavalos podemos nos alegrar, pois, por meio da Palavra de Deus, nós podemos realmente ver! —*Julie*

17 DE JULHO

Como ter paz

COLOSSENSES 1:15-23

Portanto, uma vez que pela fé fomos declarados justos, temos paz com Deus por causa daquilo que Jesus Cristo, nosso Senhor, fez por nós. —Romanos 5:1

A Capela do Silêncio Kamppi, em Helsinki, Finlândia, destaca-se em seu cenário urbano. A estrutura curva, coberta em madeira, abafa o ruído da cidade agitada no lado de fora. Os projetistas criaram a capela como um espaço silencioso e um "ambiente calmo para visitantes se recomporem". É uma acolhedora fuga do tumulto e alvoroço da cidade.

Muitas pessoas anseiam por paz; e alguns minutos de silêncio podem tranquilizar a nossa mente. Mas a Bíblia ensina que a verdadeira paz — paz com Deus — vem de Seu Filho Jesus. O apóstolo Paulo disse: "Portanto, uma vez que pela fé fomos declarados justos, temos paz com Deus por causa daquilo que Jesus Cristo, nosso Senhor, fez por nós" (Romanos 5:1). Sem Cristo, somos inimigos de Deus por causa de nosso pecado. Felizmente, aceitar o sacrifício de Jesus nos reconcilia com Deus e acaba com a hostilidade que existia entre nós (Colossenses 1:19-21).

Ter paz com Deus não garante um viver livre de problemas. Jesus disse aos Seus seguidores: "…Aqui no mundo vocês terão aflições…", mas Ele também disse: "Eu lhes falei tudo isso para que tenham paz em mim…" (João 16:33). Por causa de Cristo, a verdadeira paz de Deus pode preencher o nosso coração (Colossenses 3:15). *Jennifer*

18 DE JULHO

Bom senso

PROVÉRBIOS 1:20-23

*Pois o S*ENHOR *concede sabedoria;*
de sua boca vêm conhecimento e entendimento.
—Provérbios 2:6

Voltaire, o filósofo francês do século 18, disse: "O senso comum não é tão comum". Ele estava certo! Em uma sociedade que se torna mais e mais litigiosa, somos inundadas de alertas sobre produtos, em grande parte porque algumas pessoas não têm bom senso. Observe as seguintes instruções:

Em um secador de cabelos: não use enquanto estiver dormindo.

Em uma serra elétrica: não pare o funcionamento da correia com as mãos.

O senso comum pode ser aprendido a partir de experiências ou pelo ensino que recebemos daqueles em quem confiamos. Mas a Palavra de Deus é o melhor manancial para desenvolver o discernimento e o bom julgamento.

Três palavras ecoam por todo o livro de Provérbios: sabedoria, conhecimento e entendimento. Deus preencheu esse livro com bom senso.

Provérbios 11:12 aconselha a moderação: "…a pessoa sensata permanece calada".

Provérbios 20:13 é prático: "Se você ama o sono, acabará pobre…".

Para obter mais bom senso, consulte diariamente a Palavra de Deus — a fonte da sabedoria. *Cindy*

Identidade incorreta

SALMO 115:1-18

Não a nós, SENHOR, não a nós, mas ao teu nome seja toda a glória, por teu amor e por tua fidelidade.
—Salmo 115:1

As pessoas frequentemente me confundem com minha irmã mais velha. Dos funcionários de minha cafeteria preferida até os alunos de enfermagem de minha irmã, nós temos muitas histórias de pessoas que tentam me fazer perguntas da "área médica" ou que conversam com ela sobre "escrita". Para nós, essa confusão é engraçada porque não percebemos as semelhanças que os outros veem tão claramente.

Com Deus, não há identidade incorreta com relação a nenhuma de nós. "Mas, a todos que creram nele e o aceitaram, ele deu o direito de se tornarem filhos de Deus. Estes não nasceram segundo a ordem natural, nem como resultado da paixão ou da vontade humana, mas nasceram de Deus" (João 1:12,13). Contudo, algumas vezes as experiências, pessoas e os poderes das trevas tentam destruir o nosso entendimento de quem *realmente* somos.

Em situações de incerteza, construímos em certos momentos uma ideia do "eu" fundamentada no temporário. A verdadeira segurança, no entanto, surge quando despedaçamos os ídolos do "eu" e escolhemos Jesus (vv.9-11). A cruz nos leva à comunhão com Cristo. Nele, a nossa identidade é restaurada ao potencial e significado concedido por Deus. (139:13-16).

Regina

20 DE JULHO

Bandeiras vermelhas

PROVÉRBIOS 13:1-14

A instrução do sábio é fonte de vida;
quem a aceita escapa das armadilhas da morte.
—Provérbios 13:14

Os cisnes frequentemente visitam *Mill Pond*, na Inglaterra, onde um amigo meu morou. Ele chama o local de "um belo lugar onde patos, gansos e outras aves aquáticas se divertem muito". Contudo, até mesmo nesse cenário idílico há perigo. Próximo ao lago há algumas linhas de transmissão elétrica. Muitos cisnes já morreram porque não as viram ao se aproximarem do lago.

Meu amigo conversou com alguns oficiais sobre esse problema e eventualmente a companhia de energia elétrica instalou bandeiras vermelhas nos fios. Agora os cisnes podem enxergar o perigo e evitá-lo. Desde que as bandeiras vermelhas foram instaladas, nem sequer um cisne morreu.

Deus proveu algumas "bandeiras vermelhas" para a nossa proteção. O livro de Provérbios contém muitos alertas sobre o mal e nos encoraja a buscar a sabedoria. Em Provérbios 13:1-14 encontramos muitas bandeiras vermelhas, incluindo:

- Não ignore a instrução e a repreensão (v.1),
- Vigie o que fala (v.3),
- Tenha cautela ao buscar riquezas (v.7).

Somos gratas porque a Bíblia nos dá alertas que podem nos manter fora de perigo. *Anne*

Desejando crescimento

HEBREUS 5:11-14

Quem se alimenta de leite ainda é criança
e não sabe o que é justo.
—Hebreus 5:13

O axolotle é um enigma biológico. Em lugar de amadurecer até a idade adulta, essa salamandra mexicana, em risco de extinção, conserva características de girino durante toda a vida. Os escritores e filósofos usaram o axolotle como um símbolo de alguém que teme o crescimento.

Em Hebreus 5, aprendemos sobre cristãos que estavam evitando o crescimento saudável — permanecendo satisfeitos com o "leite" espiritual destinado aos novos cristãos. Eles corriam o perigo de recuar espiritualmente afastando-se das atitudes que remetiam às de Cristo e que haviam demonstrado antes (6:9-11).

Diante disso, o autor escreveu: "Há muito mais que gostaríamos de dizer a esse respeito, mas são coisas difíceis de explicar, sobretudo porque vocês se tornaram displicentes acerca do que ouvem" (v.11).

Ao axolotles seguem o padrão natural que o seu Criador estabeleceu para eles. Mas os seguidores de Cristo são criados para crescer e tornarem-se espiritualmente maduros. Conforme crescemos, descobrimos que crescer no Senhor envolve mais do que a nossa própria paz e alegria. O crescimento à Sua semelhança honra a Deus na medida em que nós, de modo altruísta, encorajamos outros. *Keila*

22 DE JULHO

Não é minha preocupação

ISAÍAS 40:25-31

Entregue suas aflições ao Senhor, e ele cuidará de você; jamais permitirá que o justo tropece e caia. —Salmo 55:22

Um homem se preocupava constantemente com tudo. Certo dia, seus amigos o ouviram assobiar alegremente, e, ele estava com a aparência notavelmente relaxada. —O que aconteceu?, perguntaram-lhe atônitos.

Ele respondeu: —Estou pagando um homem para se preocupar por mim.

—Quanto você lhe paga?, perguntaram-lhe.

—Dois mil por semana, ele respondeu.

—Puxa! Como você consegue pagar isso?

—Eu não consigo, mas essa preocupação pertence a ele, respondeu.

Você precisa de alguém a quem entregar suas preocupações? O profeta Isaías nos lembra de que Deus faz as estrelas saírem e as "chama cada uma pelo nome" (40:25,26). "Por causa de seu grande poder e sua força incomparável..." nenhuma delas fica ausente (v.26). E assim como Deus conhece as estrelas pelo nome, Ele nos conhece individual e pessoalmente. Todas nós estamos sob o Seu cuidado atento (v.27).

Você pode entregar as suas preocupações ao Senhor. Ele nunca está exaurido demais ou cansado demais a ponto de não prestar atenção. Ele tem toda a sabedoria e todo o poder, e ama usá-los em seu favor. Aquele que é santo e dirige as estrelas estende os Seus braços de amor ao redor de cada uma de nós.

Poh Fang

23 DE JULHO

Do lamento à dança

ISAÍAS 61:1-4

O Espírito do SENHOR soberano está sobre mim, pois o SENHOR me ungiu para levar boas-novas aos pobres. Ele me enviou para consolar os de coração quebrantado e para proclamar que os cativos serão soltos e os prisioneiros, libertos. —Isaías 61:1

"Nós estamos eliminando o seu cargo". Há uma década essas palavras me deixaram cambaleando. Na época, eu me senti arrasada, em parte porque minha identidade estava profundamente entrelaçada com minha função de editora. Recentemente, senti tristeza semelhante quando ouvi que o meu trabalho como autônoma estava se encerrando. Mas, desta vez, não foi tão traumático porque eu já experimentei a fidelidade de Deus e como Ele é poderoso para transformar o meu lamento em alegria.

O Senhor pode nos mover do desespero ao júbilo, como vemos na profecia de Isaías sobre a vinda de Jesus (Isaías 61:1-3). O Senhor nos concede esperança quando nos sentimos desesperançadas; Ele nos ajuda a perdoar quando pensamos que não conseguiremos; Ele nos ensina que a nossa identidade está nele e não naquilo que fazemos. Ele nos dá coragem para enfrentar um futuro desconhecido. Quando vestimos trapos de "cinzas", Ele gentilmente nos concede uma túnica de louvor.

Quando pensamos na fidelidade de Deus ao longo dos anos, sabemos que Ele está disposto e é capaz de transformar a nossa tristeza em dança mais uma vez, de nos dar graça suficiente nesta vida e alegria plena no Céu. —*Amy*

Vida além da sepultura

JOÃO 11:1-44

Quem vive e crê em mim jamais morrerá.
Você crê nisso, Marta?
—João 11:26

Meu amado marido, Bill, morreu de câncer aos 48 anos. Em uma manhã de lágrimas, li João 11 — a história sobre Jesus ressuscitar Lázaro. Duas verdades nessa passagem me revigoraram.

A primeira verdade foi revelada quando Jesus disse que Lázaro estava dormindo e que Ele o acordaria (vv.11-14). Seus discípulos responderam: "…Senhor, se ele dorme é porque logo vai melhorar!". Jesus respondeu: "…Lázaro está morto…" Essa foi a forma gentil de Jesus ensiná-los a não temer a morte como algo maior do que o sono. Por causa do Seu poder, ressuscitar alguém da sepultura era o mesmo que despertar alguém do sono.

Eu vi uma segunda verdade na afirmação de Jesus a Marta: "…Quem crê em mim viverá, mesmo depois de morrer. Quem vive e crê em mim jamais morrerá…" (vv.25,26). Como a ressurreição e a vida, haverá um dia em que Jesus "despertará" os corpos de cristãos. Jesus demonstrou o Seu poder para nos "ressuscitar" quando Ele ressuscitou Lázaro (vv.43,44).

Você perdeu alguém próximo? Talvez essas promessas possam lhe trazer consolo e encorajamento. — *Joanie*

25 DE JULHO

Ciente de sua imagem

2 CORÍNTIOS 3:1-3, 17,18

Portanto, todos nós, dos quais o véu foi removido, podemos ver e refletir a glória do Senhor, e o Senhor, que é o Espírito, nos transforma gradativamente à sua imagem gloriosa, deixando-nos cada vez mais parecidos com ele.
—2 Coríntios 3:18

Ao olharmos antigas fotos de família, meus primos e eu brincamos sobre as características físicas que herdamos. Nós notamos primeiramente as negativas: pernas curtas, dentes tortos, topetes armados. Além dos atributos físicos, nós também herdamos traços de caráter — alguns bons, alguns não tão bons. Nós nem sempre prestamos tanta atenção aos não tão bons.

Segundo minhas observações não científicas, as pessoas tentam todo tipo de método para superar imperfeições físicas — rotinas de exercícios, programas de perda de peso, maquiagem, coloração de cabelo, cirurgia plástica. Mas, com as nossas falhas de caráter, nós fazemos algo diferente. Temos a tendência de usá-las como desculpa para nos comportarmos mal. Suponho que mudar a nossa aparência seja mais fácil do que mudar o nosso caráter. Imagine como estaríamos melhor se colocássemos a nossa energia no desenvolvimento do caráter.

Como cristãs, não estamos limitadas à nossa formação genética. Podemos entregar as nossas falhas ao Senhor e permitir que Ele cumpra o potencial que tem em mente para nós. O poder do Espírito de Deus e a vida do Filho de Deus estão agindo em nós, conformando-nos à Sua imagem (2 Coríntios 3:18).

Julie

26 DE JULHO

Amor revelado

1 JOÃO 4:9-16

Deus mostrou quanto nos amou ao enviar seu único Filho ao mundo para que, por meio dele, tenhamos vida. —1 João 4:9

Quando uma série de placas cor-de-rosa com a mensagem "Eu te amo" apareceram misteriosamente em Welland, Ontario, Canadá, a repórter local Maryanne Firth decidiu investigar. Sua investigação não deu em nada. Semanas depois, novas placas apareceram indicando um parque local com data e o horário marcados.

Acompanhada por uma multidão de curiosos da cidade, Maryanne foi ao parque na hora designada. Ali ela viu um homem usando um terno, mas ele astutamente havia encoberto seu rosto. Imagine a surpresa dessa jovem jornalista quando o seu namorado lhe entregou um buquê e a pediu em casamento! O homem misterioso era Ryan St. Denis — seu namorado. Ela aceitou o pedido dele com muita alegria.

Se você acha que a expressão de amor que ele demonstrou à sua noiva é tenra e amorosa, pense na maneira que Deus expressou o Seu amor por nós! "Deus mostrou quanto nos amou ao enviar seu único Filho ao mundo para que, por meio dele, tenhamos vida" (1 João 4:9). Jesus deliberadamente abriu mão de Sua vida para que todos aqueles que crerem nele possam ter um relacionamento eterno com Deus.

Nada pode separar um cristão "…do amor de Deus revelado em Cristo Jesus…" (Romanos 8:39). Isso sim é amor verdadeiro!

Jennifer

27 DE JULHO

Meu povo

1 PEDRO 2:1-10

Antes vocês não tinham identidade como povo, agora são povo de Deus. Antes não haviam recebido misericórdia, agora receberam misericórdia de Deus.
—1 Pedro 2:10

Uma menininha estava sendo punida por mau comportamento e seus pais a colocaram para jantar sozinha no canto da sala. Eles não prestaram atenção nela até que a ouviram orar uma parte do Salmo 23: "Senhor, eu te agradeço por preparares uma mesa para mim na presença de meus inimigos".

Uma história bonitinha. Mas, na realidade, nossas famílias em alguns momentos podem parecer o inimigo. Até mesmo a nossa família espiritual na igreja nos decepciona ocasionalmente. Contudo, se aprendermos a abrir mão da ideia ingênua de que os outros sempre corresponderão às nossas expectativas elevadas, poderemos também mudar o nosso foco.

Em vez de nos focarmos em outros, podemos encontrar esperança no fato de sermos verdadeiramente filhas de Deus por meio da fé em Jesus Cristo (1 Pedro 2:10). Ele nos escolheu e somos "…propriedade exclusiva…" (v.9). O Senhor nos trouxe à Sua família e nunca nos tratará como inimigas.

Quando outros nos decepcionarem, mudemos o nosso foco e nos lembremos de que nós que já colocamos a nossa fé em Jesus somos filhas de Deus — valorizadas e atendidas por Ele.

Anne

28 DE JULHO

Seguras

SALMO 33:1-22

Nossa esperança está no Senhor;
ele é nosso auxílio e nosso escudo.
—Salmo 33:20

Sobrecarregada com o trabalho e cansada devido a um fim de semana frenético de trabalho ministerial, eu não consegui segurar as lágrimas quando, ao retornar para nossa nova casa, percebi uma goteira no teto da cozinha. Os desafios da mudança para uma nova cidade e o desacordo de nossos vizinhos por termos um estudo bíblico em casa juntavam-se a essa situação. Ao olhar cada gota cair do teto estufado, eu almejava que algo fosse fácil.

Algumas vezes nós simplesmente precisamos ser lembradas: Deus tem a solução. Salmo 33:20 diz: "Nossa esperança está no Senhor; ele é nosso auxílio e nosso escudo." E Salmo 33:18 declara que "O Senhor, porém, está atento aos que o temem, aos que esperam por seu amor".

Movido por amor, Deus olha fielmente por nós (Salmo 33:18). Condicionar a nossa vitória às circunstâncias ou às escolhas de outros significa o mesmo que colocar a nossa esperança nos cavalos e na armadura (Salmo 33:16,17). Antes, confiamos no Senhor: "Nele nosso coração se alegra, pois confiamos em seu santo nome" (Salmo 33:21). Somente Ele nos mantém seguras.

— Regina

29 DE JULHO

Casamento real

APOCALIPSE 19:1-10

Alegremo-nos, exultemos e a ele demos glória, pois chegou a hora do casamento do Cordeiro, e sua noiva já se preparou. —Apocalipse 19:7

Casamentos e extravagâncias algumas vezes caminham juntos. Os casamentos modernos se tornaram uma chance para as jovens mulheres viverem a fantasia de ser "uma princesa por um dia". Um vestido elegante, penteado elaborado, convidadas com vestidos em cores harmonizadas, buquês de flores, abundância de comida e muita celebração com amigos e família são coisas que contribuem para a atmosfera de conto de fadas. Os casamentos entre pessoas da realeza levam a extravagância a um patamar que nós "plebeus" raramente vemos. Em 2011, demos uma espiada nisso quando o casamento de Príncipe William e Kate Middleton foi transmitido a todo o mundo.

Outro casamento real está no estágio de planejamento — o mais extravagante de todos. Nesse casamento, a pessoa mais importante será o noivo, o próprio Cristo; e nós, a Igreja, seremos Sua noiva. A revelação de João diz que a noiva se aprontará (19:7) e que o nosso vestido de casamento serão os nossos atos de justiça (v.8).

Ainda que casamentos terrenos durem apenas uma vida, toda noiva se empenha muito para que a cerimonia do seu casamento seja perfeita. Quanto mais nós, como noiva de Cristo, não deveríamos estar fazendo para nos prepararmos para um enlace que durará a eternidade?

Julie

30 DE JULHO

Vinde a mim

JOÃO 6:30-40

*Jesus respondeu: "Eu sou o pão da vida.
Quem vem a mim nunca mais terá fome.
Quem crê em mim nunca mais terá sede.*
—João 6:35

Quando Jesus viveu neste mundo, convidou pessoas a irem a Ele e ainda as convida (João 6:35). Mas o que Jesus e o Pai celestial têm que nós precisamos?

Salvação. Jesus é o único caminho para obtermos perdão do pecado e a promessa do Céu. "para que todo o que nele crer tenha a vida eterna" (João 3:15).

Propósito. Devemos entregar todo o nosso coração, alma, mente e força para seguirmos Jesus. "…Se alguém quer ser meu seguidor, negue a si mesmo, tome sua cruz e siga-me" (Marcos 8:34).

Consolo. Em lutas ou tristezas, o "…Deus de todo encorajamento. Ele nos encoraja em todas as nossas aflições…" (2 Coríntios 1:3,4).

Sabedoria. Precisamos de sabedoria maior do que a que possuímos. "Se algum de vocês precisar de sabedoria, peça a nosso Deus generoso, e receberá…" (Tiago 1:5).

Vida abundante. A vida mais abundante é encontrada em Jesus. "…Eu vim para lhes dar vida, uma vida plena, que satisfaz" (João 10:10).

Jesus disse: "…aqueles que o Pai me dá virão a mim, e eu jamais os rejeitarei" (João 6:37). Venha! *Anne*

31 DE JULHO

Beba!

JOÃO 4:7-14

*...mas quem bebe da água que eu dou
nunca mais terá sede. Ela se torna uma fonte que
brota dentro dele e lhe dá a vida eterna.*
—João 4:14

Antes da virada do século, uma confeitaria em Jenison, Michigan, EUA, anunciou esta oferta: "Compre uma de nossas canecas de café por R$20 e encha-a por dez centavos todas as vezes que você nos visitar".

Os donos nunca esperaram que, mais de 35 anos depois, quatro clientes de longa data ainda estariam adquirindo seu café todos os dias — por dez centavos.

Você não encontrará muitas ofertas como essa. Mas Jesus propôs algo muito maior à mulher no poço (João 4:10). Ele disse: "Quem bebe desta água logo terá sede outra vez, mas quem bebe da água que eu dou [...] Ela se torna uma fonte que brota dentro dele e lhe dá a vida eterna" (vv.13,14).

A mulher estava pronta para ouvir. Cada um de seus muitos relacionamentos pessoais a haviam deixado vazia. Jesus então lhe ofereceu a "água" que lhe daria algo mais: vida eterna.

Jesus lhe faz a mesma oferta: "...Eu vim para lhes dar vida, uma vida plena, que satisfaz" (João 10:10).

A graça e o amor de Deus vêm de uma reserva inesgotável. Beba da água que Ele oferece. Você jamais terá sede novamente.

— Cindy

1.º DE AGOSTO

Satisfeitos onde estamos

FILIPENSES 4:11-13

Não digo isso por estar necessitado,
pois aprendi a ficar satisfeito com o que tenho.
—Filipenses 4:11

Já ouvimos histórias deste tipo: um casal, pilar de sua igreja local por longo tempo, repentinamente se apressa em fazer parte de uma nova igreja — levando a sua igreja local a questionar o que acontecera. Uma família é arrancada de sua comunidade quando uma mudança inesperada de emprego exige uma transferência.

Histórias de transferências e transtornos são circunstâncias que podem fácil e compreensivelmente causar o desencorajamento. Temos dificuldades com a maneira como nossa história se desenrolou, somos infelizes com a vida.

O apóstolo Paulo tinha todas as razões para estar insatisfeito. Ele suportou naufrágios, surras, chicotadas e muito mais (2 Coríntios 11:22-27). Indubitavelmente ele lutou com o desencorajamento. Mas declarou: "…aprendi a ficar satisfeito com o que tenho" (Filipenses 4:11). Com a ajuda de Deus, isto é algo que podemos desenvolver valorizando nossas boas dádivas independentemente das circunstâncias.

Mesmo em nossos momentos mais difíceis, podemos encontrar coisas pelas quais sermos gratas — o consolo de Deus, por exemplo. Devido ao que Deus proveu, podemos ficar satisfeitas com o bem em nossas situações difíceis. Descansemos nele ao orarmos para que o Seu reino venha (Mateus 6:10).

Marlena

2 DE AGOSTO

Aos poucos

ÊXODO 23:20-33

Eu os expulsarei aos poucos, até que sua população tenha aumentado o suficiente para tomar posse da terra. —Êxodo 23:30

Quando eu era pequena, eu gostava de uma história em particular que lia — sem jamais imaginar sobre como ela me afetaria anos mais tarde.

Era uma história sobre um menininho com uma pequena pá. Ele estava tentando retirar a neve acumulada da calçada em frente à sua casa. Um homem viu a enorme tarefa da criança e disse: "Menino, como alguém tão pequeno quanto você espera terminar uma tarefa tão grande como essa?". O menino olhou para cima e respondeu: "Aos poucos!". E, ele continuou a retirá-la.

Deus me lembrou dessa história quando eu estava me recuperando de um colapso. Lembro-me de como o meu eu "adulto" insultava a "criança" dentro de mim: "Como alguém tão inadequada como você pode escalar uma montanha tão grande quanto essa?". A resposta daquele menino se tornou a minha resposta: "Aos poucos!". E eu superei — dependendo de Deus. Juntos nós reivindicamos uma pequena vitória após a outra.

Os obstáculos diante de Israel, enquanto o povo se preparava para entrar na Terra Prometida, podem ter parecido instransponíveis. Mas Ele não lhes pediu que fizessem tudo de uma só vez. "Aos poucos" é a estratégia para a vitória.

Joanie

Descansando em Deus

ROMANOS 4:16-22

Em nenhum momento a fé de Abraão na promessa de Deus vacilou. Na verdade, ela se fortaleceu e, com isso, ele deu glória a Deus. Abraão estava plenamente convicto de que Deus é poderoso para cumprir tudo que promete. —Romanos 4:20,21

Era o nosso último feriado em família antes que o nosso filho mais velho se mudasse para cursar a universidade. Enquanto estávamos sentados no último banco da pequena igreja situada à beira-mar, meu coração se encheu de amor ao olhar para os meus cinco filhos razoavelmente apresentáveis. E, orei silenciosamente: "Por favor, Senhor, protege-os espiritualmente mantendo-os próximos de ti".

O último hino tinha uma estrofe instigante baseada em 2 Timóteo 1:12: "…pois conheço aquele em quem creio e tenho certeza de que ele é capaz de guardar o que me foi confiado…". Eu tinha certeza de que Deus guardaria a alma de cada um deles.

Nos anos seguintes, houve momentos de afastamento do Senhor para alguns de meus filhos e de total rebelião para outros. Algumas vezes questionei a fidelidade de Deus. Então me lembrei de Abraão. Ele nunca deixou de confiar na promessa que havia recebido (Gênesis 15:5,6). Ao longo dos anos de espera e tentativas equivocadas de colaborar com as coisas, Abraão agarrou-se à promessa de Deus até Isaque nascer.

Que lembrete encorajador! Nós dizemos a Deus qual é nosso pedido, pois sabemos que Ele é poderoso e o agradecemos por Sua fidelidade.

Marion

4 DE AGOSTO

Quero ter olhos azuis

MATEUS 16:24-28

*Se tentar se apegar à sua vida, a perderá.
Mas, se abrir mão de sua vida por minha causa,
a encontrará.* —Mateus 16:25

Quando menina, Amy Carmichael (1867–1951) desejava ter olhos azuis em vez de castanhos. Ela até mesmo orava para que Deus mudasse a cor de seus olhos (o que nunca aconteceu). Aos 20 anos, Amy sentiu o chamado de Deus para servi-lo como missionária. Ela acabou indo à Índia, onde reconheceu a sabedoria do Senhor no modo como a havia criado. A jovem reconheceu que teria tido mais dificuldade para ser aceita em um povo de olhos predominantemente castanhos se os seus olhos fossem azuis. Essa missionária serviu a Deus na Índia por 45 anos.

Não podemos ter a certeza de que Amy foi mais prontamente aceita por causa da cor de seus olhos, mas sabemos que foi o Senhor que "…nos criou e a ele pertencemos…" (Salmo 100:3). Ao nos submetermos à Sua sabedoria em todas as coisas, podemos servi-lo eficazmente.

Amy sabia o que era submissão. Quando lhe perguntaram sobre a vida missionária, ela respondeu: "A vida missionária é simplesmente uma chance de morrer". E então ela citou Mateus 16:25.

Isso também descreve a vida do cristão devoto — a entrega aos planos e à vontade de Deus para nós. Que nos submetamos a Ele hoje.

Anne

5 DE AGOSTO

Um pedido modesto

FILIPENSES 2:1-11

...humilhou-se e foi obediente até a morte, e morte de cruz. —Filipenses 2:8

Quando era estudante universitária, ouvi inúmeras histórias de noivados. Minhas amigas falavam, com estrelas em seus olhos sobre os restaurantes iluminados, pores do sol no topo de montanhas e passeios em carruagens puxadas por cavalos. Houve também o rapaz que simplesmente lavou os pés de sua namorada. Esse "pedido humilde" que ele fez provou que compreendia que a humildade é essencial para um comprometimento para toda a vida.

O apóstolo Paulo ensinou sobre humildade e como ela nos mantém unidos — especialmente no casamento. Paulo nos disse para rejeitar os ímpetos de "primeiro eu!": "Não sejam egoístas..." (Filipenses 2:3). Em vez disso, devemos valorizar nossos cônjuges mais do que nós mesmas e cuidar de seus interesses.

A humildade em ação significa servir nosso cônjuge e nenhuma tarefa é pequena ou grande demais. Afinal de contas, Jesus "humilhou-se e foi obediente até a morte...". Seu altruísmo demonstrou Seu amor por nós.

O que você pode fazer hoje para servir humildemente a quem você ama? Sejam quais forem as necessidades de seu cônjuge, colocá-las antes das suas reafirma o seu comprometimento mútuo, por meio da humildade semelhante à de Cristo.

Jennifer

Um aroma suave

2 CORÍNTIOS 2:12-17

Somos o aroma de Cristo que se eleva até Deus. Mas esse aroma é percebido de forma diferente por aqueles que estão sendo salvos e por aqueles que estão perecendo. —2 Coríntios 2:15

Uma perfumista que trabalha em Nova Iorque afirma que ela consegue reconhecer certas combinações de aromas e adivinhar o perfumista que criou a fragrância. Inspirando apenas uma vez, ela consegue dizer: "Isso é obra do perfumista tal".

Ao escrever aos cristãos em Corinto, Paulo usou um exemplo que os faria lembrar de um vitorioso exército romano em uma cidade conquistada queimando incenso (2 Coríntios 2:14). Para os romanos, o aroma de incenso significava vitória; para os prisioneiros significava morte.

Paulo disse que para Deus nós somos o agradável aroma da vitória de Cristo contra o pecado. Deus nos deu a fragrância do próprio Cristo para que possamos nos tornar um sacrifício de louvor com aroma suave. Mas de que modo podemos viver para difundirmos essa fragrância agradável a outros? Podemos demonstrar amor e generosidade e podemos compartilhar o evangelho de modo que outros encontrem o caminho para a salvação. Podemos permitir que o Espírito exiba por meio de nós o Seu fruto de amor, alegria e bondade (Gálatas 5:22,23).

Será que os outros nos observam e dizem: "Esta é uma obra de Jesus"? Estamos permitindo que Ele espalhe a Sua fragrância por nosso intermédio? — *Keila*

7 DE AGOSTO

Se nossos corações...

LUCAS 6:43-45

Faz cessar a maldade dos perversos e dá segurança ao justo. Pois tu sondas a mente e o coração, ó Deus justo. —Salmo 7:9

Lá estava eu, na parte rural da Uganda, assistindo a uma sonda que eu havia encomendado para perfurar um poço para 700 aldeões carentes, quando um homem idoso me abordou. Ele segurou minhas mãos e disse com um inglês nada fluente: "Se você pudesse abrir meu coração e olhar lá dentro, você veria felicidade sobre felicidade sobre felicidade por causa desta água que Deus proveu".

Essas palavras me deram clareza sobre o transbordar do coração desse homem. A gratidão, humildade, mansidão e reverência pelo Senhor eram evidentes. Jesus disse: "...a boca fala do que o coração está cheio" (Mateus 12:34; Lucas 6:34). "A pessoa boa tira coisas boas do tesouro de um coração bom, e a pessoa má tira coisas más do tesouro de um coração mau..." (Mateus 12:36; Lucas 6:45).

Se o nosso coração estiver repleto de amargura ou ódio, os relacionamentos quebrados e o isolamento virão subsequentes. Se o nosso coração estiver repleto de amor, compaixão e gratidão, nossa tendência será termos relacionamentos saudáveis e edificantes.

O que está em seu coração? — *Roxanne*

O vínculo da paz

EFÉSIOS 4:1-6

*Façam todo o possível para se manterem
unidos no Espírito, ligados pelo vínculo da paz.*
—Efésios 4:3

Depois de eu ter confrontado a minha amiga por e-mail com relação a uma questão em que divergíramos, ela não me respondeu. Será que eu teria ultrapassado os limites?

Nos dias seguintes, quando ela vinha à minha mente, eu orava por ela, incerta do que viria adiante. Porém, certa manhã, ao fazer uma caminhada em nosso parque local eu a vi — a dor estampou o seu rosto quando ela me viu. "Obrigada, Senhor, porque eu posso falar com ela", sussurrei enquanto me aproximava dela com um sorriso acolhedor. Nós falamos abertamente e conseguimos resolver a questão.

Algumas vezes quando a mágoa ou o silêncio se intrometem em nossos relacionamentos, repará-los parece estar fora de nosso controle. Mas, como o apóstolo Paulo diz em sua carta à igreja de Éfeso, nós somos chamados para trabalhar em prol da paz e da unidade por meio do Espírito de Deus — vestindo os trajes de amabilidade, humildade e paciência ao buscarmos a cura de Deus em nossos relacionamentos. O Senhor deseja veementemente que sejamos unidos e por meio de Seu Espírito Ele pode unir o Seu povo — até mesmo inesperadamente durante uma caminhada no parque.

— Amy

Um pai perfeito

PROVÉRBIOS 20:3-7

*O justo anda em integridade;
felizes os filhos que seguem seus passos.*
—Provérbios 20:7

Meu pai certa vez admitiu para mim: "Quando você era pequena, eu era muito ausente".

Não me lembro disso. Além de trabalhar em tempo integral, ele ocasionalmente saía para dirigir o ensaio do coral ou para viajar brevemente com o quarteto de homens. Mas, em todos os momentos importantes de minha vida, ele esteve presente.

Por exemplo, aos 8 anos eu fiz uma pequena participação numa peça de teatro na escola. Todas as mães foram, mas apenas um pai — o meu. Ele sempre deixou claro para minhas irmãs e para mim que somos importantes para ele e que ele nos ama. E vê-lo cuidar ternamente de minha mãe nos últimos anos da vida dela me ensinou o que é o amor altruísta. Meu pai não é perfeito, mas ele me dá um bom vislumbre do meu Pai celestial. Isso é o que um pai cristão deveria fazer.

Há momentos em que pais terrenos decepcionam ou magoam seus filhos. Mas nosso Pai no Céu é "...compassivo e misericordioso, lento para se irar e cheio de amor" (Salmo 103:8). Um pai piedoso é para seus filhos o exemplo de nosso perfeito Pai celestial.

Cindy

10 DE AGOSTO

Ilumine a noite

DANIEL 12:1-3

Os sábios brilharão intensamente como o esplendor do céu, e os que conduzem muitos à justiça resplandecerão como estrelas, para sempre.
—Daniel 12:3

Em uma amena noite de outono, milhares de pessoas em minha cidade natal se reuniram ao longo da margem do Grande Rio para acender balões de papel. Eles os soltaram na escuridão e assistiram enquanto eles ascendiam para unir-se à Lua em uma deslumbrante exibição que transformou o céu noturno em uma obra de arte cintilante.

Quando eu vi fotos desse evento, fiquei decepcionada por estar fora da cidade e perder o espetáculo. Mas, percebi que o que havia acontecido na cidade poderia ser visto como um símbolo da conferência de que eu estava participando em Nova Iorque. Mais de mil pessoas de centenas de cidades ao redor do mundo se reuniram para planejar uma "obra de arte": iluminar a escuridão de suas cidades implantando igrejas e difundindo o evangelho de Cristo, a Luz do Mundo.

O profeta Daniel escreveu sobre um tempo em que aqueles que levam outros ao Senhor brilharão como estrelas para sempre (Daniel 12:3). Todos nós podemos participar desse grande evento. Reluzamos a luz de Cristo nos lugares escuros onde vivemos e trabalhamos.

Julie

11 DE AGOSTO

Calorias que valem a pena?

FILIPENSES 4:4-9

*Por fim, irmãos, quero lhes dizer só mais uma coisa.
Concentrem-se em tudo que é verdadeiro,
tudo que é nobre, tudo que é correto, tudo que é puro,
tudo que é amável e tudo que é admirável.
Pensem no que é excelente e digno de louvor.*
—Filipenses 4:8

Eu amo o *roti prata*, uma panqueca popular aqui em Singapura. Mas descobri que eu precisaria de 30 minutos de corrida para queimar as 240 calorias de uma dessas panquecas.

Quando comecei a me exercitar na academia, comecei a me perguntar: *As calorias dessa comida valem a pena?*

Ainda que seja sábio ter cuidado com nosso consumo de alimentos, há uma área mais importante da vida que precisa ser monitorada: nosso consumo de mídias. As pesquisas mostram que aquilo que vemos fica em nossa mente por muito tempo. Tem um "efeito pegajoso", aderindo-se a nós como a teimosa gordura que é tão difícil de perder; e pode nos influenciar para o bem ou para o mal.

Precisamos ser consumidores criteriosos de mídia. Precisamos nos perguntar: temos cuidado com o que permitimos que nossos olhos vejam?

Em Filipenses 4:8 Paulo nos diz em essência: "Alimentem-se de coisas que sejam verdadeiras, nobres, justas, puras, amáveis, de boa qualidade, virtuosas e louváveis." Essa é uma "dieta" digna do que Cristo fez por nós. — *Poh Fang*

Não foi o que planejamos

ISAÍAS 55:6-9

"Meus pensamentos são muito diferentes dos seus", diz o SENHOR, "e meus caminhos vão muito além de seus caminhos". —Isaías 55:8

Em 1915, a igreja de Dr. Frank Laubach o comissionou para servir como professor no Seminário Teológico em Manila. Quando ele e outro homem estavam sendo cogitados para o cargo de presidente do Seminário, foi feita uma votação para determinar qual candidato venceria. Dr. Laubach fez o que ele achava honrável: votou em seu oponente. Consequentemente ele perdeu a eleição por um voto — o seu próprio. Ele ficou decepcionado e deprimido e questionou até mesmo Deus. Contudo, o Senhor usou esse incidente para redirecionar sua vida. Ele eventualmente desenvolveu um programa de alfabetização que ensinou uma média de 60 milhões de pessoas a ler.

Algumas vezes nossos planos desejados para a nossa vida e para o reino de Deus não se concretizam. Eles acabam não sendo os planos perfeitos de Deus (saías 55:8). É fácil desanimar.

Ainda assim, Deus revela que Ele é *por* nós. Ele é o Deus de esperança que sempre busca o nosso melhor — provendo os meios para que floresçamos verdadeiramente, mesmo quando não conseguimos ver (v.9).

Nosso Pai é muito mais generoso do que jamais poderemos imaginar. À medida que confiamos em Deus, descobrimos que os Seus planos são sempre melhores. *Marlena*

13 DE AGOSTO

O momento propício

SALMO 37:3-11

E sabemos que Deus faz todas as coisas cooperarem para o bem daqueles que o amam e que são chamados de acordo com seu propósito.
—Romanos 8:28

O que eu achava ser um encontro fortuito foi na verdade um momento propício da parte de meu futuro marido.

Ele me viu da galeria da igreja, deduziu qual saída eu usaria, desceu correndo dois lances de escada e chegou segundos antes de mim. Enquanto ele segurava a porta e puxava conversa, eu estava desatenta ao fato de que seu convite "improvisado" para um jantar havia sido premeditado. O momento foi perfeito.

O momento perfeito é raro — pelo menos quando se trata de seres humanos. Mas Deus tem propósito e planos específicos para nós e o Seu *tempo* é sempre perfeito.

Nós vemos esse momento perfeito na vida dos personagens bíblicos: o servo de Abraão orou por uma esposa para Isaque. Deus respondeu sua oração trazendo a jovem até ele (Gênesis 24). E nos maravilhamos com a coragem de Ester quando Mardoqueu lembrou-a: "...Quem sabe não foi justamente para uma ocasião como esta que você chegou à posição de rainha?" (Ester 4:14).

Você está decepcionada com o ritmo dos planos de Deus? "Confie no Senhor..." (Salmo 37:3). Deus abrirá portas quando o momento for perfeito.
— *Cindy*

Deus, responda-me!

SALMO 6

Afastem-se de mim, todos vocês que praticam o mal, pois o Senhor ouviu meu pranto.
—Salmo 6:8

Teresa deixou uma mensagem para Susana dizendo-lhe que tinha notícias excelentes. Susana tinha certeza de que a boa notícia era que sua amiga havia recebido Jesus como Salvador. Afinal de contas, ela vinha orando pela salvação de Teresa há 30 anos.

Alguns dias depois, Teresa revelou uma "notícia excelente" bem diferente. Ela tinha um novo namorado e estava indo morar com ele. Susana clamou desesperada: "Senhor, o que me faria pensar que eu teria uma resposta Sua depois de orar por 30 anos?".

Algumas de nossas lutas mais difíceis são aqueles desejos profundos que permanecem insatisfeitos. O salmista Davi se identificava com isso. Ele clamou: "Tem compaixão de mim, Senhor […] meu coração está muito angustiado; Senhor, quando virás me restaurar?" (Salmo 6:2,3). Mais adiante nesse Salmo, lemos que Davi sabia que o Senhor o havia ouvido (v.9).

Um mês depois da "excelente notícia" de Teresa, ela ligou e deixou outra mensagem: "Tenho uma notícia maravilhosa! Eu agora confio em Jesus como meu Salvador! Não sei por que não fiz isso anos atrás". Os 30 anos de oração deram frutos.

Continue orando. Em Seu tempo, Deus responderá.

Anne

15 DE AGOSTO

O suficiente para compartilhar

DEUTERONÔMIO 15:4-11

*Deem aos pobres com generosidade,
e não com má vontade, pois o S<small>ENHOR</small>, seu Deus,
os abençoará em tudo que fizerem.*
—Deuteronômio 15:10

Eu me lembro de quando meu filho e eu tínhamos, todas as noites, ao longo de três anos, doze convidados em nossa mesa de jantar na Uganda. Antes disso acontecer, aquelas crianças tinham passado dias inteiros sem comida.

Nossas refeições eram repletas de risadas enquanto os meninos e meninas experimentavam espaguete e outros alimentos pela primeira vez. Eu observava com alegria às crianças famintas e fracas ganhando energia para correr e brincar. Wasswa e eu descobrimos que quanto mais compartilhávamos, mais Deus provia para que pudéssemos continuar doando (Deuteronômio 15:8,10).

Talvez hesitemos em ajudar outros porque pensamos que não temos o suficiente para dar. Reflita sobre o que aconteceu quando os discípulos enfrentaram a perspectiva de alimentar uma enorme multidão e disseram ao Senhor que os mandasse embora. Jesus disse: "Não há necessidade [...] Providenciem vocês mesmos alimento para elas." "Eles responderam: Temos apenas cinco pães e dois peixes!" (Mateus 14:15-17). Eles se esqueceram de quem Jesus era: Aquele que poderia alimentá-los todos.

Peça a Jesus que abra os seus olhos para a necessidade dos que estão ao seu redor — e permita que Ele, hoje, seja o Provedor.
— Roxanne

Deus está vivo!

SALMO 30

…para que eu cante louvores a ti e não me cale. Senhor, meu Deus, te darei graças para sempre! —Salmo 30:12

Martinho Lutero, o teólogo do século 16, certa vez vivenciou um período de apreensão e abatimento. Certo dia, sua esposa se vestiu em roupas pretas de luto.

—Quem morreu?, Lutero perguntou.

—Deus!, disse sua esposa.

—Deus?, Lutero disse horrorizado. —Como você pode dizer uma coisa dessas?

Ela respondeu: —Estou apenas dizendo o que vejo você demonstrar.

Lutero percebeu que ele de fato estava vivendo como se Deus não estivesse mais vivo e cuidando deles em amor. Ele mudou sua perspectiva de pessimismo à gratidão.

Ocasionalmente nós também vivemos como se Deus estivesse morto. Para nos encorajarmos podemos nos voltar para os Salmos. Os escritores podem ter enfrentado momentos desoladores, mas tinham um hábito que os impedia de ficarem amargurados: dar graças a Deus. Por exemplo, Davi escreveu: "Transformaste meu pranto em dança […] Senhor, meu Deus, te darei graças para sempre!" (Salmo 30:11,12).

Enfrentar cada situação com ação de graças nos ajuda a ver essas mesmas situações a partir da perspectiva de Deus. Passamos a vê-las como oportunidades para descobrir o Seu poder e amor.

Todas as vezes que você expressa gratidão a Deus em uma situação difícil, você está declarando: "Deus está vivo!".

Joanie

17 DE AGOSTO

Linguagem do amor

TIAGO 3:1-12

Às vezes louva nosso Senhor e Pai e, às vezes, amaldiçoa aqueles que Deus criou à sua imagem.
—Tiago 3:9

Quando minha avó veio ao México como missionária, ela teve dificuldade em aprender espanhol. Certo dia ela foi ao mercado e mostrou sua lista de compras à menina que a ajudava e disse: "Está em duas línguas (*lenguas*)". Mas ela deveria ter dito que estava escrito em dois idiomas. O açougueiro as ouviu de longe e presumiu que ela queria comprar duas línguas de vaca. Minha avó não percebeu o que tinha comprado até chegar em casa!

Os erros são inevitáveis quando estamos aprendendo um segundo idioma, e isso também acontece ao aprendermos o novo "idioma" do amor de Deus. Por exemplo: nós podemos louvar o Senhor e, em seguida, falar mal de outras pessoas. A nossa velha natureza pecaminosa se opõe à nossa nova vida em Cristo. O que sai de nossa boca nos mostra o quando precisamos da ajuda de Deus.

Nossa velha "língua" deve desaparecer. E nós aprendemos o novo idioma de amor quando permitimos que Jesus seja o Senhor de nosso discurso. Quando o Espírito Santo age em nós, Ele nos dá autocontrole para falarmos palavras que agradam o Pai. Senhor, "Assume o controle do que eu digo…" (Salmo 141:3). *Keila*

18 DE AGOSTO

Sol constante

EFÉSIOS 5:1-16

Pois antigamente vocês estavam mergulhados na escuridão, mas agora têm a luz no Senhor. Vivam, portanto, como filhos da luz!
—Efésios 5:8

Eu sei o certo, mas continuo tentando. As instruções no rótulo são claras: "É necessário sol constante". Nosso jardim tem sombra em grande parte; não é adequado para plantas que precisam de sol constante. Mas eu gosto dessa planta. Então a comprei, levei-a para casa, plantei-a e cuido muito bem dela. Mas a planta não está feliz! Meu cuidado e atenção não lhe são suficientes. Ela necessita da luz do sol e isso eu não posso prover. As plantas precisam do que precisam.

E assim são as pessoas. Ainda que possamos sobreviver por certo tempo em condições menos que ideais, não conseguimos nos desenvolver. Além de nossas necessidades físicas fundamentais, também temos necessidades espirituais que não podem ser atendidas por qualquer substituto.

As Escrituras dizem que os cristãos são filhos da luz. Isso significa que precisamos viver na luz plena e constante da presença de Deus para que nos desenvolvamos (Salmo 89:15). Se tentarmos viver nas trevas, não produziremos nada exceto "…feitos inúteis…" (Efésios 5:3,4, 11). Mas, se estamos vivendo na luz de Jesus, a Luz do Mundo, produziremos o fruto de Sua luz, fruto que é bom, fiel e verdadeiro. ◆ *Julie*

19 DE AGOSTO

Chuva milagrosa

1 REIS 18:1, 41-45

*Lembrem-se do que fiz no passado,
pois somente eu sou Deus; eu sou Deus, e não
há outro semelhante a mim.* —Isaías 46:9

A vida é difícil para os aldeões na Província Yunnan, na China. Sua principal fonte de alimento é milho e arroz. Certo ano, uma seca severa assolou a região, e as plantações se deterioraram. Muitas práticas supersticiosas foram executadas como uma tentativa do povo para encerrar a seca. Quando nada funcionou, as pessoas começaram a culpar os cinco cristãos do vilarejo por ofenderem os seus espíritos ancestrais.

Esses cinco cristãos se reuniram para orar. Em pouco tempo, o céu escureceu e veio a chuva extensa e torrencial. As plantações estavam salvas! A maioria dos aldeões não acreditou que Deus havia enviado a chuva, mas alguns acreditaram e procuraram descobrir mais sobre Deus.

Em 1 Reis, lemos sobre uma seca severa em Israel. Era o resultado do julgamento de Deus sobre Seu povo (17:1), que adorava o falso deus Baal, por acreditarem que ele poderia enviar chuva para suas plantações. Deus então, por meio de seu profeta, Elias, mostrou que Ele é o único Deus verdadeiro e quem determina quando a chuva cai.

Nosso Deus Todo-poderoso deseja ouvir as nossas orações e responder as nossas súplicas. Ainda que nem sempre entendamos o momento perfeito e os propósitos de Deus, Ele sempre responde com o Seu melhor para a nossa vida.

— Poh Fang

20 DE AGOSTO

Conversas difíceis

GÁLATAS 2:1-21

*...Portanto, morri para a lei
a fim de viver para Deus.*
—Gálatas 2:19

Lembro-me de alguém em nossa equipe ministerial da igreja que reagiu com descrença ao descobrir que meu marido e eu temos desentendimentos. É verdade. Nós — como qualquer outra família — temos que lidar com o conflito. A maturidade espiritual não significa que estamos isentas de desafios ou que tentamos nos esconder atrás de uma fachada limpinha.

Todas nós enfrentamos a tentação de preservar a nossa imagem. As opiniões de outros podem nos fazer perder de vista o verdadeiro chamado para o discipulado (Lucas 9:23,24) e escolher valorizar a maneira como os outros nos veem. Mas esta verdade permanece: *O desejo de proteger nossa reputação nada mais é do que medo de outras pessoas* (João 12:42,43).

Decepcionado com a reação de Pedro com os cristãos gentios (Gálatas 2:11-16), Paulo não temeu confrontá-lo numa conversa difícil e lembrou-lhe que ceder aos desejos das pessoas não era a resposta (Gálatas 2:20,21).

Ser autêntico na igreja significa manter a reputação de Cristo acima de nossa própria. Somente então seremos a cidade no alto de um monte — a esperança de Jesus brilhando em um mundo encoberto por engano de aparências (Mateus 5:14-16). *— Regina*

21 DE AGOSTO

Firme como rocha

SALMO 34:15-22

*Os olhos do S*ENHOR *estão sobre os justos,*
e seus ouvidos, abertos para seus clamores.
—Salmo 34:15

Aquele dia em maio de 2003 foi um dia triste. A formação rochosa do "Velho Homem da Montanha" desmoronou e deslizou montanha abaixo. Este perfil do rosto de um homem idoso, esculpido pela natureza nas Montanhas Brancas de New Hampshire, EUA, com 12 metros de altura, durante muito tempo havia sido uma atração para os turistas, uma presença sólida para os moradores e o emblema oficial do estado. Nathaniel Hawthorne escreveu sobre ele em seu conto "O Grande Rosto de Pedra".

Os que residiam próximos desse local ficaram devastados quando o "Velho Homem ruiu". Certa mulher declarou: "Eu cresci achando que havia alguém olhando por mim. Agora me sinto menos protegida".

Algumas vezes em nossa vida, desaparece a presença de alguém confiável. Algo, ou alguém, em que nos apoiamos se vai e nossa vida é abalada. A perda nos faz sentir perturbadas, instáveis. Podemos inclusive concluir que Deus não nos protege mais.

Mas "os olhos do SENHOR estão sobre os justos…" (Salmo 34:15). Ele "…está perto dos que têm o coração quebrantado…" (v.18). Ele é a Rocha de cuja presença podemos sempre depender (Deuteronômio 32:4).

A presença de Deus é real. Ele olha por nós continuamente. Ele é Rocha firme.
— *Anne*

22 DE AGOSTO

Por nossa saúde

1 CRÔNICAS 16:7-14

Deem graças ao Senhor e proclamem seu nome, anunciem entre os povos o que ele tem feito.
—1 Crônicas 16:8

Segundo um proeminente pesquisador de um centro médico de referência, "se a gratidão fosse um medicamento, seria o produto mais vendido no mundo com benefícios para a saúde em todos os principais órgãos de nosso sistema".

A Bíblia leva a ideia de gratidão a um patamar mais profundo. O ato de dar graças nos faz reconhecer o "Pai" que provê as nossas bênçãos (Tiago 1:17).

Davi sabia que Deus fora o responsável pela entrega segura da arca da aliança em Jerusalém (1 Crônicas 15:26). Como resultado, ele escreveu um cântico de gratidão que tinha o seu centro em Deus e não no acontecimento em si. A canção começava: "Deem graças ao Senhor e proclamem seu nome, anunciem entre os povos o que ele tem feito" (16:8). O cântico de Davi continuava em júbilo pela grandiosidade de Deus, ressaltando a salvação de Deus, Seu poder criativo e Sua misericórdia (vv.25-36).

A verdadeira gratidão é adorar o Doador e não as dádivas que desfrutamos. Valorizar as coisas boas de nossa vida pode beneficiar o nosso corpo, mas direcionar a nossa gratidão a Deus beneficia a nossa alma.

Jennifer

Comunicação verdadeira

ATOS 2:1-12

*Quando ouviram o som das vozes,
vieram correndo e ficaram espantados,
pois cada um deles ouvia em seu próprio idioma.*
—Atos 2:6

Ao caminhar em minha vizinhança, eu ouço trechos de conversas em muitos idiomas — polonês, japonês, hindi e italiano, para citar alguns. Essa diversidade parece uma pequena demonstração do Céu, contudo eu não entendo o que dizem. Quando entro no café russo ou no mercado polonês e ouço sotaques e sons diferentes, reflito em como deve ter sido maravilhoso no dia de Pentecostes quando pessoas de muitas nações conseguiram compreender o que os discípulos estavam dizendo.

Naquele dia, peregrinos se reuniram em Jerusalém para celebrar a Festa da Colheita. O Espírito Santo repousou em cristãos de modo que, quando eles falaram, os ouvintes (que haviam vindo de todo o mundo) conseguiam compreendê-los em seus próprios idiomas (Atos 2:5,6). Que milagre! Muitos foram encorajados a descobrir mais sobre Jesus.

Podemos falar poucos idiomas, mas o Espírito Santo nos equipa para nos conectarmos com pessoas de outras maneiras. Incrivelmente, somos as mãos e os pés de Deus — e a boca — para promover Sua missão. Hoje, como poderemos, com a ajuda do Espírito, alcançar alguém diferente de nós?

Amy

24 DE AGOSTO

O dom das lágrimas

JOÃO 11:32-44

Jesus chorou.
—João 11:35

Eu liguei para uma amiga de muitos anos quando sua mãe morreu. A mãe dela tinha sido uma amiga muito próxima de minha mãe; e agora ambas haviam partido. Enquanto falávamos, nossa conversa facilmente deslizou num ciclo de emoções — lágrimas de tristeza porque a mãe dela se fora, e lágrimas de alegria ao lembrarmos as pessoas cuidadosas e divertidas que elas haviam sido.

Você já vivenciou essa estranha transição de chorar em um momento e soltar gargalhadas em outro? É incrível como a tristeza e a alegria podem ambas prover alívio físico.

Como somos feitas à imagem de Deus (Gênesis 1:26) e o humor é uma parte tão integral de quase todas as culturas, eu imagino que Jesus deve ter tido um maravilhoso senso de humor. Nós sabemos que Ele também conhecia a dor do luto. Quando Seu amigo Lázaro morreu, Jesus viu Maria chorando e "…sentiu profunda indignação e grande angústia…". Pouco tempo depois, Ele também começou a chorar (João 11:33-35).

Nossa habilidade de expressar nossas emoções com lágrimas é um dom e Deus tem um registro de toda lágrima que derramamos (Salmo 56:8). *Cindy*

25 DE AGOSTO

À beira

FILIPENSES 4:10-20

*E esse mesmo Deus que cuida de mim
lhes suprirá todas as necessidades por meio das
riquezas gloriosas que nos foram dadas
em Cristo Jesus.* —Filipenses 4:19

Quando as borboletas rompem os casulos nos Jardins Frederik Meijer em Grand Rapids, Michigan, EUA, elas o fazem em um paraíso tropical fechado e perfeitamente adequado para suprir todas as suas necessidades. A temperatura e a umidade são perfeitas. O alimento é um equilíbrio perfeito de calorias e nutrição para mantê-las saudáveis. Não há necessidade de irem a nenhum outro lugar. Contudo, algumas borboletas veem o reluzente céu azul no lado de fora do conservatório e gastam seus dias voando próximas ao teto de vidro distante do abundante suprimento de alimento.

Gostaria de dizer a essas borboletas: "Vocês não sabem que tudo o que precisam está ali dentro? O lado de fora é frio e severo e vocês morrerão em poucos minutos se conseguirem o que querem".

Imagino se essa não seria a mensagem de Deus para nós. Então, pergunto-me: *Será que olho desejosamente para coisas que me prejudicariam? Será que ignoro a provisão abundante de Deus porque imagino que algo além do meu alcance é melhor? Será que gasto meu tempo às margens da fé?*

Deus supre todas as nossas necessidades com Suas riquezas (Filipenses 4:19). Sejamos gratas e satisfeitas com o que Ele já nos concedeu.

Julie

Prove e diga!

SALMO 34

Provem e vejam que o Senhor é bom!
Como é feliz o que nele se refugia!
—Salmo 34:8

Você acredita que Deus é bom, mesmo quando a vida não o é? Maria acreditava, e eu fiquei ofegante de espanto no dia em que ouvi seu pastor compartilhar a história dela em seu funeral.

Maria fora viúva — muito pobre e limitada à sua casa devido às suas doenças na velhice. Mas, como o salmista, ela havia aprendido a louvar a Deus em meio às suas dificuldades. Ao longo dos anos, ela passou a saborear com profunda gratidão qualquer coisa boa que Ele colocava em seu caminho.

Seu pastor ocasionalmente a visitava em casa. Devido à sua dor devastadora, ela precisava de muito tempo para mover-se até a porta e abri-la para ele. Diante disso, ele então lhe telefonava avisando que estava a caminho e que horas chegaria. Maria então começava sua lenta e árdua jornada até a porta e a alcançava quase na hora em que o pastor chegava. Sem falhar uma vez sequer, ela o cumprimentava com estas palavras triunfantes: "Deus é bom!".

O exemplo dela nos desafia não apenas a "provar e ver", mas também a provar e *dizer* que o Senhor é bom — mesmo quando a vida não é.

— *Joanie*

27 DE AGOSTO

Um servo fiel

JOSUÉ 14:6-15

Você tem o dom de falar? Então faça-o de acordo com as palavras de Deus. Tem o dom de ajudar? Faça-o com a força que Deus lhe dá. Assim, tudo que você realizar trará glória a Deus por meio de Jesus Cristo. A ele sejam a glória e o poder para todo o sempre! Amém. —1 Pedro 4:11

Madaleno é pedreiro. De segunda a quinta, ele constrói paredes e repara telhados. Ele é quieto, confiável e trabalhador. De sexta a domingo, ele sobe as montanhas para ensinar a Palavra de Deus. Aos 70 anos, ainda trabalha com suas mãos construindo casas, mas ele também trabalha para edificar a família de Deus.

Sua vida foi ameaçada muitas vezes. Ele já dormiu sob as estrelas, foi expulso de cidades, mas ele crê que Deus o chamou para fazer o que ele faz e serve alegremente.

A fidelidade de Madaleno me lembra de Calebe e Josué, dois dos homens que Moisés enviou para explorar a Terra Prometida (Números 13; Josué 14:6-13). Seus companheiros ficaram com medo do povo que vivia ali, mas Calebe e Josué confiaram em Deus e creram que Ele os ajudaria a conquistar a terra.

O trabalho confiado a nós pode ser diferente do trabalho de Madaleno. Mas nossa confiança pode ser a mesma. Ao alcançarmos os outros, não nos fiamos em nós mesmas, mas na força do nosso Deus.   *Keila*

28 DE AGOSTO

Refletindo o amor de Deus

ÊXODO 34:29-35

Quando Moisés desceu do monte Sinai […] não percebeu que seu rosto brilhava, pois ele havia falado com o Senhor. —Êxodo 34:29

Quando servi como cuidadora de minha mãe durante seu tratamento contra o câncer em um local onde ela passou a morar, até mesmo em seus dias mais difíceis, minha mãe lia as Escrituras e orava por outros, antes ainda de sair da cama.

Ela investia tempo com Jesus diariamente, expressando sua fé por meio de sua dependência de Deus, seus atos amáveis e seu desejo de encorajar outros e orar por eles. Ainda que não percebesse, o seu rosto sorridente brilhava com a graça amorosa do Senhor à medida que ela compartilhava o Seu amor com todos ao redor.

Após Moisés passar 40 dias e noites em comunhão com Deus (Êxodo 34:28), ele desceu do monte Sinai. Ele não tinha ideia de que sua conexão íntima com o Senhor realmente transparecia em sua aparência (v.29). Mas os israelitas puderam perceber pelo brilho no rosto do profeta Moisés que ele havia falado com o Senhor (vv.30-32).

Mesmo que a nossa transformação não seja definitivamente tão aparente quanto o rosto radiante de Moisés, conforme passamos tempo com o Deus que nos ouve e nos entregamos a Ele todos os dias, refletimos o Seu amor. Deus pode atrair outros para mais perto dele conforme os indícios de Sua presença são demonstrados por meio de nós. *Xochitl*

29 DE AGOSTO

Limpando a casa
1 PEDRO 1:22-25

Portanto, livrem-se de toda maldade, todo engano, toda hipocrisia, toda inveja e todo tipo de difamação. —1 Pedro 2:1

Recentemente, eu remanejei os quartos na casa que alugo. Isso levou mais tempo do que eu esperava porque eu queria um espaço totalmente novo e desobstruído. Depois de investir horas e horas limpando e selecionando, eu tinha sacos de coisas na porta da frente esperando para serem descartados, doados ou reciclados. Mas, no fim do processo exaustivo, eu tinha um cômodo belo e renovado.

Meu projeto de limpeza da casa me deu uma nova perspectiva sobre 1 Pedro 2:1 como parafraseada na versão *A Mensagem* (Ed. Vida): "Por isso limpem a casa! Tratem de varrer tudo o que é malícia, fingimento, inveja e comentários maldosos". Curiosamente, somente após uma alegre confissão da nova vida em Cristo (1:1-12) é que Pedro os incita a lançar fora hábitos destrutivos (1:13–2:3). Nós não mudamos a nossa vida para sermos salvas, mas porque somos salvas (1:23).

Tão verdadeira quanto é a nossa nova vida em Cristo, os maus hábitos também não desaparecem da noite para o dia. Portanto, nós precisamos "limpar a casa", jogar fora tudo o que nos impede de crescer e de amar plenamente os outros (1:22; 2:2). Nesse espaço, novo e limpo, podemos vivenciar a maravilha de sermos reconstruídas pelo poder e vida de Cristo (v.5).

Monica

30 DE AGOSTO

Palavras dolorosas

MATEUS 5:1-16

Felizes os humildes,
pois herdarão a terra.
—Mateus 5:5

Enquanto íamos até nosso carro, minha filha e eu estávamos elogiando a apresentação do musical da escola que havíamos acabado de presenciar. Contudo, nossa entusiasmo foi interrompido quando presenciamos um homem se aproximar de um carro e depreciar o motorista por não ter parado longe o suficiente da área de recepção dos estudantes. O falatório foi particularmente decepcionante porque ocorreu no contexto de uma comunidade cristã.

Os direitos e liberdades individuais podem ser uma bênção, mas viver submisso a Jesus significa que nós servimos a outros humildemente e os amamos como Ele os amou. Jesus nos desafia com relação à importância da morte do eu ao nos lembrar que "os humildes herdarão a terra" (Mateus 5:5).

Nossa maior prova de força não é exigir os nossos direitos, mas demonstrar misericórdia (Mateus 5:7). A ira e a frustração podem ser reações legítimas em certas situações, mas são um problema quando as usamos como desculpa para nos comportarmos com outros de modo insatisfatório.

Ao servir o Salvador que "...assumiu a posição de escravo..." (Filipenses 2:7), lembremo-nos de que o poder não vem no que exigimos de outros, mas no que lhes oferecemos por causa de Jesus.
Regina

31 DE AGOSTO

Peso pesado
MATEUS 11:25-30

Venham a mim todos vocês que estão cansados e sobrecarregados, e eu lhes darei descanso.
—Mateus 11:28

Certo dia, encontrei meu filho se empenhando para erguer um par de barras de 2 quilos acima de sua cabeça — um feito ambicioso para uma criança com menos de três anos. Eu lhe ofereci ajuda e juntos nós dois erguemos o peso em direção ao teto. O peso que era tão difícil para ele levantar era fácil para mim.

Jesus tem essa perspectiva sobre as coisas que são difíceis para nós lidarmos. Quando a vida parece um carrossel de catástrofes, Jesus não fica intimidado com uma colisão no trânsito, nem incomodado por uma dor de dentes ou perturbado por uma discussão acalorada — mesmo que tudo aconteça em um único dia! Ele consegue lidar com qualquer coisa, e foi por isso que Ele disse: "Venham a mim todos vocês que estão cansados e sobrecarregados…" (Mateus 11:28).

Você está esgotada devidos aos constantes problemas? Jesus é a única solução verdadeira. Aproximar-se do Senhor em oração, permite que lancemos os nossos fardos sobre Ele para que Ele possa nos amparar (Salmo 55:22). Peça-lhe ainda hoje, que a auxilie em tudo. Ele pode suprir descanso para a sua alma, pois o Seu jugo é fácil e o Seu fardo é leve (Mateus 11:29,30).

Jennifer

1.º DE SETEMBRO

Um coração em júbilo

2 CRÔNICAS 7:1-10

*Aclamem ao Senhor
todos os habitantes da terra!*
—Salmo 100:1

A música favorita de minha neta é uma marcha de John Philip Sousa, um compositor americano do final do século 19. Maria ainda é apenas bebê, mas ela gosta do som e até mesmo cantarola algumas notas. Ela associa essa canção a momentos alegres. Quando nossa família se reúne, geralmente cantamos essa canção, e os netos dançam ou desfilam em círculos no ritmo da batida da música.

Nosso barulho alegre me lembra do salmo que nos convoca: "…apresentem-se diante dele com cânticos" (Salmo 100:2). Quando o rei Salomão dedicou o Templo, os israelitas celebraram com louvores (2 Crônicas 7:5,6). O salmo 100 pode ter sido um dos cânticos que eles entoaram: "Aclamem ao Senhor todos os habitantes da terra! Sirvam ao Senhor com alegria, apresentem-se diante dele com cânticos. […] Entrem por suas portas com ações de graças e, em seus pátios, com cânticos de louvor; deem-lhe graças e louvem o seu nome" (vv.1,2,4). Por quê? "Pois o Senhor é bom! Seu amor dura para sempre…" (v.5)!

Deus nos ama, vamos aclamá-lo com gratidão! *Alyson*

2 DE SETEMBRO

Removendo as barreiras

FILEMOM 1:8-16

...é um irmão amado, especialmente para mim.
Agora ele será muito mais importante para você,
como pessoa e como irmão no Senhor.
—Filemom 1:16

Eu via Maria todas as terças quando visitava "a Casa" — um abrigo que ajuda ex-prisioneiros a reintegrarem-se na sociedade. Tendo saído há pouco tempo da cadeia, lutando contra vícios, separada de seu filho, ela vivia à margem da sociedade.

Como Maria, Onésimo sabia o que significava viver à margem da sociedade. Sendo escravo, Onésimo aparentemente agira de modo inadequado com o seu senhor Filemom, e por isso estava na prisão. Enquanto estava preso, ele encontrou Paulo e conheceu a fé em Cristo (v.10). Paulo o enviou de volta a Filemom com uma carta exortando-o a receber Onésimo: "Ele já não é um escravo para você. É mais que um escravo: é um irmão amado..." (Filemom 1:16).

Como Filemom, eu tinha uma escolha a fazer. Considerar Maria como uma ex-condenada e viciada, em recuperação, ou como uma irmã no Senhor? Somos privilegiadas por caminharmos juntas em nossa jornada de fé, e sou grata por ter escolhido vê-la como minha irmã em Cristo.

É fácil permitir que os muros da sociedade separem os cristãos. Mas o evangelho de Cristo remove essas barreiras e transforma a nossa vida e os nossos relacionamentos para sempre.
Karen

3 DE SETEMBRO

Desafio intencional

JONAS 1:1–2:2

*...Em minha angústia, clamei ao S*ENHOR*,
e ele me respondeu. Gritei da terra dos mortos,
e tu me ouviste.* —Jonas 2:2

Certa mulher estava correndo uma meia maratona em sua cidade quando, de alguma forma, ela perdeu a virada para o trajeto desse percurso e acabou correndo 41 quilômetros — quase uma maratona completa! Ela não apenas completou o percurso como também atingiu o índice para se qualificar para a famosa Maratona de Boston.

Ainda que "a sua saída do trajeto" não tenha sido intencional, permita-me falar-lhe sobre Jonas, que fez uma "curva" errada *intencionalmente*. Depois que Deus disse a Jonas que fosse a Nínive para pregar, ele "...foi na direção contrária..." (Jonas 1:1-3).

Jonas esperava que pudesse "...fugir do SENHOR..." (Jonas 1:3). Ele estava tão calmo com relação à sua desobediência que dormiu pacificamente no porão do navio em que fugia — até que alguns marinheiros apavorados o acordaram por causa de uma tempestade violenta. Eles jogaram Jonas ao mar quando perceberam que a tempestade era fruto da ira divina contra a fuga do profeta. Ele acabou passando três dias e noites dentro de um enorme peixe. O profeta finalmente "...orou ao SENHOR" (Jonas 2:1), e Deus o resgatou.

Deus nos ouve quando voltamos a Ele abandonando o nosso caminhar errante. Se tivermos escolhido uma curva errada, vamos confessar e encontraremos perdão nele hoje (1 João 1:9)!

Ruth

4 DE SETEMBRO

Uma sentença perfeita

ÊXODO 3:13-18

*Quem entre os deuses é semelhante a ti,
ó Senhor, glorioso em santidade, temível em esplendor,
autor de grandes maravilhas?*
—Êxodo 15:11

Desde que era uma menina, eu procurava montar a frase perfeita.

Eu percebo agora que essa minha busca pela sentença perfeita nunca será satisfeita, mas eu encontrei a afirmação de perfeição. Quando Deus chamou Moisés, este disse ao Senhor que estava ansioso com a responsabilidade do chamado, então o profeta lhe perguntou o que diria se os israelitas duvidassem dele.

O Senhor respondeu: "...EU SOU O QUE SOU..." (Êxodo 3:14). Ao usar Seu nome peculiar, Ele ofereceu a Moisés um vislumbre da natureza de Sua existência eterna em uma única frase. Poderíamos até dizer que é a afirmação da perfeição!

O pastor e estudioso da Bíblia George Bush (1796–1859) escreveu o seguinte sobre a descrição que Deus faz de si mesmo: "Ele, diferentemente de todos os outros, é o único Deus verdadeiro, o Deus que realmente é [...]. O Ser eterno, autoexistente e imutável; o único ser que pode dizer que sempre será o que Ele sempre foi".

Deus diz: "...EU SOU O QUE SOU...". Ele e Seu nome são perfeitos. Diante dele nos curvamos em reverência.

Anne

5 DE SETEMBRO

Meu Pai está comigo

MARCOS 14:32-50

Mas se aproxima o tempo, e de fato já chegou, em que vocês serão espalhados; cada um seguirá seu caminho e me deixará sozinho. Mas não ficarei sozinho, porque o Pai está comigo.
—João 16:32

Uma amiga lutando com a solidão postou estas palavras em sua página do *Facebook*: "Não é que eu me sinta sozinha por não ter amigos. Eu tenho muitos amigos. Mas eles não podem estar comigo o tempo todo — em todos os momentos".

Jesus compreende esse tipo de solidão. Imagino que durante Seu ministério terreno Ele viu solidão nos olhos dos leprosos e a ouviu nas vozes dos cegos. Mas, acima de tudo, Ele deve tê-la experimentado quando os Seus amigos próximos o abandonaram (Marcos 14:50).

Jesus sabia que eles fariam isso, porém o Senhor tinha um plano B muito melhor ao dizer aos discípulos: "…cada um seguirá seu caminho e me deixará sozinho. Mas não ficarei sozinho, porque o Pai está comigo" (João 16:32). Pouco depois que Jesus disse tais palavras, Ele tomou a cruz por nós possibilitando que tenhamos um relacionamento íntimo com Deus.

Todas nós vivenciaremos a solidão. Mas Jesus nos ajuda a compreender que sempre temos a presença do Pai conosco. Deus é onipresente e eterno. Somente Ele pode estar conosco o tempo todo — em todos os momentos. *Poh Fang*

6 DE SETEMBRO

Primeira resposta

TIAGO 5:13-16

Não vivam preocupados com coisa alguma; em vez disso, orem a Deus pedindo aquilo de que precisam e agradecendo-lhe por tudo que ele já fez. Então vocês experimentarão a paz de Deus, que excede todo entendimento e que guardará seu coração e sua mente em Cristo Jesus. —Filipenses 4:6,7

Quando meu marido Tom foi levado às pressas para o hospital para uma cirurgia de emergência, eu comecei a ligar para os membros da família. Minha irmã e seu marido vieram imediatamente para ficar comigo, e nós oramos enquanto esperávamos. A irmã de Tom ouviu minha voz ansiosa no telefone e disse imediatamente: "Cindy, posso orar com você?". Quando meu pastor e sua esposa chegaram, ele também orou por nós (Tiago 5:13-16).

A oração deveria ser nossa primeira reação às situações da vida. Em sua raiz, a oração é simplesmente uma conversa com Deus, feita na expectativa de que Deus ouve e responde. Em Sua Palavra, Deus nos encoraja a buscá-lo em oração (Filipenses 4:6). Nós também temos Sua promessa de que, quando "...dois ou três se reúnem..." em Seu nome, Ele estará "...no meio deles" (Mateus 18:20).

Para aqueles que experimentaram a majestade do Todo-Poderoso, nossa primeira inclinação frequentemente será clamar a Ele. Andrew Murray, um pastor do século 19, disse: "A oração abre o caminho para o próprio Deus fazer a Sua obra em nós e por meio de nós".

Cindy

7 DE SETEMBRO

O mundo de Deus

SALMO 24

*A terra e tudo que nela há são do Senhor;
o mundo e todos os seus habitantes lhe pertencem.*
—Salmo 24:1

Eu sabia que meu filho gostaria de ganhar um mapa do mundo como presente de aniversário. Após procurar um pouco, encontrei um mapa colorido dos continentes que incluía ilustrações em cada uma das regiões. Eu amei o mapa, mas fiquei me questionando sobre a etiqueta na parte de baixo: "Nosso Mundo".

De certa forma, a Terra é nosso mundo porque vivemos nela. Podemos beber da sua água, minerar o seu ouro e pescar em seus mares — mas apenas porque Deus nos deu permissão para fazê-lo (Gênesis 1:28-30). Na verdade, o mundo é de Deus. "A terra e tudo que nela há são do Senhor…" (Salmo 24:1). Eu fico maravilhada ao constatar que Deus confiou a Sua incrível criação a meros humanos. Ele sabia que alguns de nós abusaríamos dela, negaríamos que o Senhor a criou e a reivindicaríamos como nossa. Contudo, Ele permite que a chamemos de lar e a mantém por meio de Seu Filho (Colossenses 1:16,17).

Hoje, separe um momento para desfrutar a vida no mundo de Deus. Deixe que o mundo em que você habita a inspire a adorar o Criador, pois Ele é o verdadeiro proprietário.

Jennifer

8 DE SETEMBRO

Famosa aos olhos de Deus

MARCOS 10:42-45

*...Quem quiser ser o líder entre vocês,
que seja servo.*
—Marcos 10:43

No livro de C. S. Lewis, *O Grande Divórcio* (inédito), ele fala de um cenário imaginário no Céu em que ocorre um desfile em honra a uma pessoa. Enquanto todos aguardam para descobrir quem é, um guia declara: "É alguém sobre quem vocês nunca ouviram falar. Seu nome na Terra era Sarah Smith [...]. Ela é uma das grandiosas. Vocês ouviram dizer que a fama neste país e a fama na Terra são duas coisas muito diferentes". No fim das contas ela era simplesmente uma mulher comum que servia aos outros na Terra.

Jesus disse que o maior no reino dos Céus são os que são servos de todos (Marcos 10:43,44). Jesus nos chama para amar e servir a todas as pessoas.

Servir aos outros não nos torna famosas neste mundo. Contudo, nossa obediência a Deus revelada por meio de nosso serviço fiel a Ele e aos outros — até mesmo nas pequenas coisas — é o que Deus percebe e celebra (Lucas 16:10).

Nós podemos não ser famosas aos olhos do mundo, mas uma postura de amor e serviço nos torna "famosas" aos olhos de Deus e reflete o exemplo de Jesus (Marcos 10:45).

Marlena

Danificado, mas belo

JEREMIAS 18:1-6

Mas o vaso de barro que ele estava fazendo não saiu como desejava, por isso ele amassou o barro e começou novamente. —Jeremias 18:4

Recentemente minha filha me mostrou sua coleção de vidros do mar. Também conhecido como vidros de praia, os variados pedaços de vidro colorido são geralmente resquícios de garrafas de vidro despedaçadas e descartadas.

Se o vidro descartado chega até o mar, ele é sacudido continuamente pelas correntes e marés. Suas bordas afiadas são eliminadas pela areia e pelas ondas e, eventualmente, ficam lisas e arredondadas. O resultado é algo belo. O vidro do mar que ganha aparência semelhante a uma joia encontra nova vida e é valorizado por colecionadores e artistas.

De maneira semelhante, uma vida despedaçada pode ser renovada, quando tocada pelo amor e pela graça de Deus. No Antigo Testamento, lemos que, quando o profeta Jeremias observou um oleiro trabalhar, ele percebeu que, se uma de suas peças estivesse danificada, o oleiro simplesmente a remodelava (Jeremias 18:1-6). Deus explicou que em Suas mãos o povo de Israel era como barro, que Ele poderia modelar como considerasse melhor.

Nunca estamos tão profundamente danificadas a ponto de não podermos ser remodeladas por Deus. Ele nos ama apesar de nossas imperfeições e erros passados e o Senhor deseja nos transformar em algo belo.

Cindy

10 DE SETEMBRO

Destemido

JOSUÉ 2:1-24

*"Sei que o Senhor lhes deu esta terra", disse ela.
"Estamos todos apavorados por sua causa.
Todos os habitantes desta terra estão
desesperados".* —Josué 2:9

Certa noite, Raabe encontrou os dois espias israelitas em Jericó, 40 anos depois da miraculosa libertação realizada por Deus para tirar o Seu povo do Egito. Os inimigos de Israel em Jericó já sabiam sobre a libertação operada por Deus (Josué 2:9,10). Ainda que a incredulidade dos próprios filhos de Deus tenha exigido Sua paciência enquanto o Senhor aguardava pela disposição da próxima geração (Salmo 78:11,12), o povo de Jericó não precisava ser convencido da grandiosidade de Deus (Josué 2:10,11).

Assim como o povo de Deus nos dias de Josué foi escolhido para ser conquistador por meio do poder de Deus, nós fomos criadas para sermos vitoriosas por intermédio da salvação que Jesus proveu.

Por meio dele, somos filhas do Deus todo-poderoso (Romanos 8:14-16; 33-39). Somos chamadas para declarar esta verdade de Deus: "Meu Espírito habita em seu meio, como prometi quando vocês saíram do Egito. Portanto, não tenham medo" (Ageu 2:5). Por causa de Jesus, não precisamos viver amedrontadas.

O medo se dissolve diante do amor e do poder de Deus!

Regina

O que lhe importa?

JOÃO 21:15-22

*"Se eu quiser que ele permaneça vivo até eu voltar,
o que lhe importa? Quanto a você, siga-me".*
—João 21:22

Quando você vai a uma apresentação de um coral infantil, não se surpreende quando as crianças olham para todos os lados exceto para o diretor. Elas se sacolejam, contorcem e cutucam umas às outras. Ah, sim! E elas ocasionalmente cantam. Esse comportamento é bonitinho em crianças. Já em um coral de adultos não é tão bonito quando os componentes não observam o regente. Uma boa música depende dos cantores que prestam atenção naquele que os rege de modo a executarem o canto no tempo correto.

Algumas vezes, os cristãos são como cantores em um coral infantil. Em lugar de olharmos para Jesus, o grande Orientador, contorcemo-nos, olhamos uns para os outros ou observamos a plateia.

Jesus admoestou Pedro sobre tal comportamento. Após o Salvador dizer a Pedro o que seria exigido dele, esse apóstolo apontou para João e perguntou: "...e quanto a ele?". Jesus lhe respondeu com a pergunta: "...o que lhe importa? Quanto a você, siga-me" (João 21:22).

O plano de Deus para cada uma de nós é o mesmo: Seguir a Jesus. Se o observamos intencionalmente, não ficaremos distraídas com o plano de Deus para os outros. — *Julie*

12 DE SETEMBRO

Alívio do sol escaldante

SALMO 121

*O S*enhor *é seu protetor!*
*O S*enhor *está ao seu lado, como sombra*
que o abriga. —Salmo 121:5

Por morar na Inglaterra, eu geralmente não me preocupo com queimaduras de sol. Afinal de contas, o Sol frequentemente é bloqueado por uma densa cobertura de nuvens. Mas recentemente eu passei um tempo na Espanha e rapidamente percebi que, com minha pele pálida, eu poderia ficar apenas dez minutos exposta à luz do sol e logo teria que me refugiar embaixo de um guarda-sol.

Ao considerar a natureza escaldante do sol mediterrâneo, comecei a compreender mais profundamente o significado da imagem do Senhor Deus como a sombra do Seu povo ao seu lado direito (Salmo 121:5). Residentes do Oriente Médio conheciam o calor implacável e precisavam encontrar abrigo para se proteger dos raios quentes do sol.

Quando usamos o Salmo 121 em oração, nós enfatizamos que o Senhor forma uma cobertura protetora sobre nós. Encontramos um lugar seguro no Senhor.

Erguemos os nossos olhos para o "...Senhor, que fez os céus e a terra" (vv.1,2), porque, estando em tempos ensolarados ou chuvosos, recebemos os Seus dons de proteção, alívio e renovo.

Amy

De qualquer forma uma vitória

FILIPENSES 1:15-26

*Pois, para mim, o viver é Cristo,
e o morrer é lucro.*
—Filipenses 1:21

Luísa havia acabado de passar por uma cirurgia devido a um câncer e estava sozinha com seus pensamentos. Ela se lembrou de que havia se perguntado antes da sua cirurgia: "Estou pronta para morrer?". Sua resposta imediata fora, e ainda era: "Sim, estou. Cristo é meu Senhor e Salvador".

Com a certeza de que estava pronta para encontrar o Senhor nos Céus, naquele momento ela precisava se concentrar em viver. E ela o faria com medo ou com fé? Deus parecia dizer: "Eu a salvei da morte eterna e quero salvá-la de viver com medo". A passagem bíblica de Isaías 43:1 veio à sua mente: "Não tema, pois eu o resgatei; eu o chamei pelo nome, você é meu".

Agora Luísa testemunha: "Sim, eu pertenço a Ele! Essa realidade é mais importante do que os médicos me dizendo que eu tenho câncer". E, em seguida, ela acrescenta: "De qualquer forma eu vou vencer!".

A percepção de Luísa é um claro testemunho das palavras de Paulo no texto de hoje: "Pois, para mim, o viver é Cristo, e o morrer é lucro" (Filipenses 1:21). Oremos para que essas palavras ressoem em nosso coração. Essa convicção nos torna confiantes de que, de qualquer forma, somos vencedoras.

Joanie

14 DE SETEMBRO

Há vida no sangue

HEBREUS 9:19-28

De fato, segundo a lei, quase tudo era purificado com sangue, pois sem derramamento de sangue não há perdão. —Hebreus 9:22

Mariana cria em Deus e em Seu Filho Jesus, mas lutava com o fato de Jesus ter precisado derramar o Seu sangue para trazer salvação. Quem pensaria em limpar algo com sangue? Contudo a Bíblia diz: "De fato, segundo a lei, quase tudo era purificado com sangue…" (Hebreus 9:22). Isso, na opinião de Mariane, era nojento!

Então, certo dia ela precisou ir a um hospital. Uma condição genética havia alterado o seu sistema imunológico, e os médicos ficaram preocupados quando o distúrbio começou a atacar o sangue de Mariane. Quando estava no pronto-socorro ela pensou: *Se eu perder o meu sangue, vou morrer. Mas Jesus derramou o Seu sangue para que eu possa viver!*

Repentinamente tudo fez sentido. Em meio à sua dor, Mariane sentiu alegria e paz. Ela compreendeu que sangue é vida e era necessário que uma vida santa trouxesse para nós a paz com Deus. Hoje ela está viva e bem, agradecendo a Deus por sua saúde e pelo sacrifício de Jesus em seu favor.

Como poderíamos agradecer a Jesus o suficiente por tomar para si o nosso sacrifício, fazer de Sua vida a nossa e de Seu Pai o nosso Pai?

Keila

15 DE SETEMBRO

Uma troca justa

SALMO 119:161-168

Alegro-me em tua palavra,
como quem descobre um grande tesouro.
—Salmo 119:162

Scott e Mary Crickmore dedicaram 15 anos de suas vidas ajudando a traduzir o Novo Testamento para o dialeto massai — *Maasina Fulfulde*. Essa tradução foi feita para uso da tribo Fulani da nação Mali da África Ocidental.

Algumas pessoas poderiam pensar que o sacrifício dos Crickmore foi grande demais — abrir mão de seu estilo de vida confortável, mudar sua dieta alimentando-se de mingau e arroz e vivendo em circunstâncias menos que ideais durante esses 15 anos. Mas os Crickmore dizem que foi "uma troca justa", porque agora o povo Fulani tem a Palavra de Deus em um idioma que compreendem.

O salmista se deleitava na Palavra de Deus. Ele ficava maravilhado com ela, alegrava-se com ela, a amava e a obedecia (Salmo 119:161-168). Ele encontrava grande paz e esperança na Palavra.

O povo Fulani agora pode descobrir o "grande tesouro" (v.162) da Palavra de Deus. Você concordaria com os Crickmore que qualquer esforço e sacrifício para levar a Bíblia a outros é "uma troca justa"? *Anne*

16 DE SETEMBRO

Reconfiguração máxima
ISAÍAS 43:14-28

Pois estou prestes a realizar algo novo [...].
Abrirei um caminho no meio do deserto,
farei rios na terra seca.
—Isaías 43:19

Quando Deus disse a Abraão, pela primeira vez, que todas as nações do mundo seriam abençoadas por meio dele, pode ter parecido algo impossível (Gênesis 12:1-3), afinal de contas, o homem não tinha um filho sequer; e nem ele nem sua esposa estavam ficando mais jovens. No entanto, Isaque nasceu — e assim surgiu a nação de Israel.

Mesmo assim, a promessa parecia inconsistente. Os israelitas acabaram espalhados ou no cativeiro (Isaías 5:13). Quando saiu da escravidão na Babilônia, o povo tinha um zelo reavivado pela Palavra de Deus que rapidamente se transformou em fé vazia. O espírito da Lei de Deus fora "substituído por sua própria tradição" e as aparências dominavam (Marcos 7:4-9).

Deus então enviou Seu Filho para habitar entre os homens. Jesus, completamente Deus e completamente homem, demonstrou o que é uma vida sem pecado. Ele se ofereceu em nosso lugar como o sacrifício perfeito para nos livrar do pecado. Graças a Deus que fez algo novo (Isaías 43:19,20) e que nos dá a vitória por meio de nosso Senhor Jesus Cristo! *Remi*

Sustentada por Deus

SALMO 30:1-12

...O choro pode durar toda a noite,
mas a alegria vem com o amanhecer.
—Salmo 30:5

Recentemente eu reli alguns de meus diários da época da universidade. Percebi que naquela época eu não me sentia como me sinto agora. Minhas lutas com a solidão e as dúvidas sobre minha fé pareciam esmagadoras, mas agora eu vejo como Deus me sustentou e trouxe-me para um lugar melhor. Isso me lembrou de que o que parece esmagador hoje, um dia será parte de uma história maior sobre o Seu amor restaurador.

O Salmo 30 é um salmo de celebração que, semelhantemente, volta o seu olhar para o passado com admiração e gratidão pela poderosa restauração de Deus: da doença para a cura, do sentir o julgamento de Deus para o desfrutar de Seu favor, da tristeza à alegria (vv.2,3,11).

O salmo é atribuído a Davi, que vivenciou uma restauração tão incrível que chegou a confessar: "...O choro pode durar toda a noite, mas a alegria vem com o amanhecer" (v.5). Apesar da dor que havia suportado, Davi descobriu algo ainda maior: a poderosa e restauradora mão de Deus.

Se você está sofrendo hoje e precisa de encorajamento, lembre-se desses momentos em seu passado quando Deus a sustentou e a restaurou. Ore pedindo a confiança de que Ele fará o mesmo novamente.
Monica

18 DE SETEMBRO

Pessoas comuns

JUÍZES 6:11-16

Agora nós mesmos somos como vasos frágeis de barro que contêm esse grande tesouro. Assim, fica evidente que esse grande poder vem de Deus, e não de nós. —2 Coríntios 4:7

Gideão era uma pessoa comum, fazendeiro e modesto no que fazia. Quando Deus o chamou para libertar Israel dos midianitas, a resposta inicial de Gideão foi: "Mas, Senhor, como posso libertar Israel? [...] Meu clã é o mais fraco de toda a tribo de Manassés, e eu sou o menos importante de minha família!" (Juízes 6:15). Deus prometeu que Ele estaria com Gideão e que este fazendeiro seria capaz de cumprir o que lhe fora pedido (v.16). A obediência de Gideão trouxe vitória para Israel.

Muitos outros contribuíram com este plano para salvar os israelitas de uma força inimiga bastante forte. Deus proveu para Gideão 300 homens; todos eles heróis valentes, para vencer a batalha. Não conhecemos os seus nomes, mas sua bravura e obediência são registradas nas Escrituras (Juízes 7:5-23).

Hoje, Deus ainda chama pessoas comuns para executar Sua obra e nos garante que estará conosco conforme a realizamos. Por sermos pessoas comuns que estão sendo usadas por Deus, é óbvio que o poder vem de Deus e não de nós.

— Poh Fang

Meça-me

EFÉSIOS 4:11-16

*Jesus crescia em sabedoria, em estatura
e no favor de Deus e das pessoas.*
—Lucas 2:52

"Você pode verificar a minha altura hoje?", Calebe, o menino que entrega nosso jornal, pediu.

Essa não era a primeira vez que ele fazia o esmo pedido. Alguns anos antes, eu tinha lhe dito que percebera como ele estava ficando alto, e, desde então, nós frequentemente medíamos sua altura e a marcávamos na lateral de nossa casa. Ele adorava fazer isso.

É uma boa ideia medir o nosso crescimento espiritual também. Por exemplo: Quanto tempo invisto lendo a Palavra de Deus e conversando com Ele todos os dias? Anseio por meu tempo de comunhão com o Senhor? Qual "fruto do Espírito" é visível em minha vida? Tenho um espírito generoso e doador? Conheço mais a Deus hoje se comparado a quanto o conhecia há um ano? Essas perguntas são boas indicadoras de crescimento espiritual.

Uma criança parece crescer repentinamente, mas, na verdade, isso é um processo contínuo. Assim como Jesus crescia tanto em estatura quanto em sabedoria, nós como cristãs devemos continuar a crescer "…na graça e no conhecimento de nosso Senhor e Salvador Jesus Cristo" (2 Pedro 3:18). Você tem avaliado o seu crescimento ultimamente? *Cindy*

20 DE SETEMBRO

Massa na tigela

RUTE 2:1-12

Hoje de manhã ela me pediu permissão para colher espigas após os ceifeiros. Desde que chegou, não parou de trabalhar um instante sequer, a não ser por alguns minutos de descanso no abrigo. —Rute 2:7

Certo dia, enquanto minha filha e eu estávamos misturando os ingredientes de nosso bolo de chocolate predileto, ela perguntou se eu podia deixar um pouco da massa para ela. Ela queria aproveitar o que sobrasse. Eu concordei e disse a ela: "Você sabia que isso se chama coletar? E não começou com a massa de *brownie*."

Ao aproveitarmos os resquícios de nosso projeto na cozinha, eu expliquei que Rute havia colhido restos de grãos para que ela e sua sogra Noemi pudessem se alimentar (Rute 2:2,3). Por seus maridos terem morrido, elas retornaram à terra natal de Noemi. Ali Rute conheceu um rico dono de terras chamado Boaz. Ela pediu-lhe "permissão para colher espigas após os ceifeiros" (v.7). Boaz deliberadamente consentiu e instruiu seus trabalhadores que deixassem, propositadamente, os grãos caírem para ela (v.16).

Como Boaz, que proveu para Rute, Deus provê de Sua abundância para nós. Seus recursos são infinitos, e o Senhor permite que as bênçãos caiam para nosso benefício. Ele deliberadamente provê para nós a nutrição física e espiritual.

Toda boa dádiva que recebemos vem dele. — *Jennifer*

21 DE SETEMBRO

Segura

EFÉSIOS 3:12-21

*...Suas raízes se aprofundarão em amor
e os manterão fortes. Também peço que, como convém
a todo o povo santo, vocês possam compreender a largura,
o comprimento, a altura e a profundidade
do amor de Cristo.* —Efésios 3:17,18

Seu cabelinho fofo tocando meu queixo, aquele pequeno pacotinho aconchegado em meu ombro. Apesar de eu já ter passado do estágio dos bebês com meus filhos, eu aproveito muito estes momentos ternos com os bebês de minhas amigas. Mesmo quando eles estão irritados, eu aproveito a oportunidade para o aconchego.

Essa imagem é um reflexo do cuidado acolhedor de Deus por nós. O salmista afirma: "Louvado seja o SENHOR [...]. A cada dia ele nos carrega em seus braços" (Salmo 68:19). Davi, um rei guerreiro, captou essa mesma ideia quando comparou sua submissão ao Senhor como sendo a de uma pequena criança inclinando-se sobre sua mãe (Salmo 131:2). *Entrega perfeita e pacífica.* Esse é o tipo de lugar de descanso que todas desejamos, especialmente quando as tempestades da vida parecem fortes (Salmo 4:8).

Quanto mais conhecemos o Seu amor, mais confiamos nele (1 João 4:16). Quando compreendemos que estamos seguras, nós "...com ousadia e confiança, temos acesso à presença de Deus" e vivemos com a expectativa de que o Senhor "...é capaz de realizar infinitamente mais do que poderíamos pedir ou imaginar" (Efésios 3:12, 20). *Regina*

22 DE SETEMBRO

Você está com dificuldades?

HEBREUS 12:1-7

Pensem em toda a hostilidade que ele suportou dos pecadores; desse modo, vocês não ficarão cansados nem desanimados. —Hebreus 12:3

Eu estava em meu segundo ano de viuvez e enfrentava dificuldades. Manhã após manhã, minha vida de oração se constituía de um anseio diário: "Senhor, eu não deveria estar tendo estas dificuldades!". E Sua voz calma e baixa parecia me perguntar: "E por que não?".

Em seguida, recebi a resposta: orgulho não reconhecido! De alguma forma, eu havia pensado que uma pessoa com a minha maturidade espiritual deveria estar além de uma luta como essa. Que pensamento ridículo! Eu nunca fora viúva antes e precisava de liberdade para ser uma verdadeira aprendiz — uma aprendiz com dificuldades.

Ao mesmo tempo, lembrei-me da história de um homem que abriu uma fenda em um casulo para ajudar uma mariposa imperatriz a sair mais facilmente. Contudo, as asas da mariposa ficaram murchas. A abertura estreita é o modo de Deus forçar a saída do fluido no corpo para as suas asas, portanto, a fenda "misericordiosa", na verdade, era uma crueldade.

Hebreus 12 descreve a vida cristã como uma corrida que exige persistência, disciplina e correção. Nunca estamos isentas da necessidade da busca por santidade e da luta contra o eu e o pecado. Algumas vezes a dificuldade é exatamente o que precisamos para nos tornarmos o que Deus planeja que sejamos.

Joanie

23 DE SETEMBRO

Ignorância e inocência
ROMANOS 5:12-21

Portanto, assim como o pecado reinou sobre todos e os levou à morte, agora reina a graça, que nos declara justos diante de Deus e resulta na vida eterna por meio de Jesus Cristo, nosso Senhor. —Romanos 5:21

Algumas pessoas evitam a igreja pelo mesmo motivo que outras evitam ir ao médico: elas não querem descobrir que há algo errado. Contudo, o fato de sermos ignorantes com relação a nosso pecado não nos torna inocentes.

A lei romana é algumas vezes considerada a raiz da ideia de que a ignorância com relação à lei não justifica ninguém. Mas o conceito originou-se muito antes. Quando Deus deu a Sua Lei a Israel, Ele estabeleceu que mesmo o pecado involuntário exigiria um sacrifício para o perdão (Levítico 4; Ezequiel 45:18-20).

O apóstolo Paulo abordou a questão da ignorância. Quando as pessoas são ignorantes com relação à justiça de Deus, elas criam a sua própria (Romanos 10:3). Quando vivemos segundo os nossos próprios padrões, podemos até nos sentir bem com relação a nós mesmos, mas isso não nos faz pessoas saudáveis espiritualmente. Conhecemos a condição de nossa saúde espiritual somente quando somos avaliadas pelo padrão de justiça de Deus (Jesus).

Nenhuma de nós pode alcançar a justiça de Cristo, mas felizmente não precisamos. Ele compartilha a Sua justiça conosco (5:21). As boas-novas são de que o Grande Médico pode nos curar.

Julie

24 DE SETEMBRO

Pronta para o casamento

MATEUS 25:1-13

*Portanto, vigiem, pois não sabem
o dia nem a hora da volta.*
—Mateus 25:13

—Estou com fome, disse minha filha de 8 anos.

—Eu sinto muito, não tenho nada para você comer, respondi. Nós estávamos esperando há mais de uma hora a chegada da noiva na igreja. Enquanto eu considerava quanto tempo mais esperaríamos, tinha esperança de poder ocupar minha filha até que o casamento começasse.

Durante a espera, senti como se estivéssemos encenando uma parábola. Ainda que nossa casa fosse próxima à igreja, eu sabia que, se fosse buscar petiscos, a noiva poderia chegar, e eu perderia sua entrada. Pensei na parábola de Jesus sobre as dez virgens (Mateus 25:1-13). Cinco foram preparadas com óleo suficiente para suas lâmpadas permanecerem acesas enquanto esperavam o noivo, mas cinco estavam despreparadas. Assim como era tarde demais para que eu corresse a fim de procurar comida, também era tarde demais para as jovens comprarem mais óleo para suas lâmpadas.

Jesus contou esta parábola para enfatizar que precisamos estar preparadas, pois, quando Ele vier novamente, nós prestaremos conta do estado de nosso coração. Estamos prontas aguardando a Sua volta e preparadas para ela? *Amy*

25 DE SETEMBRO

Uma canção mais eficaz

GÁLATAS 5:16-25

Uma vez que vivemos pelo Espírito, sigamos a direção do Espírito em todas as áreas de nossa vida. —Gálatas 5:25

Na mitologia grega, a ilha de Sirenas era onde as belas e tentadoras sereias encantavam os marinheiros viajantes com suas doces canções. A música levava os homens à costa onde eles sofriam naufrágio e eram destruídos. Jasão, líder dos argonautas, bolou um plano para arruinar o chamado das Sirenas. Ele contratou um músico habilidoso para tocar uma canção enquanto seu navio velejava onde os ouvidos podiam detectar as sereias. Seu barco flutuou sem que a tripulação fosse afetada pelas canções sedutoras.

Eles desfrutaram de uma canção *mais eficaz*.

Ainda que muitas de nós decidam "mudar nosso ritmo", não é necessário muito tempo para que velhos hábitos retornem. Paulo nos lembra de que a libertação de um prazer vem apenas quando buscamos prazeres mais elevados: "…justiça, fidelidade, amor e paz…" (2 Timóteo 2:22).

Paulo também nos lembra: "…deixem que o Espírito guie sua vida. Assim, não satisfarão os anseios de sua natureza humana" (Gálatas 5:16). Os maus hábitos que nos restringiram no ano passado continuarão a nos retardar neste ano a menos que sigamos a "canção mais eficaz" do Espírito Santo (Gálatas 5:22,23). Pelo poder do Espírito, podemos criar uma bela música para Cristo!

Ruth

26 DE SETEMBRO

Nossa culpa se foi

SALMO 32:1-11

*...Disse comigo: "Confessarei ao Senhor
a minha rebeldia", e tu perdoaste
toda a minha culpa.* —Salmo 32:5

Quando novas, eu e minha amiga fomos a uma loja de presentes, e, nessa ocasião, ela enfiou um monte de presilhas coloridas em meu bolso e me puxou para fora da loja sem pagar por elas. A culpa me corroeu por uma semana antes que eu falasse com minha mãe. Minha confissão se derramou na velocidade das minhas lágrimas.

Entristecida por minha má escolha, eu devolvi os itens roubados, desculpei-me e jurei nunca mais roubar. O dono da loja me disse para nunca mais voltar. Mas minha mãe me perdoou, e naquela noite eu dormi em paz.

O rei Davi também descansou no perdão depois de uma confissão (Salmo 32:1,2). Ele havia ocultado seus pecados contra Bate-Seba e Urias (2 Samuel 11,12) até que sua "...força evaporou..." (Salmo 32:3,4). Mas assim que Davi se recusou a "esconder" seus erros, o Senhor apagou sua culpa (v.5).

Não podemos escolher as consequências de nossos pecados ou controlar a reação das pessoas quando confessamos e buscamos o perdão. Mas o Senhor pode nos capacitar a desfrutar da libertação da escravidão do pecado e a apreciar a paz por meio da confissão ao confirmar que a nossa culpa se foi — para sempre. *Xochitl*

27 DE SETEMBRO

Visita de gratidão

ROMANOS 16:1-16

Recomendo-lhes nossa irmã Febe, que serve à igreja em Cencreia. Recebam-na no Senhor, como uma pessoa digna de honra no meio do povo santo. Ajudem-na no que ela precisar, pois tem sido de grande ajuda para muitos, especialmente para mim. —Romanos 16:1,2

Segundo pesquisas de alguns médicos norte-americanos, enumerar as suas bênçãos promove boa saúde física. Voluntários que mantinham anotações semanais de gratidão relataram menos desconforto e dores do que aqueles que registravam os aborrecimentos ou eventos neutros diariamente.

A "visita de gratidão" foi desenvolvida pelo Dr. Martin E. P. Seligman para promover o fortalecimento da saúde emocional. Ele pede às pessoas para que pensem em alguém que fez diferença importante em sua vida, escrevam a história de como essa pessoa lhes ajudou e então a visitem e leiam a história em voz alta. Os testes demonstraram que as pessoas que fizeram isso eram mais felizes e apresentavam menos episódios de depressão.

Paulo tinha uma longa lista de pessoas que o haviam ajudado e a quem ele era grato (Romanos 16:1-16). Ele escreveu que Febe havia sido uma ajudadora e que Priscila e Áquila tinham arriscado a vida por ele. Escreveu seu agradecimento em uma carta à igreja em Roma.

Quem a ajudou a moldar sua vida? Você poderia fazer uma "visita de gratidão" para o bem dessa pessoa e também o seu?

Anne

28 DE SETEMBRO

Graça em nosso coração

EFÉSIOS 2:4-10

*Que suas conversas sejam amistosas
e agradáveis, a fim de que tenham a resposta certa
para cada pessoa.* —Colossenses 4:6

Há alguns anos, Peter Chiarelli, general de 4 estrelas (na época, a segunda mais alta graduação de general no exército dos Estados Unidos), foi confundido com um garçom por uma assessora presidencial sênior em um jantar formal em Washington. Como o general estava parado atrás dela vestindo seu uniforme, a assessora pediu-lhe que lhe trouxesse uma bebida. Ela então percebeu seu erro, e o general graciosamente mitigou seu constrangimento enchendo seu copo enquanto ambos gargalhavam da gafe.

A palavra *gracioso* vem da palavra *graça* e pode significar um ato de bondade ou cortesia como o ato desse general. Mas tem um significado ainda mais profundo para os seguidores de Cristo. Nós somos receptores do incrível favor gratuito e imerecido — graça — que Deus proveu por meio de Seu Filho, Jesus (Efésios 2:8).

Por termos recebido graça, devemos demonstrá-la no modo como tratamos os outros. A graça em nosso coração transborda em nossas palavras e atos (Colossenses 3:16,17).

Aprender a estender para outros a graça em nosso coração é um subproduto da vida de um seguidor de Cristo Jesus cheio do Espírito, pois Ele é o maior doador de graça.

— Cindy

Regras do desapego

GÊNESIS 50:15-21;
JOÃO 8:31-36

*Portanto, se o Filho os libertar,
vocês serão livres de fato.*
—João 8:36

Gail Blanke em seu livro *Jogue fora 50 coisas* (Ediouro, 2010) faz um panorama de quatro "Regras do Desapego" para ajudar as pessoas a acabarem com a desordem em sua vida. A primeira regra afirma: "Se o sobrecarrega ou limita ou simplesmente faz você se sentir mal consigo mesmo [...], abra mão e siga em frente".

Para mim essa regra do desapego tem também uma aplicação espiritual: não devemos permanecer ligadas ao pecado passado. Os irmãos de José lutaram com isso. Anos depois de terem vendido José como escravo, eles lembravam-se de sua própria crueldade e temiam uma vingança (Gênesis 50:15). Por esse motivo, enviaram uma mensagem a José implorando perdão (vv.16,17). Eles fizeram isso apesar das prévias ações misericordiosas e reconfortantes de seu irmão José (45:4-15).

Muitas de nós permanecem conectadas às ofensas antigas apesar da misericórdia e do perdão daqueles a quem podemos ter ofendido. No entanto, a verdadeira liberdade vem quando confessamos nossa transgressão a Deus. Ele nos perdoa pela transgressão (1 João 1:9) e nos separa dela (Salmo 103:12). Por causa disso, podemos nos lembrar de que o Senhor nos libertou e que de fato somos livres (João 8:36). *Jennifer*

30 DE SETEMBRO

Amor sacrificial

LUCAS 9:21-27

...Se alguém quer ser meu seguidor, negue a si mesmo,
tome diariamente sua cruz e siga-me.
Se tentar se apegar à sua vida, a perderá.
Mas, se abrir mão de sua vida por minha causa,
a salvará. —Lucas 9:23,24

Carlos abriu mão de tudo para cuidar de sua esposa, Sara, que teve um início precoce de Alzheimer. Ele reestruturou sua agenda para cuidar dela mais eficazmente e a acalentava na doença, na saúde, na decepção e na fragilidade. O seu grande amor, de modo altruísta, o levou a abrir mão de sua vida em prol da esposa independentemente do reconhecimento por parte dela.

A decisão sacrificial de Charlie me lembra do que significa "tomar diariamente [nossa] cruz" (Lucas 9:23,24). Quando estamos verdadeiramente apaixonadas por Jesus, dedicamos a Ele a nossa essência e o nosso coração. Queremos passar todos os minutos em Sua presença para nos tornarmos mais semelhantes a Ele. Queremos fazer o que for necessário para viver como Jesus.

Temos que nos voltar contra nossas tendências egoístas — nossos planos e desejos — para seguir o exemplo de nosso Salvador. Em Romanos 8:12,13, Paulo escreveu: "...vocês não têm de fazer o que sua natureza humana lhes pede [...] Se, contudo, pelo poder do Espírito, fizerem morrer as obras do corpo, viverão".

Como Jesus, carreguemos a nossa cruz hoje e sacrifiquemos a nossa vida por amor. — *Marlena*

1.º DE OUTUBRO

Boa aparência

MATEUS 23:23-31

Fariseus cegos! Lavem primeiro o interior do copo e do prato, e o exterior também ficará limpo. —Mateus 23:26

"O seu cabelo é muito saudável", disse a minha cabeleireira depois de fazer meu corte de cabelo. "Espero que seja porque você usa os nossos produtos". Então, respondi: "Não, sinto muito, simplesmente uso qualquer produto que seja mais barato e tenha um cheiro bom". Mas, em seguida, acrescentei: "Também tento comer bem. Acho que isso faz grande diferença".

Nós nos esforçamos bastante para termos boa aparência. Será que fazemos o mesmo com as questões espirituais? Jesus abordou esse assunto com os líderes religiosos em Jerusalém (Mateus 23). Eles seguiam uma série de regras religiosas que ia muito além daquelas que Deus lhes havia dado. Eles se esforçavam muito para ter uma boa aparência diante de seus pares— para provar que eram melhores do que os outros. Mas o esforço deles não impressionava a Deus. Jesus lhes disse: "…Têm o cuidado de limpar a parte exterior do copo e do prato, enquanto o interior está imundo, cheio de ganância e falta de domínio próprio" (v.25).

Toda cultura valoriza vários comportamentos religiosos e tradições, mas os valores de Deus transcendem culturas. E o que Ele valoriza não é mensurado pelo que os outros veem. Deus valoriza um coração limpo e intenções puras. O nosso interior revela a nossa saúde espiritual.

Julie

2 DE OUTUBRO

Acreditar no que Deus diz

1 JOÃO 5:1-13

Escrevi estas coisas a vocês que creem no nome do Filho de Deus para que saibam que têm a vida eterna. —1 João 5:13

Muitos que creem verdadeiramente em Cristo são atormentados com a dúvida sobre sua salvação. Ainda que tenham se arrependido e crido em Jesus como seu Salvador, mesmo assim se questionam: *Será que realmente vou para o Céu?*

Meu falecido marido Bill sempre contava sobre algo que lhe acontecera quando tinha 2 anos. Certo dia, ele saiu vagueando para fora de casa e se perdeu. Quando seus pais perceberam que ele havia sumido, foram procurá-lo. Finalmente, para o imenso alívio de todos, eles encontraram seu menininho choroso e o levaram em segurança para casa.

Mais tarde, ele ouviu sua mãe recontar o incidente. Quando ela chegou à parte em que foram procurá-lo, Billy começou a reviver a história. "Mamãe!", ele disse soluçando: "Vocês conseguiram me encontrar?" Surpresa e emocionada por sua dúvida, ela o abraçou e disse: "É claro, meu filho! Veja, você está aqui conosco agora, e nós vamos garantir que você sempre esteja". Isso o consolou porque ele confiou no que ela disse.

A carta de 1 João no Novo Testamento foi escrita para dar aos cristãos a garantia da salvação. Tal garantia pode ser sua à medida que você crer no que Deus diz em Sua Palavra.

Joanie

O mito da grama mais verde

EFÉSIOS 5:22,23

*Portanto, volto a dizer: cada homem deve amar
a esposa como ama a si mesmo,
e a esposa deve respeitar o marido.* —Efésios 5:33

Nancy Anderson diz que enfraqueceu na sua fé, já morna, e por isso acreditou na seguinte mentira do mundo: "Eu mereço ser feliz". Isso a levou a um caso extraconjugal que quase acabou com seu casamento. Ela escreveu o livro chamado *Avoiding the Greener Grass Syndrome* (Evitando a síndrome da grama mais verde, inédito) para ajudar a impedir que sua dolorosa história de infidelidade "se tornasse a história de outra pessoa".

Nancy faz seis sugestões sobre como construir "salvaguardas" para proteger o seu casamento:

Ouça o seu cônjuge com atenção.

- Encoraje e edifique seu cônjuge concentrando-se nas qualidades positivas.
- Namore e celebre seu casamento divertindo-se e rindo juntos.
- Estabeleça e mantenha os limites claros e bem definidos.
- Instrua-se e estude seu cônjuge para compreendê-lo melhor.
- Corresponda em atender às necessidades um do outro.

A grama do outro lado da cerca pode parecer mais verde, mas somente a fidelidade a Deus e o comprometimento com seu cônjuge trazem a paz de espírito e o contentamento.

Quando você se dedicar a amar e respeitar o seu cônjuge, o seu casamento será uma imagem de Cristo e de Sua igreja àqueles a seu redor.

Anne

4 DE OUTUBRO

O abraço de Deus
ROMANOS 12:3-11

*Amem-se com amor fraternal e tenham prazer
em honrar uns aos outros.*
—Romanos 12:10

Naquela noite, depois que sua família encerrou a visita e foi embora, Carol começou a pensar que o seu quarto de hospital era o lugar mais solitário do mundo. A noite havia caído, os medos sobre sua doença tinham voltado e ela sentiu um desespero esmagador.

Fechando os olhos, ela disse a Deus: "Ó Senhor, sei que não estou realmente sozinha. Senhor, tu estás aqui comigo. Por favor, acalma meu coração e me dá paz. Faze-me sentir os Teus braços ao meu redor envolvendo-me".

Enquanto orava, Carol sentiu os seus medos começarem a diminuir. E quando abriu os olhos, viu os olhos calorosos e brilhantes de sua amiga Margie que fora até lá para envolvê-la em um grande abraço. Carol sentiu como se o próprio Deus estivesse segurando-a firmemente.

Deus frequentemente usa os companheiros de fé para nos demonstrar o Seu amor. "assim é também com o corpo de Cristo. Somos membros diferentes do mesmo Corpo…" (Romanos 12:5). Nós servimos aos outros "…com a força que Deus lhe dá. Assim, tudo que você realizar trará glória a Deus por meio de Jesus Cristo…" (1 Pedro 4:11).

Quando demonstramos amor e compaixão de maneiras simples e práticas, fazemos parte do ministério de Deus a Seu povo.

Cindy

5 DE OUTUBRO

Gratas em tudo

1 TESSALONICENSES 5:12-22

*Sejam gratos em todas as circunstâncias,
pois essa é a vontade de Deus
para vocês em Cristo Jesus.*
—1 Tessalonicenses 5:18

Minha filha é alérgica a amendoim. Sua sensibilidade é tão aguda que ingerir um minúsculo fragmento de amendoim põe a sua vida em risco. Como resultado, nós examinamos os rótulos nas embalagens dos alimentos; carregamos uma seringa com medicamento (para tratar reações alérgicas) aonde quer que formos. E antes de sairmos para comer, ligamos e interrogamos os funcionários sobre os itens no menu do restaurante.

Apesar dessas precauções, ainda fico preocupada com sua segurança tanto atual quanto com sua segurança futura. Essa situação não é algo pelo que eu naturalmente seria grata. Contudo a Palavra de Deus nos desafia: "Sejam gratos em todas as circunstâncias, pois essa é a vontade de Deus para vocês em Cristo Jesus" (1 Tessalonicenses 5:18). Não há como contornar isso. Deus quer que oremos com gratidão quando o futuro é incerto, quando a mágoa nos assola e quando a escassez surge.

A promessa de Deus de que Ele faz todas as coisas cooperarem para o nosso bem e Sua glória (Romanos 8:28) pode nos inspirar a sermos gratas em todas as situações. *Jennifer*

6 DE OUTUBRO

Amor em ação

1 JOÃO 4:7-21

Não sejam egoístas, nem tentem impressionar ninguém.
Sejam humildes e considerem os outros
mais importantes que vocês.
—Filipenses 2:3

"Você tem algumas roupas as quais gostaria que eu lavasse?", perguntei a um visitante em nossa casa em Londres. Seu rosto iluminou-se e, quando sua filha passou, ele disse: "Pegue suas roupas sujas. Amy vai lavá-las!". Eu sorri ao perceber que minha oferta para algumas peças havia se tornado várias lavagens.

Mais tarde enquanto eu pendurava as roupas no varal, uma frase de minha leitura bíblica matinal pairava em minha mente: "...Sejam humildes e considerem os outros mais importantes que vocês" (Filipenses 2:3). Paulo nos exorta a viver de modo digno do chamado de Cristo por meio do serviço e da união com outros. Ele sabe que a união nos capacita a permanecermos fortes na fé.

Podemos afirmar que amamos os outros sem ambições egoístas ou orgulho vão, mas o verdadeiro estado de nosso coração não é revelado até que coloquemos nosso amor em ação. Ainda que eu me sentisse tentada a resmungar, eu sabia que, como seguidora de Cristo, meu chamado era para colocar o meu amor pelos amigos em prática — com um coração limpo.

Que encontremos maneiras de servir nossa família, nossos amigos e vizinhos para a glória de Deus. *Amy*

7 DE OUTUBRO

Retribuindo

FILEMOM 1:1-20

*...ponha em prática a comunhão
que vem da fé...*
—Filemom 1:6

Há pouco tempo, dois recém-casados deram adeus à sua lua de mel. Eles também, propositadamente, não planejaram uma recepção para celebrar sua união. Em lugar disso, usaram o dinheiro que gastariam consigo mesmos para ajudar pessoas em cada um dos 50 estados americanos. Num deles, deram presentes às crianças enfermas. Noutro, auxiliaram vítimas de abuso doméstico. E noutro ainda, doaram roupas a um abrigo para pessoas sem-teto — e assim por diante.

O altruísmo frequentemente significa abrir mão do conforto para que possamos melhorar a vida de outra pessoa. Enquanto era prisioneiro, Paulo decidiu que seria melhor libertar seu companheiro de cela, Onésimo, do que desfrutar da comunhão cristã que tinham (Filemom 1:13). Paulo negou seus próprios desejos e fez o que era melhor para seu amigo escravo e para o seu senhor, Filemom.

Paulo levou Onésimo a Jesus e o chamou de seu filho na fé (Filemom 1:10). Suas palavras nos encorajam a abrir mão de pessoas e de posses que estimamos, quando for necessário. Nossa habilidade de "retribuir" surge pelo reconhecimento de tudo o que recebemos em Jesus e por meio dele.

Jennifer

8 DE OUTUBRO

De mal a pior

ÊXODO 5:1-14, 22,23

Portanto, diga ao povo de Israel: 'Eu sou o SENHOR. Eu os libertarei da opressão e os livrarei da escravidão no Egito. Eu os resgatarei com meu braço poderoso e com grandes atos de julgamento. —Êxodo 6:6

Aconteceu novamente. Eu tive o ímpeto de limpar meu escritório. Antes que pudesse resistir, eu criara uma bagunça ainda maior do que a que havia no começo. Uma pilha se transformara em muitas enquanto eu selecionava livros, papéis e revistas. Enquanto a bagunça crescia rapidamente, eu lamentava ter começado. Mas era um caminho sem volta.

Quando Deus recrutou Moisés para resgatar os hebreus da escravidão, a situação deles também foi de mal a pior. Era evidente que o trabalho precisava ser feito. O povo vinha suplicando o socorro de Deus (Êxodo 2:23). Com relutância, Moisés concordou em apelar ao Faraó em favor dos hebreus. O encontro não foi bom. Em lugar de libertar o povo, Faraó aumentou as suas exigências. Moisés questionou-se por ter começado tal tarefa (5:22,23). Somente após muitas outras aflições para muitas pessoas, Faraó permitiu que o povo de Israel deixasse o Egito.

Sempre que nos dispomos a fazer algo bom, a situação pode piorar antes de melhorar. Isso não necessariamente significa que estamos fazendo algo errado; apenas nos lembra de que precisamos de Deus para realizar tudo que devemos.

Julie

9 DE OUTUBRO

Persevere na oração

1 SAMUEL 12:16-25

Quanto a mim, certamente não pecarei contra o Senhor, deixando de orar por vocês. Continuarei a lhes ensinar o que é bom e correto. —1 Samuel 12:23

O casamento de minha amiga está desmoronando. Por meses, enquanto eles se submetiam a aconselhamento, eu pensei que conseguiriam. Mas, agora, estou cheia de dúvidas.

Recentemente, as coisas azedaram tanto no relacionamento que, enquanto eu orava, minhas esperanças eram poucas. Eu me perguntava: *Por que orar se não há chances (ou assim parece) de reconciliação entre eles?*

Quando admiti a Deus que estava exausta de falar com Ele sobre esse casal, o Espírito Santo me impulsionou a buscar a Sua Palavra, e ao fazê-lo, senti-me encorajada a…

- *Continuar a colocá-los em oração pedindo a Deus que os ajude* "…que sejam feitas petições, orações, intercessões e ações de graça em favor de todos" (1 Timóteo 2:1;1 Samuel 12:23).
- *Lembrar que Jesus* "…é capaz de salvar de uma vez por todas aqueles que se aproximam de Deus por meio dele. Ele vive sempre para interceder em favor deles" (Hebreus 7:25).

Temos um Deus que compreende que nos fatigamos, e nos convida a lançar os nossos fardos sobre Ele. Somente o Senhor pode nos dar o descanso e a força para continuarmos em oração e praticando as boas obras (Mateus 11:28). *Roxanne*

10 DE OUTUBRO

Tesouro no túmulo 7

SALMO 119:161-168

*Alegro-me em tua palavra,
como quem descobre um grande tesouro.*
—Salmo 119:162

Em 1932, o arqueólogo mexicano Antonio Caso descobriu o Túmulo 7 no monte Alban, Oaxaca. Ele encontrou um enorme esconderijo de artefatos e joias pré-hispânicas que ele chamou de "O Tesouro do monte Alban". Pode-se apenas imaginar a empolgação de Caso ao segurar uma taça de jade em sua forma mais pura.

Séculos antes, o salmista escreveu sobre um tesouro ainda mais valioso. Ele disse: "Alegro-me em tua palavra, como quem descobre um grande tesouro" (Salmo 119:162). No Salmo 119, o escritor reconhecia como são valiosas as instruções e as promessas de Deus para nossa vida, e as comparou ao tesouro obtido por um conquistador.

A descoberta de Caso no Túmulo 7 pode ser apreciada hoje se visitarmos o museu em Oaxaca, México. O tesouro do salmista, por outro lado, está sempre na ponta de nossos dedos. Podemos cavar as Escrituras e encontrar diamantes de promessas, rubis de esperança e esmeraldas de sabedoria. E, ainda melhor, podemos encontrar o Filho de Deus — a quem o Livro destaca: o próprio Jesus.

Busquemos diligentemente esse tesouro que nos enriquecerá. Como disse o salmista: "Teus preceitos são meu tesouro permanente; são o prazer do meu coração" (v.111). *Keila*

11 DE OUTUBRO

Grandes felinos e confiança

DANIEL 6:1-28

*Quando Daniel soube que a lei tinha sido assinada,
foi para casa e, como de costume, [...] Orava três vezes
por dia e dava graças a seu Deus.*
—Daniel 6:10

Eu tinha 8 anos quando nossa família visitou o Parque Nacional Kruger, na África do Sul. Vimos muitos animais incríveis, mas nenhum leão. Ao concluirmos o nosso safari de carro, fiquei decepcionada. Quando paramos no portão de saída, olhei uma última vez para a estrada atrás de nós e lá estava ela! Sem pensar, eu pulei para fora do carro e comecei a correr em direção a ela gritando: "Leoa, é uma leoa!".

Essa história me veio à mente ao pensar em Daniel na cova dos leões. O rei Dario havia nomeado Daniel como administrador do reino. Os outros líderes sentiram inveja e tramaram para derrubá-lo. Eles propuseram uma lei, assinada por Dario, que proibia a oração a qualquer outro rei que não fosse Dario. A punição? Uma excursão à cova dos leões. Daniel reagiu indo para casa e ajoelhando-se como de costume em seu quarto no andar de cima — em frente à janela. Ali ele "...Orava três vezes por dia e dava graças a seu Deus" (Daniel 6:10).

Daniel foi sábio em confiar em Deus. Nós também podemos descansar confiantes nele hoje, sabendo que Ele intervém ativamente em nossa vida. — *Ruth*

12 DE OUTUBRO

Palavras descuidadas

1 PEDRO 2:13-15

Não revidou quando foi insultado, nem ameaçou se vingar quando sofreu, mas deixou seu caso nas mãos de Deus, que sempre julga com justiça.
—1 Pedro 2:23

Eu estava dirigindo quando minha filha repentinamente gemeu no banco traseiro. "O que aconteceu?", perguntei-lhe. Ela disse que seu irmão havia agarrado seu braço. Ele afirmou que ela o havia beliscado primeiro. Ela afirmou que o beliscou porque ele dissera algo maldoso.

Infelizmente, esse padrão, que é comum entre crianças, pode surgir em relacionamentos adultos também. Uma pessoa ofende a outra e a pessoa ferida devolve com um golpe verbal. O ofensor que iniciou retalia com outro insulto. Em pouco tempo, palavras cruéis e de ira prejudicam o relacionamento.

A Bíblia diz que "…a palavra ríspida desperta a ira", mas "A resposta gentil desvia o furor…" (Provérbios 15:1). Algumas vezes, ignorar é a melhor forma de lidar com comentários maldosos ou cruéis.

Antes da crucificação de Jesus, as autoridades religiosas tentaram provocá-lo com suas palavras (Mateus 27:41-43). No entanto, Ele "não revidou quando foi insultado…" (1 Pedro 2:23).

O exemplo de Jesus e o auxílio do Espírito nos oferecem um modo de reagir às pessoas que nos ofendem. Não precisamos usar palavras como armas. *Jennifer*

13 DE OUTUBRO

O futuro encoberto

MATEUS 6:25-34

Porque vivemos por fé, e não pelo que vemos. —2 Coríntios 5:7

Certo dia, minha neta Emília de 10 anos e eu estávamos cozinhando ovos para o café da manhã. Ao olharmos para a água fervendo e pensarmos em quanto tempo seria necessário para que os ovos ficassem bons, ela disse: "Que pena não podermos abrir os ovos para ver como estão". Eu concordei. Isso os estragariam, portanto tínhamos que confiar no nosso palpite, sem garantia de resultados.

Começamos a falar sobre outras coisas que gostaríamos de ver, mas não podíamos — como o amanhã. É uma pena não podermos espiar e ver o amanhã para confirmar se será como gostaríamos. Mas interferir no amanhã antes da hora, como abrir um ovo parcialmente cozido, estragaria tanto o momento atual quanto o futuro.

Porque Jesus prometeu cuidar de nós todos os dias — e isso inclui o amanhã — podemos viver pela fé um dia de cada vez (Mateus 6:33,34). Um sábio disse: "Ainda que não possamos ver o que há nas esquinas, Deus pode".

Emília e eu decidimos deixar o amanhã seguro nas mãos de Deus. E você? — *Joanie*

14 DE OUTUBRO

Lições da minha mãe

ROMANOS 1:8-16

Por isso, aguardo com expectativa para visitá-los, a fim de anunciar as boas-novas também a vocês, em Roma. —Romanos 1:15

A demência estava lentamente tirando a minha mamãe de nós. Não havia nada que meu marido ou eu pudéssemos fazer para impedir que a perda de suas memórias progredisse.

Nesses dias difíceis, mamãe nos ensinou muitas lições. Ela se esqueceu de como fazer a maioria das coisas, mas uma das que não esqueceu foi como orar. Ocasionalmente, alguém mencionava um problema que estivesse enfrentando, e, no mesmo instante, ela parava para orar.

Ela também continuou a falar a outros sobre Jesus. Aqueles que cuidavam dela no lar para idosos relatavam que ela frequentemente perguntava aos outros moradores ou funcionários se eles conheciam Jesus como seu Salvador.

Quando penso nessas qualidades dela, recordo-me de Romanos 1. O apóstolo Paulo se lembrava do povo da igreja em Roma em suas orações (v.9,10). E ele estava sempre aguardando "com expectativa [...] a fim de anunciar as boas-novas..." (v.15). Ele não se envergonhava "...das boas-novas a respeito de Cristo..." (v.16).

Enquanto minha mamãe tinha condições, ela continuava orando e falando a outros sobre Jesus. Podemos aprender com esse seu exemplo de ousadia e confiança no Senhor.

Anne

Qualidades e defeitos

GÁLATAS 5:16-24

*A natureza humana deseja fazer exatamente
o oposto do que o Espírito quer, e o Espírito nos impele
na direção contrária àquela desejada
pela natureza humana...* —Gálatas 5:17

Meu pastor me falou sobre uma paroquiana que ele encontrara anos antes em outra igreja. A mulher lhe disse que nada do que ele fazia era certo e que ela não gostava de seu tipo de pregação. Mas, mesmo com todo o veneno que recebera dela, meu pastor pôde me dizer: "Ela fez muitas coisas maravilhosas pela igreja. Nós todos somos uma mistura de qualidades e defeitos".

Guardei suas palavras em meu coração porque ele está certo. Eu posso não lutar tão frequentemente com a crítica constante e pública a outros, mas, com certeza, resmungo em meu coração contra as pessoas. Lemos que: "...o Espírito nos impele na direção contrária àquela desejada pela natureza humana. Essas duas forças se confrontam o tempo todo..." (Gálatas 5:17).

Quando sou tentada a chamar atenção para os pecados de outros, a tirar o cisco de seus olhos (Mateus 7:3-5), preciso me lembrar que também sou uma pessoa com qualidades e defeitos. Na verdade, algumas vezes somos muito mais pecadoras do que santas.

Louvado seja Deus porque Ele me ajuda a lidar com meus modos falhos e humanos produzindo um mix de "fruto" que pode honrá-lo (Gálatas 5:22)! *Marlena*

16 DE OUTUBRO

Medite

SALMO 119:89-105

Meditarei em teu majestoso e glorioso esplendor e em tuas maravilhas.
—Salmo 145:5

Alguns cristãos ficam um pouco céticos quando começamos a falar sobre meditação, sem reconhecer a distinção entre meditação bíblica e alguns tipos de meditação mística. Nesta última, segundo uma explicação: "a mente racional se altera para neutra […] de modo que a psique possa assumir o comando". O foco é interior, e o objetivo é "se tornar um com Deus".

Em contrapartida, a meditação bíblica coloca em evidência as coisas do Senhor, e seu propósito é renovar a nossa mente (Romanos 12:2) para que pensemos e ajamos mais como Cristo. Seu objetivo é refletir no que Deus disse e tem feito (Salmo 77:12; 119:15,16,97) e em como Ele é (48:9-14).

No Salmo 19:14, Davi escreveu: "Que as palavras da minha boca e a meditação do meu coração sejam agradáveis a ti, Senhor…".

Preencha a sua mente com as Escrituras e concentre-se nos mandamentos, promessas e na bondade do Senhor. E lembre-se: "tudo que é verdadeiro, tudo que é nobre, tudo que é correto, tudo que é puro, tudo que é amável e tudo que é admirável. Pensem no que é excelente e digno de louvor" (Filipenses 4:8).

Cindy

17 DE OUTUBRO

A redenção de Corá

NÚMEROS 16:1-35

*A descendência de Corá, porém,
não desapareceu por completo.*
—Números 26:11

Embora Deus tivesse dado aos levitas acesso especial para executar vários papéis no santuário, Corá não estava satisfeito. Ele invejava a posição de liderança de Moisés e Arão. Com o tempo, ele conseguiu incitar muitos outros anciãos das tribos a rebelarem-se contra eles (Números 16:2).

Deus julgou essa rebelião com uma espetacular demonstração de força exterminando líderes decaídos e seguidores da mesma forma. "A descendência de Corá, porém, não desapareceu por completo" (Números 26:11). Ainda que Corá tenha instigado o levante, sua família não foi destruída.

Avance um pouco, e o nome de Corá aparece novamente. Seus descendentes ainda estavam instigando o povo. Mas, desta vez, eles estavam fazendo algo bom, buscavam a glória de Deus. A humildade e o contentamento substituíram a arrogância e a inveja. E numa canção, eles declararam: "…Prefiro ser porteiro da casa de meu Deus a viver na morada dos perversos" (Salmo 84:10).

Deus viu além do orgulho de um ancestral e preservou gerações de adoradores. Não importa qual é o seu passado ou o dos parentes que a precederam. O Senhor pode redimir e restaurar aqueles que caíram. — *Remi*

18 DE OUTUBRO

Escolha a vida

DEUTERONÔMIO 30:11-20

Hoje lhes dei a escolha entre a vida e a morte, entre bênçãos e maldições. Agora, chamo os céus e a terra como testemunhas da escolha que fizerem. Escolham a vida, para que vocês e seus filhos vivam! Façam isso amando, obedecendo e apegando-se fielmente ao SENHOR... —Deuteronômio 30:19,20

Qual é a vontade de Deus para minha vida? Essa dúvida me assombrava quando eu era criança. E se eu não conseguisse descobrir? E se não conseguisse reconhecer?

Minha visão da vontade de Deus estava errada porque minha visão de Deus era incorreta. Deus quer que conheçamos a Sua vontade. Ele a torna clara e simples; nem mesmo dá a opção de múltipla escolha. Ele concede apenas duas alternativas: "a vida e a morte" ou "a prosperidade e a calamidade" (Deuteronômio 30:15). Caso a melhor escolha não seja óbvia, Ele diz inclusive qual deve ser escolhida: "Escolham a vida" (v.19). Escolher a vida é escolher o próprio Deus e obedecer à Sua Palavra.

Quando Moisés se dirigiu aos israelitas pela última vez antes de morrer, suplicou-lhes que fizessem a escolha certa ao observarem que "...todos os termos desta lei [...] são a vida de vocês..." (Deuteronômio 32:46,47). A vontade de Deus para nós é vida. Sua Palavra é vida. A escolha certa pode não ser fácil, mas quando a Palavra é nosso guia e a adoração é nosso objetivo, Deus nos concederá sabedoria para fazermos escolhas que declaram vida.

Julie

Um lugar seguro

1 CORÍNTIOS 6:9-11; 13:4-7

Alguns de vocês eram assim, mas foram purificados e santificados, declarados justos diante de Deus no nome do Senhor Jesus Cristo e pelo Espírito de nosso Deus. —1 Coríntios 6:11

Um jovem japonês tinha um problema: ele tinha medo de sair de casa. Ele era um *hikikomori*, um ermitão dos dias modernos. O problema começou quando ele deixou de ir à escola devido às notas baixas. Quanto mais tempo ele ficava em casa, mais se sentia desajustado socialmente e, em pouco tempo, já não via mais ninguém. Eventualmente ele conseguiu ajuda para se recuperar visitando um clube chamado de *ibasho* — um local seguro onde as pessoas debilitadas começam a reintroduzir-se na sociedade.

E se pensássemos na igreja como um *ibasho*? Sem dúvida, somos uma comunidade de pessoas debilitadas. Quando Paulo escreveu à igreja em Corinto, ele descreveu seu antigo modo de vida como antissocial, nocivo e perigoso para si mesmo e para outros (1 Coríntios 6:9,10). Mas em Jesus essa igreja estava sendo transformada. E Paulo encorajou essas pessoas resgatadas a se amarem mutuamente, a serem pacientes e amáveis, a não serem invejosas, nem orgulhosas ou rudes (13:4-7).

A igreja precisa ser um *ibasho* onde podemos encontrar o amor de Deus. Que o mundo ferido possa vivenciar a compaixão de Cristo vinda de todos aqueles que o seguem.

Poh Fang

20 DE OUTUBRO

Louvor de corações puros

SALMO 51:7-17

O sacrifício que desejas é um espírito quebrantado; não rejeitarás um coração humilde e arrependido. —Salmo 51:17

Durante as viagens de minha amiga Myrna a outro país, ela visitou uma igreja para adorar a Deus. Ela percebeu que, conforme as pessoas entravam no santuário, imediatamente se ajoelhavam e oravam com suas costas viradas para a frente da igreja. Eles estavam confessando seu pecado a Deus antes que começassem o culto de adoração.

Esse ato de humildade é para mim uma imagem do que Davi disse no Salmo 51: "O sacrifício que desejas é um espírito quebrantado; não rejeitarás um coração humilde e arrependido" (v.17). Davi estava descrevendo seu remorso e seu arrependimento por seu pecado de adultério com Bate-Seba. A verdadeira tristeza pelo pecado envolve adotar a visão de Deus com relação ao que fizemos — enxergando isso como algo claramente errado, odiando tal ato e não desejando que se perpetue.

Quando estamos verdadeiramente quebrantadas por causa de nosso pecado, Deus amavelmente nos reconstrói (1 João 1:9). Tal perdão renova a intimidade com Ele e é o ponto de partida ideal para o louvor. Depois que Davi se arrependeu e foi perdoado, disse: "Abre meus lábios, Senhor, para que minha boca te louve" (Salmo 51:15).

O louvor é a resposta do nosso coração ao perdão de Deus.

Jennifer

21 DE OUTUBRO

Religião ou Cristo?

EFÉSIOS 2:1-10

Vocês são salvos pela graça, por meio da fé.
Isso não vem de vocês; é uma dádiva de Deus.
Não é uma recompensa pela prática de boas obras,
para que ninguém venha a se orgulhar.
—Efésios 2:8,9

Maria trabalha arduamente porque deseja que seu chefe reconheça suas conquistas e a recompense com um posição melhor remunerada. Nancy ama seu trabalho e o produto que sua empresa vende, e por lealdade trabalha duro para melhorar ainda mais a qualidade do produto.

A Maria é como alguém que espera que as boas obras ou a religião sejam, certo dia, recompensadas por Deus. Tais pessoas contam com suas boas obras para alcançarem o Céu.

Nancy é a imagem daqueles que têm fé que Deus os levará para o Céu. Tais pessoas exercem as boas obras por gratidão e amor ao Senhor.

Alguém que tenha uma religião pode crer em Deus, ir à igreja, orar, demonstrar bondade e ser visto como uma boa pessoa. As pessoas religiosas têm qualidades muito boas, mas a religião não é um substituto para a fé em Jesus Cristo.

O apóstolo Paulo disse que o caminho para a salvação é pela graça por meio da fé. Não é pela prática de boas obras, mas é uma dádiva de Deus (Efésios 2:8,9).

Ter fé em Jesus é o único caminho ao Pai no Céu (João 14:6). Você escolhe a religião ou Cristo? — *Anne*

22 DE OUTUBRO

Vida, amor e chocolate
1 JOÃO 3:16-23

Portanto, como filhos amados de Deus, imitem-no em tudo que fizerem. Vivam em amor, seguindo o exemplo de Cristo, que nos amou e se entregou por nós como oferta e sacrifício de aroma agradável a Deus. —Efésios 5:1,2

Uma postagem em um dos meus blogs favoritos me chamou atenção. Era a manhã do nono aniversário de casamento do autor. Por não ter muito dinheiro, ele correu (literalmente; sem carro) para comprar para sua esposa o doce francês favorito do casal: *pain au chocolat*. Ele chegou em casa exausto e a encontrou na cozinha tirando do forno um croissant recheado com chocolate. Era *pain au chocolat*.

Esse marido comparou essa experiência com a sua esposa à das pessoas no conto de O. Henry chamado "O presente dos reis magos". O autor narra sobre um homem que vendeu seu único bem valioso – um relógio de bolso – para comprar pentes para sua esposa que havia vendido seu longo e belo cabelo para comprar uma corrente de ouro para o relógio de bolso do marido.

Algumas vezes precisamos de um lembrete de que adquirir "coisas" não é tão importante quanto valorizar as pessoas que Deus colocou em nossa vida. Quando colocamos os interesses de outros à frente dos nossos (Filipenses 2:3), aprendemos o que significa amar, servir e sacrificar e como imitar Cristo em nossos relacionamentos (Efésios 5:1,2).

A vida, o amor e o chocolate são melhores quando os compartilhamos.

Cindy

23 DE OUTUBRO

Um pastor para toda a vida

GÊNESIS 48:8-16

*...o Deus que tem sido meu pastor
toda a minha vida, até o dia de hoje.*
—Gênesis 48:15

Quando meu filho mudou de série na escola, ele chorou dizendo: "Eu quero minha professora por toda a minha vida!". Tivemos que ajudá-lo a perceber que mudar de professora é apenas uma experiência da vida. Podemos nos perguntar: *Há algum relacionamento que possa durar uma vida inteira?*

Jacó, o patriarca, encontrou um. Após viver muitas mudanças dramáticas e perder pessoas queridas no caminho, ele reconheceu uma presença constante em sua vida. Ele orou: "...o Deus que tem sido meu pastor toda a minha vida, até o dia de hoje [...] abençoe estes rapazes" (Gênesis 48:15,16).

Jacó comparou seu relacionamento com Deus ao de um pastor e suas ovelhas. A partir do momento em que nasce uma ovelha, o pastor cuida dela guiando-a durante o dia e protegendo-a durante a noite. Mais tarde Davi destacou a dimensão eterna na conexão divina e humana quando disse: "...viverei na casa do SENHOR para sempre" (Salmo 23:6).

O Pastor prometeu estar conosco todos os dias de nossa existência terrena (Mateus 28:20). E ao findar esta vida, estaremos mais próximas dele do que jamais estivemos. *Keila*

24 DE OUTUBRO

Sustentada por Deus

SALMO 131

...acalmei e aquietei a alma, como criança desmamada que não chora mais pelo leite da mãe. Sim, minha alma dentro de mim é como uma criança desmamada. —Salmo 131:2

Uma tarde, ao me aproximar do fim do almoço com minha irmã e seus filhos, minha irmã disse à minha sobrinha de 3 anos, Aninha, que era hora de sua soneca. O rosto da menina se encheu de inquietação. "Mas a tia Monica ainda não me pegou no colo hoje!", ela se opôs com lágrimas enchendo seus olhos. Minha irmã sorriu. "Tudo bem, ela pode pegar você no colo antes. Por quanto tempo?" "Cinco minutos", ela respondeu.

Enquanto segurava minha sobrinha, fiquei grata por ela constantemente, sem nem mesmo tentar, lembrar-me de como é amar e ser amada. Talvez nos esqueçamos de que a nossa jornada de fé é de aprendizado para a vivência do amor — o amor de Deus — mais plenamente do que imaginamos (Efésios 3:18).

O Salmo 131 pode nos ajudar a nos tornarmos "...como crianças..." (Mateus 18:3) e abrirmos mão da batalha em nossa mente por aquilo que não compreendemos (Salmo 131:1). Ao investirmos o nosso tempo na presença de Deus podemos retornar a um lugar de paz (v.2), e encontrar a esperança que precisamos (v.3) em Seu amor — tão calmo e silencioso como se fôssemos novamente crianças nos braços de nossa mãe (v.2).

Monica

Nenhuma necessidade é fútil

ISAÍAS 49:13-18

O Senhor é como um pai para seus filhos,
bondoso e compassivo para
os que o temem. —Salmo 103:13

Muitas mães de crianças pequenas estavam compartilhando respostas encorajadoras de oração. Contudo uma mulher disse que se sentia egoísta por incomodar Deus com suas necessidades pessoais. "Comparadas às enormes necessidades globais que Deus enfrenta", ela explicou, "minhas circunstâncias parecem fúteis demais para Ele".

Momentos depois, seu filhinho esmagou os dedos em uma porta e correu gritando por sua mãe. Ela não disse: "Como você está sendo egoísta ao me incomodar com os seus dedos latejantes quando eu estou tão ocupada!". Antes, demonstrou-lhe grande compaixão e ternura.

Em Isaías 49, Deus disse que ainda que uma mãe possa esquecer de se compadecer de seu filho, o Senhor nunca esquece os Seus filhos (v.15). Deus garantiu a Seu povo: "Vejam, escrevi seu nome na palma de minhas mãos…" (v.16).

Tal intimidade com Deus pertence aos que o temem e confiam nele e não em si mesmos. Como aquela criança com os dedos latejantes correu livremente para sua mãe, também podemos correr para Deus com nossos problemas diários.

Nosso Deus compassivo tem tempo e amor ilimitados por cada um de Seus filhos. Nenhuma necessidade é fútil demais para Ele. — *Joanie*

26 DE OUTUBRO

O caminho para uma vida "fácil"

1 TESSALONICENSES 3

...e enviamos Timóteo para visitá-los. [...] para que as dificuldades não os abalem. Mas vocês sabem que estamos destinados a passar por elas. —1 Tessalonicenses 3:2,3

Os pais se esforçam demais para que seus filhos sejam felizes? E isso produz o efeito oposto? Essas perguntas iniciam uma entrevista com Lori Gottlieb, autora de um artigo sobre jovens adultos infelizes. Sua conclusão: Sim. Pais que se recusam a deixar seus filhos vivenciarem o fracasso ou a tristeza lhes dão uma falsa visão do mundo e não os preparam para as duras realidades da vida adulta. Eles acabam se sentindo vazios e ansiosos.

Alguns cristãos esperam que Deus os proteja de toda tristeza e decepção. Mas Ele não é esse tipo de Pai. Ele, amavelmente, permite que os Seus filhos passem por sofrimento (Isaías 43:2; 1 Tessalonicenses 3:3).

Quando partimos da crença incorreta de que somente uma vida fácil nos fará realmente felizes, em pouco tempo nos cansaremos. Mas, quando enfrentamos o fato de que a vida é difícil, podemos investir no que nos fortalece para os momentos em que a vida é difícil.

Deus deseja que sejamos santas, não apenas felizes (1 Tessalonicenses 3:13). E quando somos santas, é mais provável que sejamos verdadeiramente felizes e satisfeitas.

Julie

27 DE OUTUBRO

Ele compreende

SALMO 27:1-8

*O Senhor é minha luz e minha salvação;
então, por que ter medo? O Senhor é a fortaleza de
minha vida; então, por que estremecer?*
—Salmo 27:1

Algumas crianças pequenas têm dificuldade com o sono à noite. Certa noite, minha filha explicou uma das razões para isso quando eu me virava para sair de seu quarto.

—Tenho medo do escuro, ela disse. Tentei atenuar o seu medo, mas deixei uma luz baixa acesa da mesma forma.

Não pensei muito no medo de minha filha até algumas semanas depois quando meu marido fez uma viagem de negócios e não voltou naquela noite. Depois que me deitei, o escuro parecia me pressionar. Ouvi um barulho discreto e pulei para investigar. No fim das contas, não era nada, mas compreendi o medo de minha filha quando eu mesma passei por isso.

Jesus compreende nossos medos e problemas. Ele viveu na Terra como homem e suportou os mesmos tipos de aflições que enfrentamos. "Foi desprezado e rejeitado, homem de dores, que conhece o sofrimento mais profundo…" (Isaías 53:3). Quando lhe descrevemos as nossas lutas, Jesus se identifica com nosso sofrimento. De alguma forma, saber que Ele compreende pode dissipar a solidão que, com frequência, acompanha o sofrimento. Em nossos momentos mais sombrios, Ele é nossa luz e nossa salvação. *Jennifer*

28 DE OUTUBRO

Não pare de se importar
MIQUEIAS 6:6-8

Ó povo, o S<small>ENHOR</small> já lhe declarou o que é bom e o que ele requer de você: que pratique a justiça, ame a misericórdia e ande humildemente com seu Deus. —Miqueias 6:8

No meio de um inverno gelado, mais de 800 famílias morando em cabanas ilegais foram despejadas de suas casas na África do Sul. O despejo causou um clamor público porque os líderes envolvidos aparentavam demonstrar falta de compaixão.

Miqueias, o profeta do Antigo Testamento, viveu numa época em que houve grande ênfase em adquirir riquezas e quando líderes injustos habitualmente não demonstravam compaixão pelos pobres e vulneráveis (Miqueias 2:1). Testando a paciência do Senhor, os ricos e poderosos roubavam daqueles que confiavam neles, apreendiam suas terras através de fraude ou violência e reduziam sua herança (vv.2, 7-9).

Falsos profetas ignoravam essa perversidade (vv.6,11). Miqueias, contudo, colocou um fim no autoengano de Israel e entregou uma poderosa mensagem do Senhor, traçando as consequências de sua ambição egoísta (vv. 1:10-16; 2:1-5).

Deus trouxe a plenitude do peso de Sua presença sobre os acusados (1:2-4), responsabilizando-os por violar a aliança mosaica. O Senhor queria que eles amassem a misericórdia e andassem humildemente com Ele (6:8).

Senhor, ajuda-nos a nos submetermos a ti e ao Teu coração compassivo hoje.
— Ruth

"Pão!"

JOÃO 6:34-51

...eu sou o pão da vida!
—João 6:48

Até pouco tempo, eu morava em uma pequena cidade mexicana onde todas as manhãs e noites podia-se ouvir um brado distinto: "Pão!". Um homem com uma cesta enorme em sua bicicleta vende uma grande variedade de pães doces e salgados. Eu apreciava ter pão fresco à minha porta.

Partindo da ideia de cessar a fome física para a fome espiritual, eu penso nas palavras de Jesus: "Eu sou o pão vivo que desceu do céu. Quem comer deste pão viverá para sempre..." (João 6:51).

Alguém disse que o evangelismo é um pedinte dizendo a outro pedinte onde encontrar pão. Muitos de nós podemos dizer: "Eu estava faminto espiritualmente, em inanição espiritual por causa dos meus pecados. Alguém então me disse onde encontrar pão: em Jesus. E minha vida mudou!".

Nós temos o privilégio e a responsabilidade de direcionar outros a esse Pão da Vida. Nós podemos compartilhar Jesus em nossa vizinhança, nosso trabalho, nossa escola, nossos locais de lazer. Podemos levar as boas-novas a outros por meio das portas da amizade.

Jesus é o Pão da Vida. Contemos a todos essa grande notícia.

Keila

30 DE OUTUBRO

Ocupada?

MATEUS 11:25-30

Venham a mim todos vocês que estão cansados e sobrecarregados, e eu lhes darei descanso.
—Mateus 11:28

Pessoas que sabem que eu sou uma escritora autônoma e que trabalho em casa perguntam: "Você se mantém ocupada?". Isso pode parecer inofensivo, mas eu acho que carrega uma mensagem sutil sobre o valor pessoal. Se eu não puder recitar uma lista de coisas que preciso fazer, sinto como se estivesse admitindo que não tenho muito valor.

Um dos primeiros versículos que aprendi quando criança foi Mateus 11:28: "Venham a mim todos vocês que estão cansados e sobrecarregados, e eu lhes darei descanso." Não significava muito para mim naquela época porque eu não entendia o cansaço. Mas agora que já sou mais velha, sinto-me compelida a manter o ritmo do mundo para não ser deixada para trás.

Mas os seguidores de Jesus não têm que viver assim. Ele nos libertou não somente da escravidão do pecado, mas também da prisão de termos que provar nosso valor.

Realizar muitas coisas para Deus pode nos fazer sentir importantes, mas o que nos torna importantes para Deus é o que permitimos que Ele realize em nós — adequar-nos à imagem de Seu Filho (Romanos 8:28-30).

Julie

Família de mentira

MATEUS 15:1-19

*Este povo me honra com os lábios,
mas o coração está longe de mim.*
—Mateus 15:8

Um empreiteiro na Califórnia teve uma ideia inovadora para vender as suas casas. Ele acredita que uma boa maneira de tornar uma residência mais atraente é colocar uma família na casa quando a estiver expondo. Então ele contrata atores para interpretar famílias felizes nas propriedades de sua empresa que estão em exposição. Possíveis compradores lhes fazem perguntas sobre a moradia. Todas as famílias de mentira cozinham, assistem televisão e brincam de jogos enquanto os possíveis compradores andam pela casa.

Esse tipo de fingimento pode não causar nenhum dano, mas pense no tipo de farsa dos líderes religiosos na época de Jesus (Mateus 15:1-9). Eles fingiam amar a Deus e piedosamente criaram uma longa lista de regras a que eles e outros deveriam obedecer. Jesus os chamou de "hipócritas" (v.7). Ele disse que suas palavras soavam como se honrassem a Deus, mas o coração deles contava outra história — eles estavam distantes do Senhor (v.8).

Muitas pessoas ainda hoje fingem que amam a Jesus, mas seu coração está distante dele. Deus quer que sejamos verdadeiras. *Anne*

1.º DE NOVEMBRO

O romance

RUTE 3:1-14

*As mulheres da vizinhança disseram:
"Noemi tem um filho outra vez!", e lhe deram o nome
de Obede. Ele é o pai de Jessé, pai de Davi.*
—Rute 4:17

Rute e sua sogra, Noemi, enfrentaram a pobreza depois que ambas perderam os maridos. Mas Deus tinha um plano para elas.

Boaz, um rico proprietário de terras e parente das mulheres, sabia a respeito de Rute e a admirava (Rute 2:5-12). Contudo, ficou surpreso quando acordou uma noite e a viu deitada a seus pés (3:8). Ela lhe pediu: "…Estenda as abas de sua capa sobre mim…" para indicar que, como parente próximo, ele estava disposto a ser o seu "…resgatador…" (v.9). Isso foi mais do que um pedido de proteção; ela estava solicitando casamento. Boaz concordou em se casar com ela (vv.11-13; 4:13).

A escolha de Rute de seguir as instruções de Noemi (3:3-6) a colocou no plano de Deus para redenção! Do casamento de Rute com Boaz, veio um filho (Obede), o avô do rei Davi (4:17). Gerações mais tarde, José nasceu na família e "perante a lei" se tornou o pai do filho de Maria (Mateus 1:16,17; Lucas 2:4,5) — nosso Resgatador-Guardião, Jesus.

Rute confiou em Deus e seguiu as instruções de Noemi ainda que o desfecho fosse incerto. Nós também podemos contar com Deus para ser o nosso provedor quando a vida é incerta.

Cindy

Reconstruir e recomeçar

JOÃO 20:11-18

Para mim, o viver é Cristo,
e o morrer é lucro.
—Filipenses 1:21

No dia seguinte à morte de meu marido Bill, em 1982, eu fui sozinha à sua sepultura. Como foi com Maria Madalena, que visitou o túmulo de Jesus, o Senhor ressurreto estava esperando por mim. Embora eu ainda estivesse amortecida pela morte prematura de Bill devido ao câncer, senti o Senhor imprimindo em minha mente as palavras de Filipenses 1:21.

Fiz uma oração em torno das palavras desse versículo: "Senhor, quantas vezes ouvi Bill testificar: 'Para mim, o viver é Cristo, e o morrer é lucro'. Bem, o teu servo agora morreu — é uma perda incalculável, mas um ganho indescritível para ele. Sei que não devo viver no passado, ainda que seja muito precioso. Para mim, o viver é o Senhor!".

Enquanto me virava para ir embora, sabia que tinha feito uma oração alicerçada na fé. Muita recuperação e reconstrução estavam à minha espera, mas Jesus Cristo era o meu firme fundamento.

A morte de alguém amado testou a base da sua fé? Permita que as palavras de Paulo, escritas diante da morte, a encorajem a oferecer uma oração fundamentada em sua fé em Cristo. E então comece a reconstruir a sua vida sobre o Cristo ressurreto!

Joanie

Apenas a multa

EFÉSIOS 1:1-10

*Ele é tão rico em graça que comprou
nossa liberdade com o sangue de seu Filho
e perdoou nossos pecados.*
—Efésios 1:7

Quando um policial parou uma mulher porque sua filha pequena estava no carro sem o assento infantil exigido, ele poderia ter aplicado uma multa. Entretanto, ele pediu para encontrar a mãe e a filha em uma loja próxima e comprou para elas o assento necessário. Era algo que a mãe em dificuldades não poderia ter comprado.

Ainda que ela devesse ter recebido uma multa, em vez disso, ela ganhou um presente em seu lugar. Qualquer um que conhece a Cristo já vivenciou algo semelhante. Todos nós merecíamos uma punição por infringirmos a Lei de Deus (Eclesiastes 7:20). Contudo, por causa de Jesus, nós vivenciamos o favor imerecido de Deus. Esse favor nos libera da consequência máxima de nosso pecado. "Ele é tão rico em graça que comprou nossa liberdade com o sangue de seu Filho e perdoou nossos pecados" (Efésios 1:7).

Quando a jovem mãe vivenciou isso, ela depois comentou: "Eu serei grata para sempre!". Essa reação ao presente do policial é um exemplo inspirador para nós que já recebemos a dádiva da graça de Deus!

Jennifer

Onde estamos

MATEUS 6:25-34

*Busquem, em primeiro lugar, o reino de Deus
e a sua justiça, e todas essas coisas lhes serão dadas.*
—Mateus 6:33

Tirei um dia de folga do trabalho para ter um pouco do silêncio e da solitude que eu tanto precisava. Tinha muito pelo que agradecer, mas lutava internamente com algo sobre o qual queria conversar com Deus.

Enquanto eu estava sentada num banco do parque e olhava para um lago, notei um pintarroxo procurando comida. Enquanto o observava tirar uma minhoca do solo, lembrei-me de Mateus 6:26: " Observem os pássaros. Eles não plantam nem colhem, nem guardam alimento em celeiros, pois seu Pai celestial os alimenta. Acaso vocês não são muito mais valiosos que os pássaros?".

Senti Deus me dizendo que Ele proveria minhas necessidades à medida que eu buscasse o Seu reino todos os dias (v.33). Não preciso me preocupar nem me esforçar para que algo aconteça. Minha parte é obedecê-lo fielmente, confiar nele e descansar em Seu poder de realizar o que eu não consigo.

A preocupação nada acrescentará à minha vida; apenas subtrairá coisas dela (v.27). Afinal de contas, meu Pai celestial conhece perfeitamente as minhas necessidades. *Marlena*

5 DE NOVEMBRO

Carta de amor

SALMO 119:97-104

*Como eu amo a tua lei;
penso nela o dia todo!*
—Salmo 119:97

Todas as manhãs quando inicio o meu trabalho em meu escritório, confiro meus e-mails. Na maior parte do tempo, eu os analiso de maneira superficial. Há alguns e-mails, contudo, que me deixam empolgada para abri-los. Você já adivinhou! São os que recebo das pessoas que amo.

Alguém já afirmou que a Bíblia é a carta de amor de Deus para nós. Mas talvez, em alguns dias, assim como eu, você simplesmente não tenha a vontade de abri-la, e o seu coração não se identifique com as palavras do salmista: "Como eu amo a tua lei…" (Salmo 119:97). As Escrituras são "…teus mandamentos…" (v.98), "…teus preceitos…" (v.99), "…tuas ordens…" (v.100), "…tua palavra…" (v.101).

Diz-se de algumas pessoas que quanto mais você as conhece menos as admira; mas com relação a Deus acontece exatamente o inverso. A familiaridade com a Palavra de Deus, ou antes com o Deus da Palavra, gera afeição, e a afeição busca familiaridade ainda maior.

No momento em que você abrir a Bíblia, lembre-se de que Deus — Aquele que mais a ama — tem uma mensagem para a sua vida.

Poh Fang

Fé sacrificial

ATOS 6:8-15; 7:59,60

*Felizes os perseguidos por causa da justiça,
pois o reino dos céus lhes pertence.*
—Mateus 5:10

Em nossa igreja em Londres temos uma vibrante congregação de iranianos. Nós nos sentimos constrangidos com a paixão que eles têm por Cristo quando compartilham suas histórias de perseguição e falam daqueles, como o irmão do pastor, que foram martirizados por sua fé. Esses cristãos fiéis estão seguindo os passos de Estêvão, o primeiro mártir cristão.

Estêvão, um dos primeiros líderes designados na Igreja Primitiva, atraiu a atenção em Jerusalém quando "…realizava sinais e milagres…" (Atos 6:8) e foi levado perante as autoridades judaicas. Ele fez um apaixonado discurso de defesa da fé antes de descrever a dureza de coração de seus acusadores. Eles "…se enfureceram […] e rangiam os dentes contra ele" (7:54). Os líderes judeus o arrastaram para fora da cidade e o apedrejaram até a morte enquanto ele orava para que fossem perdoados.

As histórias de Estêvão e dos mártires modernos nos lembram de que a mensagem de Cristo pode ser recebida com brutalidade. Se ainda não enfrentamos perseguição por nossa fé, oremos pela Igreja perseguida ao redor do mundo. E que nós, caso sejamos testadas, encontremos graça para sermos fiéis Àquele que sofreu muito mais por nós. *Amy*

7 DE NOVEMBRO

Amar o solitário

RUTE 1:1-22

Cheia eu parti, mas o SENHOR me trouxe de volta vazia. Por que me chamar de Noemi se o SENHOR me fez sofrer e se o Todo-poderoso trouxe calamidade sobre mim? —Rute 1:21

Ao terminar um longo dia de trabalho, toquei uma última vez a tela de meu computador e vi uma data familiar. Após um momento, percebi: *Hoje é o aniversário de meu pai*. Rapidamente meus pensamentos se direcionaram para minha mãe. Viúva há vinte anos, minha mãe era um testemunho vivo da provisão de Deus e de força para aqueles que encaram de frente a imprevisibilidade da vida.

Conforme a nossa sociedade se torna mais transitória, muitas viúvas e viúvos devem aprender a navegar nesta mudança drástica na vida sem membros familiares por perto. Mas, independentemente de nossa vida agitada, a Bíblia revela que o cuidado com a viúva é primariamente responsabilidade da família e, em seguida, da Igreja. (1 Timóteo 5:3-16).

No Antigo Testamento, o comprometimento de Rute com Noemi se tornou uma fonte da bênção de Deus para ambas, uma bênção que se estendeu às gerações seguintes (Rute 1:16; 4:13-20).

"Deus dá uma família aos que vivem só..." (Salmo 68:6) para lembrar-lhes de que ainda são importantes e necessários e — mais do que tudo — *amados*. Amados por Ele e por aqueles que expressam o Seu amor.
— *Regina*

8 DE NOVEMBRO

Escapatórias ou subterfúgios

JOÃO 10:1-9

*Guardei tua palavra em meu coração,
para não pecar contra ti.*
—Salmo 119:11

Jane, de 5 anos, não estava tendo um bom começo de dia. Todas as tentativas de organizar o mundo segundo as suas preferências estavam dando resultados contrários. Discutir não resolveu. Fazer cara feia não resolveu. Chorar não resolveu. Finalmente, sua mãe lhe lembrou do versículo da Bíblia que ela vinha aprendendo: "Guardei tua palavra em meu coração, para não pecar contra ti" (Salmo 119:11).

Aparentemente Jane vinha pensando nesse versículo, pois foi rápida ao responder: "Mas, mamãe, aqui não diz que eu não vou pecar; só diz 'para não pecar'".

Suas palavras são muito familiares. Muitas vezes dou argumentos semelhantes ao dela. Há algo muito tentador nos subterfúgios, e nós os procuramos sempre que há uma ordenança a qual não queremos obedecer.

Jesus abordou isso com os líderes religiosos que pensavam ter encontrado uma escapatória em suas leis religiosas (Marcos 7:1-13). Em lugar de ampararem seus pais, eles dedicavam todos os seus bens a Deus e, desse modo, limitavam o seu uso. Ainda que a desobediência deles não fosse flagrante e descarada, Jesus disse que tal comportamento era inaceitável.

Sempre que começamos a procurar por escapatórias, deixamos de ser obedientes.

Julie

9 DE NOVEMBRO

Esperança na melancolia

SALMO 62

*Ó meu povo, confie nele em todo tempo;
derrame o coração diante dele,
pois Deus é nosso refúgio.* —Salmo 62:8

Você já sentiu melancolia — tempos de desencorajamento? A conselheira familiar Lynette Hoy, em um artigo online, fala como esses momentos de escuridão podem ser transformados por Jesus, a Luz do Mundo:

- *Ilumine o seu coração por meio da oração.* Derrame-o a Deus quando estiver se sentindo sobrecarregada (Salmo 62:8). Leve suas ansiedades a Ele em oração (Filipenses 4:6,7). Anote suas orações para que possa consultá-las novamente e ver como o Senhor a respondeu.
- *Ilumine a sua mente com a verdade.* Leia a Palavra de Deus todos os dias. Permita que a Sua verdade a desafie, permeie e transforme o seu pensamento incorreto de que a vida é desesperadora (Salmo 46:1; Romanos 12:2).
- *Ilumine a sua vida fazendo a vontade de Deus.* Sua vontade é que você o adore e lhe sirva. Continue envolvida em sua igreja; adore e tenha comunhão com outros e sirva ao Senhor (Hebreus 10:25). Isso a ajudará a aumentar a sua confiança em Deus.

Quando sentimos a escuridão começando a nos circundar, precisamos nos voltar para Jesus, a Luz. Ele será um refúgio (Salmo 62:7,8) e nos concederá forças para seguirmos em frente.

Anne

10 DE NOVEMBRO

Preste atenção

RUTE 2:13-20

"Onde você colheu todo esse cereal?", perguntou Noemi. "Onde você trabalhou hoje? Que seja abençoado quem a ajudou!" Então Rute contou à sogra com quem havia trabalhado: "O homem com quem trabalhei hoje se chama Boaz". —Rute 2:19

Enquanto esperava na fila do caixa, eu calculava minha conta e tentava impedir meu filho de desaparecer do meu campo de visão. Eu não estava prestando atenção quando a mulher à minha frente se misturou ao restante das pessoas em direção à saída, deixando seus itens para trás. O balconista contou que a mulher não tinha dinheiro suficiente para pagar a conta. Eu me senti péssima; se eu tivesse percebido sua situação antes, eu a teria ajudado.

No livro de Rute, Boaz ficou ciente da condição de Rute quando a viu colhendo em seus campos (2:5). Ele descobriu que Rute havia ficado viúva recentemente e era a provedora para si e sua sogra. Boaz viu sua necessidade de proteção e alertou seus colhedores a não a incomodarem (v.9). Ele a supriu com comida extra instruindo seus trabalhadores a deixarem espigas de cevada caírem de propósito (v.16). Quando Noemi ouviu o que aconteceu a sua nora, disse: "…Que seja abençoado quem a ajudou!…" (v.19).

Você está ciente das necessidades das pessoas ao seu redor? Considere hoje como você pode ajudar a carregar o fardo de alguém. Fazendo isso, você estará cumprindo o plano de Deus para sua vida (Gálatas 6:2; Efésios 2:10). — *Jennifer*

11 DE NOVEMBRO

Passos de bebê

SALMO 18:31-36

*Torna meus pés ágeis como os da corça
e me sustenta quando ando pelos montes.*
—Salmo 18:33

Minha bebê está aprendendo a andar. Eu tenho que segurá-la e ela agarra meus dedos porque seus pés ainda são instáveis. Ela tem medo de escorregar, mas eu estou ali para firmá-la. À medida que ela caminha com a minha ajuda, seus olhos brilham de alegria. Algumas vezes ela chora quando não a deixo tomar caminhos perigosos — por não perceber que a estou protegendo.

Como minha bebê, precisamos frequentemente de alguém para nos proteger, guiar-nos e nos firmar em nossa caminhada espiritual. E nós temos essa pessoa: Deus nosso Pai, que nos mantém no caminho certo.

O rei Davi sabia tudo sobre a necessidade do cuidado vigilante de Deus. No Salmo 18, ele descreve como Deus nos dá orientação quando estamos perdidas ou confusas (v.32). Ele mantém firmes os nossos pés, como os pés da corça que podem subir em lugares elevados sem tropeçar (v.33). E se por acaso escorregarmos, Sua mão estará ali presente (v.35).

Todos nós precisamos da mão direcionadora e firme de Deus.
Keila

12 DE NOVEMBRO

Remorso de comprador

GÊNESIS 3:1-8

É imensa a minha alegria no SENHOR, meu Deus!
Pois ele me vestiu com roupas de salvação e pôs sobre mim
um manto de justiça. Sou como o noivo com suas vestes
de casamento, como a noiva com suas joias. —Isaías 61:10

Você já teve o remorso de comprador? Eu já. Algumas vezes, logo após comprar um item que eu tinha certeza ser necessário, sou atingida por uma onda de remorso. Eu precisava realmente ter isso?

Em Gênesis 3, descobrimos o primeiro registro de remorso de comprador. Tudo começou com a astuta serpente e sua estratégia de venda. Ela persuadiu Eva a duvidar da Palavra de Deus (v.1) e, na sequência, rentabilizou essa incerteza lançando dúvida sobre o caráter de Deus (vv.4,5). A serpente prometeu que os olhos de Eva se "abririam" e ela se tornaria "como Deus" (v.5).

Então Eva comeu. Adão comeu. E o pecado entrou no mundo. Mas o primeiro homem e a primeira mulher receberam mais do que aquilo pelo que negociaram. Seus olhos de fato foram abertos, mas eles não passaram a ser como Deus. Na verdade, seu ato seguinte foi esconderem-se de Deus (vv.7,8).

O pecado tem consequências desastrosas. Mas Deus em Sua graça e misericórdia enviou Jesus Cristo para morrer na cruz como um sacrifício por nossos pecados. Você já confiou em Jesus para a sua salvação? Essa é uma transação que não gera remorso!

Poh Fang

13 DE NOVEMBRO

Seja específica

TIAGO 5:13-18

"O que você quer que eu lhe faça?", perguntou Jesus. O cego respondeu: "Rabi, quero enxergar".
—Marcos 10:51

Certo dia, antes de uma grande cirurgia, compartilhei com uma amiga que eu estava com medo do procedimento. "Qual parte a assusta?", ela perguntou. "Tenho medo de não acordar da anestesia", respondi. Imediatamente Anne orou: "Pai, o Senhor sabe exatamente qual é o medo que a Cindy está sentindo. Por favor, acalme o coração dela e a encha com a Sua paz. E, Senhor, por favor acorde-a depois da cirurgia".

Acredito que Deus gosta deste tipo de especificidade quando falamos com Ele. Quando Bartimeu, o mendigo cego, clamou a Jesus por ajuda, o Mestre perguntou: "O que você quer que eu lhe faça?". O cego respondeu: "Rabi, eu quero enxergar". E Jesus disse: "Vá, pois sua fé o curou" (Marcos 10:51,52).

Nós não precisamos ficar de rodeios com Deus. Podemos dizer diretamente: "Deus, eu sinto muito pelo que disse" ou simplesmente "Jesus, eu te amo porque..." Ser específica com Deus é um sinal de fé; estamos reconhecendo que estamos falando com Alguém real.

Deus não se impressiona com uma enxurrada de palavras extravagantes. Seja honesta e sincera, fale o que está em seu coração.

Cindy

14 DE NOVEMBRO

Todos são bem-vindos!

LUCAS 5:27-32

Não vim para chamar os justos, mas sim os pecadores, para que se arrependam. —Lucas 5:32

A noite de filmes tão mencionada nas reuniões de oração do grupo de jovens da igreja finalmente havia chegado. Cartazes foram expostos nos arredores, e Estêvão, o pastor de jovens, esperava que o filme — sobre membros de gangues em Nova Iorque que tinham sido apresentados ao evangelho — trouxesse novos jovens para a igreja.

Estêvão estava prestes a começar o filme quando cinco membros do clube local de motoqueiros vestidos com roupas de couro estilizadas entraram. Estêvão empalideceu.

O líder do grupo, que era conhecido como TDog, acenou na direção de Steve. "É de graça para todo mundo, certo?", ele disse. Steve começou a dizer: "Somente para os membros do grupo de jovens" quando TDog pegou uma pulseira com a inscrição OQFJ (O que faria Jesus). "Isto é seu, cara?", ele perguntou. Estêvão assentiu, extremamente constrangido e esperou enquanto os novos convidados encontravam um lugar para se sentar.

Você já enfrentou uma situação como essa? Deseja compartilhar as boas-novas sobre Jesus, mas tem uma lista mental com as pessoas "certas" que seriam aceitáveis? Jesus acolhia aqueles que todos os outros evitavam, porque Ele sabia que esses eram os que mais precisavam dele (Lucas 5:31,32). Talvez devêssemos imitá-lo.

Marion

15 DE NOVEMBRO

Venha junto

ÊXODO 17:8-16

Os braços de Moisés, porém, logo se cansaram.
Então Arão e Hur encontraram uma pedra para Moisés
se sentar e, um de cada lado, mantiveram
as mãos dele erguidas. Assim, as mãos permaneceram
firmes até o pôr do sol. —Êxodo 17:12

Seus trinta colegas de classe e seus pais assistiam enquanto Mi'Asya andava nervosa até o pódio na sua formatura da quinta série para fazer seu discurso. Quando o diretor ajustou o microfone à altura de Mi'Asya, ela virou de costas para o microfone e para a plateia. O público sussurrava palavras de encorajamento, mas ela não se movia. Então, uma colega de classe foi até a frente e ficou parada ao seu lado. Com o diretor de um lado e sua amiga de outro, os três leram o discurso de Mi'Asya juntos. Que belo exemplo de apoio!

Moisés precisou de apoio na batalha de Israel contra os amalequitas (Êxodo 17:10-16). "Enquanto Moisés mantinha os braços erguidos, os israelitas tinham a vantagem. Quando abaixava os braços, a vantagem era dos amalequitas" (v.11). Quando Arão e Hur viram o que estava acontecendo, eles se colocaram ao lado de Moisés e sustentaram seus braços quando ele se cansou. Com o seu apoio, a vitória chegou ao pôr do sol.

Tenhamos iniciativa e encorajemos uns aos outros ao compartilharmos a nossa jornada de fé. Deus está bem aqui em nosso meio, dando-nos a Sua graça para agirmos dessa forma.

Anne

Olhar de felicidade

ISAÍAS 49:8-23

*Vejam, escrevi seu nome
na palma de minhas mãos...*
—Isaías 49:16

Minha filha de 3 anos percebeu que eu a olhava fixamente. "Mamãe, por que você está me olhando assim?". "Porque eu te amo e me encanto com você. Deus olha para você desse jeito também", eu disse. "Quer dizer que Deus olha para mim de um jeito feliz?", ela perguntou seriamente. "Sim!", eu respondi e assegurei: "Deus sempre olha para você com felicidade".

Quando passamos por dificuldades extremas — coisas que ameaçam nos devastar — podemos nos questionar se Deus se importa. *Se Deus me ama, por que Ele está permitindo que isto aconteça?* Ainda que eu não tenha respostas satisfatórias, estou convencida de que Deus nos ama e se deleita em nós.

Em Isaías 49:15, Deus revela o Seu coração amoroso para Seus filhos: "Pode a mãe se esquecer do filho que ainda mama? Pode deixar de sentir amor pelo filho que ela deu à luz? Mesmo que isso fosse possível, eu não me esqueceria de vocês!". Ele prometeu: "...quem confia em mim jamais será envergonhado" (Isaías 49:23).

Conhecer o caráter de Deus e saber que somos Suas filhas amadas desperta em nós a confiança, mesmo durante as noites mais escuras.

Marlena

17 DE NOVEMBRO

Presença em cada período

1 REIS 19:1-21

Depois do terremoto houve fogo,
*mas o S*ENHOR *não estava no fogo.*
E, depois do fogo, veio um suave sussurro.
—1 Reis 19:12

Durante sete anos, fiquei em casa com nossos filhos. Eu apreciei a flexibilidade e a rotina desse período e, quando voltei a trabalhar em período integral, tive que mudar minhas expectativas.

O Salmo 1:1-3 nos diz: "Feliz é aquele que […] tem prazer na lei do SENHOR […] Ele é como a árvore plantada à margem do rio, que dá seu fruto no tempo certo…". Na verdade, não temos os mesmos sentimentos e percepções em todos os períodos — mesmo aqueles que "…tem prazer na lei do SENHOR…" (v.2). E ainda que seja verdade que podemos aprender a ter contentamento em várias circunstâncias (Filipenses 4:11,12), alguns períodos de nossa vida exigem um ajuste maior do que outros.

Em 1 Reis 18:1-46, vemos Deus fazendo coisas incríveis por meio de Elias, até mesmo fisicamente. Pouco tempo depois, contudo, o profeta estava temendo perder a vida e lutava para entender o plano de Deus.

Podemos sentir da mesma maneira. As "estações" da vida mudam repentinamente, e nós não conseguimos saber o que fazer na sequência. Em tempos de mudança, Deus nos convida a nos envolvermos em Sua presença e a confiarmos em Seus propósitos.

Regina

18 DE NOVEMBRO

Realidades do alto

COLOSSENSES 3:1-13

*Uma vez que vocês ressuscitaram para uma
nova vida com Cristo, mantenham os olhos fixos
nas realidades do alto, onde Cristo está sentado
no lugar de honra, à direita de Deus.*
—Colossenses 3:1

Sair de casa e contemplar o céu numa noite cravejada de estrelas sempre ajuda a acalmar minha alma depois de um dia repleto de problemas. Quando examino o céu noturno, esqueço, pelo menos por um momento, as preocupações terrenas.

O antigo compositor de Israel escreveu um poema há milhares de anos que ainda soa verdadeiro: "Quando olho para o céu e contemplo a obra de teus dedos, a lua e as estrelas que ali puseste, pergunto: Quem são os simples mortais, para que penses neles? Quem são os seres humanos, para que com eles te importes?" (Salmo 8:3,4).

Quando tentamos imaginar a imensidão dos céus de Deus, nossos problemas parecem realmente triviais. Contudo, o Senhor não pensa assim! Mesmo com todas as galáxias que Ele precisa suster, Deus está atento a nós. Não apenas estamos em Sua mente, como também Ele se preocupa conosco.

"Os céus proclamam a glória de Deus..." (Salmo 19:1). Juntemo-nos à criação em louvor Àquele que é grande o suficiente para criar o mundo e também se importar comigo e com você. *Julie*

Consenso

1 CORÍNTIOS 9:19-23

...tento encontrar algum ponto em comum com todos,
fazendo todo o possível para salvar alguns.
Faço tudo isso para espalhar as boas-novas e
participar de suas bênçãos.
—1 Coríntios 9:22,23

O apóstolo Paulo alterava o modo como se comunicava com pessoas diferentes para que elas entendessem claramente as boas-novas. Ainda que fosse "livre", ele se tornou "escravo" de todos, tornando-se como elas e se comunicando de forma que elas compreendessem – para que muitos viessem a conhecer Jesus e cressem no Salvador (1 Coríntios 9:19). Quando estava com os judeus, Paulo vivia como um judeu na expectativa de que pudesse trazê-los a Jesus. Quando estava entre os que seguiam a Lei judaica, vivia sob a Lei. Mesmo não estando sujeito à Lei, ele agiu assim para que pudesse levar outros a Cristo.

O apóstolo afirmou: "Quando estou com os fracos, também me torno fraco, pois quero levar os fracos a Cristo. Sim, tento encontrar algum ponto em comum com todos, fazendo todo o possível para salvar alguns. Faço tudo isso para espalhar as boas-novas e participar de suas bênçãos" (1 Coríntios 9:22,23).

Que também possamos ir às pessoas onde elas se encontram hoje, compartilhando as boas-novas de Jesus com respeito e relevância conforme Ele nos guia! *Ruth*

20 DE NOVEMBRO

Corra para cá

PROVÉRBIOS 18:4-12

*O nome do S*ENHOR *é fortaleza segura;*
o justo corre para ele e fica protegido.
—Provérbios 18:10

Durante uma caminhada num parque local, meus filhos e eu encontramos dois cachorros sem coleira. Seu dono não pareceu notar que um deles começou a ameaçar meu filho. Ele tentou afastar o cachorro, mas isso só serviu para que o animal insistisse ainda mais em perturbá-lo.

Eventualmente, meu filho entrou em pânico. Ele correu alguns metros, mas o cachorro o perseguiu. A perseguição continuou até que eu gritei: "Corra para cá!". Meu filho voltou para onde estava, acalmou-se, e o cachorro finalmente decidiu criar confusão em outro lugar.

Há momentos em nossa vida quando Deus nos chama e diz: "Corra para cá!". Algo perturbador está tentando nos alcançar e não conseguimos nos livrar. Estamos muito temerosas de nos virarmos e confrontarmos o problema sozinhas. Deus está ali, pronto para nos ajudar e consolar. Precisamos nos afastar de tudo o que nos amedronta e ir em direção a Ele. Sua Palavra diz: "O nome do SENHOR é fortaleza segura; o justo corre para ele e fica protegido" (Provérbios 18:10).

Jennifer

21 DE NOVEMBRO

Esvazia-me

EFÉSIOS 4:17-32

A pessoa boa tira coisas boas do tesouro de um coração bom, e a pessoa má tira coisas más do tesouro de um coração mau. Pois a boca fala do que o coração está cheio. —Lucas 6:45

"Que design detestável", eu resmunguei enquanto esvaziava o nosso triturador de papel. Eu não consegui esvaziar o reservatório sem derrubar resíduos em todo o carpete! Porém, noutro dia, enquanto eu juntava o lixo, coloquei uma sacola plástica tampando o reservatório do triturador que estava cheio até a metade e o virei com a abertura para baixo. Naquela vez não caiu nenhum pedaço de papel no chão.

Na primeira vez, o erro tinha sido meu, pois eu tinha esperado até que o reservatório estivesse cheio para só então esvaziá-lo!

Quando permitimos que o pecado encha o nosso coração, ele também transbordará em nossa vida. Lucas 6:45 diz que "…a pessoa má tira coisas más do tesouro de um coração mau…". Lucas então conclui: "…Pois a boca fala do que o coração está cheio".

E se esvaziássemos o nosso coração jogando fora todo o lixo de pecado antes que este começasse a se derramar em nossas interações com outros? Lemos na Bíblia que: "…se confessamos nossos pecados, ele é fiel e justo para perdoar nossos pecados e nos purificar de toda injustiça (1 João 1:9).

O triturador de papel é projetado para ser um recipiente de lixo. Nós não!

— Cindy

22 DE NOVEMBRO

Aparelho auditivo

1 SAMUEL 3:1-14

Por isso, disse a Samuel: "Vá e deite-se novamente. Se alguém o chamar, diga: 'Fala, Senhor, pois teu servo está ouvindo'". E Samuel voltou para a cama. —1 Samuel 3:9

Josué, um precioso menino de 2 anos, observava a sua mãe fazendo biscoitos. "Por favor, posso comer um?", ele pediu com esperança. "Não antes do jantar", sua mãe respondeu. Josué correu choroso para seu quarto e voltou com esta mensagem: "Jesus acabou de me dizer que não tem problema comer um biscoito agora". Sua mãe replicou: "Jesus não disse nada para mim". E Josué respondeu: "Então você não estava ouvindo!".

A motivação de Josué era errada, mas ele estava completamente certo com relação a duas coisas: Deus quer falar conosco e nós precisamos ouvir.

Em 1 Samuel 3, outro jovem aprendeu esses mesmo princípios atemporais. Quando Samuel seguiu o conselho de Eli e orou: "...Fala, Senhor, pois teu servo está ouvindo...", ele estava pronto para receber a poderosa mensagem de Deus (v.9). Como Samuel, nós também almejamos ouvir Deus falando conosco, mas fracassamos frequentemente em discernir a Sua voz.

Hoje Deus fala conosco por Seu Espírito através das Escrituras, de outras pessoas e de nossas circunstâncias. Mas algumas de nós precisamos de um "aparelho auditivo espiritual" como o de Samuel em sua oração: "...Fala, pois teu servo está ouvindo" (v.10). Estamos realmente ouvindo?

Joanie

23 DE NOVEMBRO

Barreiras e bênçãos

JOÃO 4:27-39

Muitos samaritanos do povoado creram em Jesus por causa daquilo que a mulher relatou: "Ele me disse tudo que eu já fiz!".
—João 4:39

O que Jesus viu quando olhou para a mulher no poço em João 4? Ele viu alguém que queria aceitação e precisava desesperadamente saber que era amada. Mais do que tudo, Ele viu alguém que precisava do que somente Ele poderia dar: um novo coração.

Jesus utilizou esse encontro para abençoá-la com a verdade da "água viva" (João 4:10). Em apenas uma conversa, Ele derrubou barreiras de hostilidades antigas, de preconceito por ser mulher e de divisões étnicas e raciais. E essa mulher se tornou a primeira de muitos dentre os samaritanos a confessar que Jesus era o Messias (vv.39-42).

Quando ela contou aos outros sobre o seu encontro com um homem que sabia "…tudo o que eu já fiz na vida…", ela já estava praticando o princípio de "semear e colher" que Jesus estava ensinando aos Seus seguidores (João 4:35-38). Naquele dia, muitos creram e mais tarde Filipe, Pedro, João e outros pregariam em Samaria e levariam muitos outros a Cristo (Atos 8:5-14; 15:3).

Quando falamos aos outros sobre o nosso próprio "encontro" com Jesus, nós os abençoamos com a água viva.

Cindy

24 DE NOVEMBRO

Música interior

SALMO 98

*Aclamem ao S***enhor** *todos os habitantes da terra;*
louvem-no em alta voz com alegres cânticos!
—Salmo 98:4

Cantar é algo natural para os quatro filhos da família von Trapp. Eles são os bisnetos do Capitão Georg von Trapp, cujo romance com a sua segunda esposa, Maria, inspirou *A noviça rebelde*, sucesso de bilheteria em 1965.

Depois que seu avô Werner von Trapp (apresentado como Kurt no filme) teve um derrame, os irmãos, residentes no estado de Montana, EUA, gravaram seu primeiro CD para alegrá-lo. Em pouco tempo, as crianças estavam se apresentando ao redor do mundo. Stefan, o pai das crianças, diz: "A música está dentro deles".

O escritor do Salmo 98 também tinha um cântico em seu coração. O coração do salmista estava tão transbordante de louvor que ele chamava outros para se juntarem a ele cantando "…ao Senhor um cântico novo…" (v.1). Ele louvou a Deus por Sua salvação, Sua justiça, Sua misericórdia e Sua fidelidade (vv.2,3).

Temos muito pelo que agradecer também. O Senhor cuida de nós, Suas filhas, fielmente.

Podemos não saber cantar bem, mas, quando nos lembramos de tudo o que Deus é para nós e tudo o que Ele fez por nós, não podemos nos conter e louvar "…em alta voz com alegres cânticos!" (v.4). *Anne*

25 DE NOVEMBRO

A verdadeira beleza

COLOSSENSES 1:15-23

*O Filho é a imagem do Deus invisível
e é supremo sobre toda a criação.*
—Colossenses 1:15

Continua a crescer o movimento para ver beleza em mulheres com todos os tipos e tamanhos e rejeitar falsos padrões impostos pela mídia. De campanhas de marketing usando modelos de tamanhos maiores a grupos locais ensinando jovens meninas a serem confiantes, a mensagem é clara: Você é bela e forte simplesmente por ser quem é.

Compreendo o encanto de tais mensagens. Campanhas de autoestima, contudo, não são a resposta. A beleza não é superficial.

Nossa verdadeira beleza e valor são o resultado da morte de Jesus por nós na cruz.

Quando cremos que Jesus deu tudo por nós em um ato sacrificial de amor, tornamo-nos uma ameaça direta ao reino das trevas (Lucas 10:19; Colossenses 2:13-15). As pessoas que reconhecem que o seu valor vem de Cristo se tornam espiritualmente poderosas ao procurarem formas de amar Jesus com toda a sua vida enquanto refletem Sua bela imagem (1:15).

Em Cristo somos amadas e profundamente estimadas por nosso Deus perfeito e amoroso (v.22). Essa é uma verdade muito maior do que qualquer superficialidade (Filipenses 3:3; 1 João 4:17).
— *Regina*

26 DE NOVEMBRO

Deixe-nos amar

1 JOÃO 4:7-21

*Ninguém jamais viu a Deus. Mas, se amamos
uns aos outros, Deus permanece em nós,
e seu amor chega, em nós, à expressão plena.*
—1 João 4:12

Foi uma grande tragédia para toda nossa comunidade. A professora da minha filha na primeira série morreu durante o parto junto com o bebê. Meu coração ficou desolado ao vê-la em um caixão com o bebê em seus braços.

Algo que inspirou todos nós que lamentávamos essa perda foi o fato de essa professora ser conhecida pelo amor e alegria com que envolvia todos a quem conhecia. Ela amava as crianças, os pais e os membros da comunidade fossem ou não cristãos; e nela o amor de Deus chegava "...à expressão plena" (1 João 4:7-12).

Seu funeral lotado foi uma verdadeira celebração. Sua própria família testificou que ela era a mesma pessoa na vida privada e na esfera pública. Ela expressava o amor de Deus — algo que todas nós somos chamadas a fazer (v.9). Da mesma maneira que para ela, o amor pode ser nosso legado ao refletirmos a presença de Deus em nós, pois Ele é amor (v.16). Amável e compassiva, cuidadosa e serva — essas qualidades marcam o coração de uma pessoa que vive "...como Jesus..." (v.17). Que possamos "...dar nossa vida..." por outros conforme Ele trabalha em nós e por meio de nós (3:16). — *Marlena*

27 DE NOVEMBRO

Repentinamente

LUCAS 2:8-14

*De repente, um anjo do Senhor apareceu entre eles,
e o brilho da glória do Senhor os cercou.*
—Lucas 2:9

De vez em quando, recebo mensagens inesperadas no *Facebook* de pessoas que mal conheço. Algumas vezes é uma palavra de encorajamento; outras vezes é alguém perguntando sobre o fato de eu ser escritora. Alguém pensou em mim, valorizou-me e simplesmente quis me dizer isso! É notícia boa que chega repentinamente — totalmente inesperada.

Meu tipo favorito de notícia boa é a que é "…mais do que poderíamos pedir ou imaginar" (Efésios 3:20). É um presente surpreendente que vem de Deus, geralmente por meio de outros. É ideia de Deus e Seu modo especial de nos abençoar.

Ao nos aproximarmos do mês de dezembro e do Natal, vem-me à mente a noite em que os pastores estavam cuidando de seus rebanhos — apenas trabalhando normalmente (Lucas 2:8). Eles não esperavam que um coral de anjos lhes aparecesse ou que fossem os primeiros a ouvir que o Messias havia nascido (Lucas 2:9,10)! No que começou como uma noite muito comum, Deus inesperadamente — e de forma deveras espetacular — interveio em suas vidas (Lucas 2:11,12).

Que vejamos os "bons presentes" surpresa que Ele tem para nós hoje!

Marlena

28 DE NOVEMBRO

Uma pitada de açúcar

SALMO 19:7-14

O temor do Senhor é puro e dura para sempre.
As instruções do Senhor são verdadeiras e todas elas
são corretas. São mais desejáveis que o ouro,
mesmo o ouro puro. São mais doces que o mel, mesmo
o mel que goteja do favo. —Salmo 19:9,10

Onde está a Mary Poppins quando você precisa dela?

Sei que isso soa como se eu estivesse saudosista dos antigos e bons dias em que filmes irreais apresentavam personagens como essa babá fictícia, mas o que realmente me faz falta são as pessoas com uma visão de futuro que seja legitimamente otimista. Gostaria de ver pessoas alegres e criativas que pudessem nos mostrar o lado positivo do que consideramos negativo, que pudessem nos lembrar que "uma pitada de açúcar já ajuda a engolir o remédio".

Davi escreveu uma canção que expressava verdade semelhante. Suas palavras são: "...As instruções do Senhor são [...] mais doces que o mel" (Salmo 19:9,10). Ouvimos frequentemente que a verdade é amarga ou difícil de engolir. Mas a verdade é uma refeição gourmet que deveria ser apresentada como uma iguaria da culinária, atraindo o faminto a provar e ver "...que o Senhor é bom..." (34:8).

"Jesus é o nome mais doce que conheço", diz uma canção. A verdade pura, sem a mácula do orgulho, é o sabor mais doce, mais revigorante de todos para aqueles que desejam consistência espiritual. Temos o privilégio de oferecer esse conhecimento a um mundo faminto.

Julie

29 DE NOVEMBRO

Provérbios chineses

2 TIMÓTEO 3:14-17

Portanto, meus amados irmãos, sejam fortes e firmes.
Trabalhem sempre para o Senhor com entusiasmo,
pois vocês sabem que nada
do que fazem para o Senhor é inútil.
—1 Coríntios 15:58

Os provérbios chineses são populares e geralmente têm histórias que os embasam. Há um provérbio chinês que trata de um homem impaciente na Dinastia Song. Ele estava ansioso para ver suas mudas de arroz crescerem rapidamente, então, puxava cada planta alguns centímetros. Após um dia tedioso de trabalho, o homem analisou seu arrozal. Ele ficou feliz porque sua plantação parecia ter "crescido". Mas sua alegria durou pouco, pois as "aparências enganam". No dia seguinte, as plantas haviam começado a secar porque suas raízes já não tinham mais profundidade.

Em 2 Timóteo 2:6, o apóstolo Paulo compara o trabalho do ministro do evangelho ao de um fazendeiro. Ele escreveu para encorajar Timóteo que, como o trabalho na fazenda, o fazer discípulos pode ser um trabalho contínuo e árduo. Você precisa arar, semear, esperar e orar. Você deseja ver os frutos de seu trabalho rapidamente, mas o crescimento leva tempo. E como o provérbio chinês ilustra tão adequadamente, qualquer esforço para acelerar o processo será inútil.

Que enquanto trabalhamos fielmente, esperemos com paciência no Senhor, que faz tudo crescer (1 Coríntios 3:7).

Poh Fang

Fazendo o seu papel

ROMANOS 12:1-8

Da mesma forma que nosso corpo
tem vários membros e cada membro,
uma função específica.
—Romanos 12:4

Nos últimos anos, minha filha Rosie tem sido a diretora de teatro em uma Escola Fundamental da região. Alguns estudantes são selecionados para interpretar os papéis principais. Mas há muitos outros papéis importantes de apoio que precisam ser preenchidos — os quais são essenciais para a produção.

Outros jovens querem fazer parte da apresentação, mas não apreciam os holofotes. Eles trocam os cenários, abrem e fecham as cortinas, cuidam da iluminação e auxiliam com maquiagem e troca de figurinos. As apresentações bem-sucedidas são o auge de um processo intenso de quatro a cinco meses que depende do trabalho árduo de uma ampla gama de pessoas dedicadas.

Da mesma forma, para que o Corpo de Cristo funcione plenamente, cada um de nós deve exercer um papel. Todo cristão é singularmente capacitado para servir. Quando estes dons são combinados cooperativamente, "...cada parte, [cumpre] sua função específica..." (Efésios 4:16) e as partes separadamente formam um todo (Romanos 12:5).

Nós precisamos uns dos outros. Que papel você está exercendo na vida da igreja?

Cindy

1.º DE DEZEMBRO

Tesouro perdido

MARCOS 10:17-27

*Com amor, Jesus olhou para o homem e disse:
"Ainda há uma coisa que você não fez. Vá, venda todos
os seus bens e dê o dinheiro aos pobres. Então você
terá um tesouro no céu. Depois, venha e siga-me".*
—Marcos 10:21

Diogo faz caminhadas nos trilhos de trem da cidade e faz buscas sob os viadutos de rodovias. Ele não procura um tesouro perdido; procura pessoas sem-teto. Diogo conheceu João que mora numa cabana improvisada e sofre de doença mental. Ele, ocasionalmente, passa para ver João e garantir que ele esteja aquecido e tenha comida e lhe fala sobre Jesus porque quer que João encontre o "tesouro no Céu".

Jesus falou sobre este tesouro com um jovem rico que lhe perguntou como faria para herdar a vida eterna. Jesus disse: "…venda todos os seus bens e dê o dinheiro aos pobres. Então você terá um tesouro no céu. Depois, venha e siga-me" (Marcos 10:21).

Jesus não estava ensinando que devemos abrir mão de nossos bens para sermos aceitáveis a Ele. Jamais poderemos merecer a vida eterna por nossas obras. O Senhor estava mostrando a esse homem que ele estava falido espiritualmente. Todos nós estamos, a menos que tenhamos Jesus.

Nenhuma boa obra pode ganhar a vida eterna — nem mesmo ajudar os sem-teto ou doar todo o seu dinheiro. Jesus quer que entreguemos a Ele o nosso coração. Assim teremos o tesouro verdadeiro — o tesouro no Céu — e procuraremos ajudar outros.

Anne

2 DE DEZEMBRO

O cristão com sensibilidade

ÊXODO 37:1-9

*Toda dádiva que é boa e perfeita vem do alto,
do Pai que criou as luzes no céu. Nele não há
variação nem sombra de mudança.*
—Tiago 1:17

A satisfação de nossos sentidos ganhou uma má reputação, talvez porque vivamos num mundo obcecado pelo prazer. Mas Deus aprova a experiência adequada da satisfação por meio de nossos cinco sentidos.

Primeiro, Deus criou os nossos sentidos — visão, audição, olfato, paladar e tato — e tudo que Ele criou é bom.

Segundo, Deus fez das sensações uma parte da adoração. Considere o primeiro cenário formal de adoração criado por Deus: o Tabernáculo. Ele abrigava uma arca ornada, coberta de ouro para guardar as Tábuas da Lei que Deus dera a Moisés no monte Sinai. Deus aprova a beleza. Ao redor do Tabernáculo havia cortinas feitas de fios coloridos e linho finamente trançado. Deus aprova belas cores e texturas. A música também era um componente da adoração, como aprendemos ao ler 2 Crônicas 29:28. Deus aprova sons agradáveis.

Sim, Deus valoriza coisas que têm boa aparência, soam bem, têm bom paladar, odor agradável e nos fazem sentir bem. Mas Ele não quer que as adoremos; a vontade do Senhor é que o nosso deleite e gratidão nos motivem a adorá-lo — o Criador, aquele que nos dá todas as coisas boas.

Julie

3 DE DEZEMBRO

O lembrete de Abigail

1 SAMUEL 25:14-33

*Quando a vida de uma pessoa agrada o Senhor,
até seus inimigos vivem em paz com ela.*
—Provérbios 16:7

Davi e 400 dos seus guerreiros atravessaram os campos à procura de Nabal, um homem próspero, mas grosseiro que, asperamente, havia se recusado a lhes dar ajuda. Davi o teria assassinado se primeiro não tivesse encontrado Abigail, a esposa de Nabal. Ela havia embalado comida suficiente para alimentar um exército e viajara para encontrar as tropas, esperando evitar um desastre. Ela lembrou-o respeitosamente que a culpa o assombraria se ele seguisse seu plano de vingança contra Nabal (1 Samuel 25:31).

Davi reconheceu que Abigail estava certa e a abençoou por seu bom julgamento.

A ira de Davi era legítima — ele havia protegido os pastores de Nabal no deserto (vv.14-17) e o seu bem fora retribuído com o mal. Contudo, sua ira o estava levando ao pecado.

Quando somos ofendidas, é bom compararmos nossos instintos com o intuito de Deus para o comportamento humano. Reagir bem nos ajudará a evitar o arrependimento e, mais importante, agradará a Deus. Quando desejamos honrar a Deus em nossos relacionamentos, a Bíblia afirma em Provérbios 16:7 que o Senhor pode fazer que até os nossos inimigos vivam em paz conosco.

Jennifer

4 DE DEZEMBRO

Vivendo de modo diferente

DANIEL 9:1-22

Contudo, nós pecamos e fizemos o mal.
Fomos rebeldes contra ti e desprezamos teus
mandamentos e estatutos.
—Daniel 9:5

Daniel conhecia muito bem os desafios da vida em uma sociedade imersa no pecado, pois encontrava-se cativo em uma cultura estrangeira. Embora a história dele nos ensine como permanecer puro e em oração apesar do que outros ao nosso redor estejam fazendo, os eventos que o levaram à Babilônia também contêm lições.

Apesar de terem sido alertados por profetas de Deus durante anos, o povo de Israel escolheu a idolatria acima do amor ao Senhor. Eles sabiam como executar os rituais, pedir por intervenção divina e "honrá-lo com os lábios" proferindo as palavras certas, mas os seus corações permaneciam apaixonados pela cultura secular (Isaías 29:13).

Daniel era diferente. Ele não apenas viu o pecado da sociedade pagã à qual foi levado, mas, mais importante, ele também reconheceu que o povo de Deus havia aberto concessões. Por Daniel se importar com os padrões de Deus mais do que com a sua necessidade de conforto, o Senhor não apenas falou com Daniel, mas também lhe concedeu "…percepção e entendimento…" (Daniel 9:22).

Com a ajuda de Deus, e para a Sua glória, a mesma oportunidade de colocar-se acima de uma cultura pagã está disponível para nós hoje.
— Regina

5 DE DEZEMBRO

Encontrada

JOEL 2:1-25

*Eu lhes devolverei o que perderam
por causa dos gafanhotos migradores, dos saltadores,
dos destruidores e dos cortadores...*
—Joel 2:25

Conheci uma pessoa que tinha dificuldade em acreditar que vivenciaria a bondade e a fidelidade de Deus (Joel 2:23). Sua mãe a abusava física e emocionalmente e seu pai era ausente. Ela acreditava que havia superado a tragédia do começo de sua vida, mas apesar de ser fiel a Jesus e fazer o seu melhor para servir aos outros, essa pessoa não conseguia se livrar de algumas das influências mais obscuras que a encobriam.

Felizmente, Deus é mais poderoso do que as nossas circunstâncias e o nosso pecado. E a Sua graça é muito maior do que qualquer uma de nossas dificuldades passadas. Eu lhe garanti que Deus "...perdoa todos os [nossos] pecados e cura todas as [nossas] doenças. Ele [nos] resgata da morte e [nos] coroa de amor e misericórdia. Ele enche a [nossa] vida de coisas boas..." (Salmo 103:3-5).

Todas nós sofremos as consequências de nosso próprio pecado, ou dos pecados que outros cometem contra nós. Mas, quando começamos a confiar em Deus, descobrimos que o pecado não tem a palavra final. *Deus* tem. Ele começa a corrigir os erros em nossa vida e a nos dar de volta o que um dia será plenamente restaurado em Jesus (Joel 2:25; Atos 3:21)!

— Marlena

Anel de selar

AGEU 2:15-23

"Naquele dia, diz o SENHOR dos Exércitos, honrarei você, meu servo Zorobabel, filho de Sealtiel. Farei que você seja como um anel de selar em meu dedo, diz o SENHOR, pois eu o escolhi. Eu, o SENHOR dos Exércitos, falei!". —Ageu 2:23

Certa vez conheci um homem que usava em seu dedo mínimo um anel que tinha a imagem do escudo de sua família. Era semelhante a um anel de selar — talvez como o anel em Ageu 2.

Nesse curto livro do Antigo Testamento, o profeta Ageu chama o povo de Deus para recomeçar a reconstrução do Templo. Eles estiveram no exílio, retornaram à sua terra natal e começaram a reconstruir, mas a oposição do inimigo ao projeto deles os estagnou. A mensagem de Ageu inclui a promessa de Deus a Zorobabel, líder de Judá, de que ele tinha sido escolhido e separado como seu líder, como um anel de selar.

O anel de selar era utilizado para identificação. Em vez de assinar seu nome, as pessoas pressionavam seu anel em argila mole para fazer sua marca. Como filhas de Deus, nós também criamos uma marca no mundo conforme difundimos o evangelho, compartilhamos a Sua graça ao amar o nosso próximo e trabalhamos para acabar com a opressão.

Cada uma de nós tem seu selo exclusivo que expressa a nossa mistura particular de dons, paixões e sabedoria. Nesse mundo criado por Deus nós temos o privilégio de agir como se fôssemos esse anel de selar.

Amy

7 DE DEZEMBRO

Um novo começo

SALMO 86:5-15

O amor do Senhor não tem fim! Suas misericórdias são inegotáveis. Grande é sua fidelidade; suas misericórdias se renovam cada manhã. —Lamentações 3:22,23

Um de meus livros favoritos quando menina era *Anne de Green Gables*, da autora Lucy Maud Montgomery (Martins Fontes, 2009). Em uma passagem divertida, a jovem Anne acrescenta por engano um medicamento para a pele em lugar de extrato de baunilha na massa do bolo que está fazendo. Em seguida, ela exclama otimista à sua guardiã sisuda, Marilla: "Não é bom pensar que amanhã é um novo dia sem nenhum erro ainda?".

Gosto desse pensamento: amanhã será um novo dia — um novo dia em que poderemos começar novamente. Todas nós cometemos erros, mas, quando se trata do pecado, o perdão de Deus é o que nos capacita a começar todas as manhãs com um quadro em branco. Quando nos arrependemos, Ele escolhe não mais se lembrar de nossos pecados (Jeremias 31:34; Hebreus 8:12).

Algumas de nós fizemos escolhas incorretas, mas nossas palavras e ações passadas não precisam definir o nosso futuro aos olhos de Deus. Há sempre um novo começo. Quando pedimos o Seu perdão, damos um primeiro passo em direção à restauração de nosso relacionamento com Ele e com outros (1 João 1:9).

A compaixão e a fidelidade de Deus se renovam todas as manhãs (Lamentações 3:23), portanto podemos começar de novo todos os dias.

— Cindy

8 DE DEZEMBRO

Um modo de viver

COLOSSENSES 3:5-9

E "não pequem ao permitir que a ira os controle".
Acalmem a ira antes que o sol se ponha.
—Efésios 4:26

"Como tudo ficou tão sujo tão rápido?", resmunguei enquanto tirava o pó do tampo de vidro da mesa. "Limpei toda a casa há um mês".

"Limpar é um modo de viver, não um evento", meu marido respondeu.

Sei que ele está certo, mas odeio admitir isso. Quero limpar a casa uma única vez e desejo que permaneça limpa. Mas a poeira não se rende tão fácil. Partícula por partícula, o pó retorna. Peça por peça, a aglomeração se acumula.

O pecado é como a poeira e a aglomeração na minha casa. Quero eliminá-lo por completo com uma única oração de confissão. Mas o pecado não se rende assim tão facilmente. Pensamento por pensamento, as más atitudes retornam. Escolha por escolha, as consequências desagradáveis se acumulam.

Paulo disse que os cristãos deveriam se livrar "...da raiva, da maldade, da maledicência e da linguagem obscena" (Colossenses 3:8). E disse também: "não pequem ao permitir que a ira os controle" (Efésios 4:26).

A morte e a ressurreição de Cristo eliminaram a necessidade de sacrifício diário. Mas a confissão e o arrependimento ainda são essenciais. Livrar-se de coisas como a ira, o furor e a malícia é um modo de vida, não um evento específico.

Julie

9 DE DEZEMBRO

Lembretes de amor

JOÃO 19:1-7; 16-18

*Quem não ama não conhece a Deus,
porque Deus é amor.*
—1 João 4:8

Depois que os Estados Unidos entraram na Segunda Guerra Mundial, em 1941, Estela tentou convencer seu namorado, Sidney, a não se juntar ao exército. Mas ele se alistou e começou seu treinamento em abril do ano seguinte. Nos três anos subsequentes, ao todo ele lhe escreveu 525 cartas de amor. Entretanto, em março de 1945, Estela descobriu que o seu amado noivo tinha morrido em combate.

Mesmo que Estela tenha eventualmente se casado, as memórias de seu primeiro amor permaneceram vivas em seu coração. Para honrar esse amor, ela publicou um livro sobre a correspondência de Sidney durante a guerra quase 60 anos mais tarde.

Como essas cartas, o Senhor nos deixou lembretes de Seu amor: as Escrituras. Ele diz: "...Eu amei você com amor eterno, com amor leal a atraí para mim" (Jeremias 31:3).

A Bíblia também nos diz que: "...Cristo amou a igreja. Ele entregou a vida por ela" (Efésios 5:25).

"Ele entregou sua vida para nos libertar de todo pecado..." (Tito 2:14)

"...Deus é amor" (1 João 4:8).

Leia a Palavra de Deus com frequência e lembre-se de que Jesus a ama e morreu por você. *Anne*

10 DE DEZEMBRO

A vontade de Deus e nossas esperanças

GÊNESIS 1:1-31

A terra era sem forma e vazia, a escuridão cobria as águas profundas, e o Espírito de Deus se movia sobre a superfície das águas. —Gênesis 1:2

Com apenas alguns milímetros, a imagem da ecografia parecia algo de um filme de ficção científica. Com pequenos nós distintos onde ficam as mãos e uma cabeça claramente definida, eu podia ver a promessa de nosso primogênito. Essas imagens foram tesouros para mim e meu marido. O que não podíamos ver a olho nu, de fato, existia, ainda que estivesse oculto.

A capacidade de produzir e criar algo que é visto a partir do invisível é intrínseca a todas as criaturas vivas (Gênesis 1:12,24). Os seres humanos são, contudo, únicos em sua habilidade de ter esperança. Nós vivemos em esperança porque, ainda que maculadas pelo pecado, carregamos o DNA de nosso Criador (Gênesis 1:27).

Para o cristão, a esperança fundamenta-se nesta verdade: *Deus cumpre os Seus desígnios* (Salmo 139:13;15,16). No entanto, o cumprimento de um resultado pelo qual se esperou ocorre em estágios — muitos deles imperceptíveis ao olho natural.

Esperar pode ser difícil, então escolhemos nos estabelecer na "…âncora firme e confiável para nossa alma" (Hebreus 6:19). Sendo uma esperança concretizada ou não, ela é fundamentada nos planos perfeitos de Deus. Nosso papel? Permanecermos firmes, sermos pacientes e aceitarmos a Sua amável vontade.

Regina

11 DE DEZEMBRO

O legado de Lottie

HEBREUS 10:23-29

Vocês precisam perseverar, a fim de que, depois de terem feito a vontade de Deus, recebam tudo que ele lhes prometeu.
—Hebreus 10:36

Mais de 100 anos após sua morte, o legado de Lottie Moon ainda vive. Nascida nos Estados Unidos, ela viajou para a China como missionária e mais tarde estabeleceu a *Oferta de Natal de Lottie Moon*, que já arrecadou mais de 1,5 bilhão de dólares para missões desde 1888. Muitos receberam salvação em Jesus durante seus anos de ministério, durante os quais ela suportou circunstâncias difíceis — incluindo doenças, fome, guerra e discriminação por ser uma mulher solteira.

Deus proveu o que Lottie Moon precisava enquanto ela o servia. Não foi fácil, mas Lottie perseverou pelo Seu poder e força.

Quando muitas de nós viemos a Cristo, estávamos ansiosas para fazer a Sua vontade — prontas até mesmo para suportar sofrimento por amor a Ele (Hebreus 10:32-34). Entretanto, com o passar dos anos, é fácil nos sentirmos esgotadas quando as circunstâncias difíceis nos desiludem.

Encorajemo-nos a permanecer firmes sem hesitar, pois podemos confiar que Deus cumprirá as Suas promessas de que cuidará de nós!

Senhor, ajuda-nos a suportar pacientemente todas as coisas, permanecendo fiéis ao Teu chamado em nossa vida.

Ruth

12 DE DEZEMBRO

Caminhada penosa

SALMO 84:1-12

*Como são felizes os que de ti recebem forças,
os que decidem percorrer os teus caminhos.*
—Salmo 84:5

Kellie Haddock é uma mulher corajosa. Em 2004, li pela primeira vez o blog dela escrito após o trágico acidente de carro em que perdeu o seu marido e deixou seu bebê, Eli, com lesões permanentes.

Os seus escritos transmitem esperança em Deus e profunda confiança em Sua fidelidade. Em seu site, Kellie escreve: o Salmo 84:5-7 diz: "Como são felizes os que de ti recebem forças, os que decidem percorrer os teus caminhos". Esta expressão *percorrer os teus caminhos* significa que há movimento, que você não está paralisada ou presa no medo, pelo contrário, você está meticulosamente colocando um pé cheio de bolhas diante do outro. Isto é o que eu tenho pretendido fazer: seguir em frente. Não permitir que o luto me pressione e me impeça de viver. Pois "Quando passarem pelo vale do Choro…" — não ao redor, não há atalhos — "…ele se transformará num lugar de fontes revigorantes; as primeiras chuvas o cobrirão de bênçãos" (Salmo 84:6).

Quando momentos difíceis vierem, que nós, como Kellie, descansemos nos braços de nosso Deus amoroso, sempre confiável!
— *Roxanne*

13 DE DEZEMBRO

Inspiração para transpiração
TITO 3:1-8

*Não se limitem, porém, a ouvir a palavra;
ponham-na em prática. Do contrário,
só enganarão a si mesmos.*
—Tiago 1:22

Gosto muito de visitar belos jardins — eles me inspiram. Fazem-me querer criar algo igualmente belo em meu jardim. Mas, na jardinagem, tenho dificuldade em passar da inspiração para a transpiração. Minhas grandes ideias não se concretizam facilmente porque não invisto tempo e energia suficientes para torná-las realidade.

Isso também pode acontecer em nossa vida espiritual. Podemos ouvir testemunhos de outras pessoas e nos maravilharmos com a obra que Deus está fazendo na vida delas. Mas temos dificuldade de encontrar tempo ou fazer o esforço para ir até o fim.

Tiago descreveu tais cristãos como sendo semelhantes àqueles que olham em um espelho, se enxergam, mas nada fazem para consertar o que está errado (Tiago 1:23,24). Eles ouvem a Palavra, mas esse ouvir não se transforma em ação. Tiago diz que precisamos agir, não apenas ouvir.

Quando deixamos de simplesmente inspirar para "ouvir" sobre o bem que está sendo feito por outros para transpirar ou realmente "agir" e praticar boas obras, a Palavra de Deus "implantada no coração" (1:21) florescerá tornando-se um belo jardim de fruto espiritual.

Julie

14 DE DEZEMBRO

Fama e humildade

FILIPENSES 2:1-11

*Quando veio em forma humana, humilhou-se
e foi obediente até a morte, e morte de cruz.*
—Filipenses 2:7,8

Muitas de nós somos obcecadas por fama — seja com a nossa própria fama ou ao seguir cada detalhe da vida de celebridades.

Em recente estudo feito nos Estados Unidos, os pesquisadores classificaram os nomes de indivíduos famosos usando um algoritmo desenvolvido especialmente para busca minuciosa de dados na internet. Jesus encabeçou a lista como a pessoa mais famosa da história.

Contudo Jesus nunca se preocupou em obter status de celebridade. Quando esteve na Terra, não buscou fama (Mateus 9:30; João 6:15) — ainda que a fama o tenha alcançado na medida em que as notícias sobre Ele percorriam a região da Galileia (Marcos 1:28; Lucas 4:37).

Onde quer que Jesus fosse, as multidões se reuniam. Os milagres que realizava atraíam as pessoas a Ele. Mas, quando tentaram torná-lo rei à força, Jesus se retirou, sozinho (João 6:15). Unido em propósito com Seu Pai, Ele cedia repetidamente à vontade e ao ritmo de Deus (4:34; 8:29; 12:23). Jesus "...humilhou-se e foi obediente até a morte, e morte de cruz" (Filipenses 2:8).

A fama nunca foi o objetivo de Jesus. Seu propósito era simples: Ele humilde, obediente e voluntariamente se ofereceu como o sacrifício por nossos pecados. *Cindy*

15 DE DEZEMBRO

O coração de Melissa

TIAGO 1:19-27

*Não se limitem, porém, a ouvir a palavra;
ponham-na em prática. Do contrário,
só enganarão a si mesmos.*

—Tiago 1:22

Quando Melissa estava no quarto ano, ela voltava da escola para casa sem suas luvas de inverno. Sua mãe ficava muito aborrecida porque sempre precisava comprar novos pares, algo que a família não podia bancar. Certo dia, sua mãe ficou brava e disse: "você precisa ser mais responsável! Não dá para continuar assim!".

Melissa começou a chorar. Em meio às lágrimas, contou à sua mãe que, por continuar ganhando luvas novas, ela dava as que tinha às crianças que não as possuíam.

Agora, como jovem de 18 anos, um dos seus hobbies é o voluntariado na comunidade e o aconselhamento e orientação de crianças nos bairros periféricos da cidade. Ao referir-se a seu desejo de ajudar as pessoas, ela disse: "É como se esse fosse o tipo de coisa que eu deveria estar fazendo".

Como cristãs, devemos ter um coração inclinado a doar. Tiago nos apresenta um modo prático para nos doarmos: "…cuidar dos órfãos e das viúvas em suas dificuldades…" (v.27).

Peça a Deus um coração como o da Melissa. Por amor a Deus, obedeça ao que Ele lhe pede para fazer. É o que "deveríamos estar fazendo".

Anne

Escada para o céu

JOÃO 1:35-51

"…vocês verão o céu aberto e os anjos de Deus subindo e descendo sobre o Filho do Homem".
—João 1:51

Enquanto estávamos em Paris, meu marido e eu visitamos o famoso Arco do Triunfo, nos Campos Elíseos. Subimos os 284 degraus para chegarmos ao topo e, quando chegamos, apreciamos a vista panorâmica da cidade.

No Antigo Testamento, Jacó sonhou com uma escada que alcançava da Terra ao Céu (Gênesis 28:12-15). Os anjos subiam e desciam nessa estrutura. Deus estava no topo (v.13).

Séculos depois, Jesus fez referência a uma escada como essa no sonho de Jacó. Ele disse a Seus ouvintes: "…Você verá coisas maiores que essa […] vocês verão o céu aberto e os anjos de Deus subindo e descendo sobre o Filho do Homem" (João 1:50,51). Jesus estava ensinando os discípulos que Ele era (e é) o caminho para o Céu (João 14:6). Nós não podemos alcançar Deus sozinhos.

Jesus remove o nosso pecado quando cremos nele. Se você conhece Jesus, pode aguardar com expectativa a eternidade com Ele. Se não o conhece, medite sobre Aquele que morreu por você — Ele é sua "escada para o Céu" particular.

Jennifer

17 DE DEZEMBRO

A dádiva do sono

SALMO 127:1-5

É inútil trabalhar tanto, desde a madrugada até tarde da noite, e se preocupar em conseguir o alimento, pois Deus cuida de seus amados enquanto dormem.
—Salmo 127:2

Ela me disse que estava deprimida — extremamente deprimida.

É difícil saber o que dizer em tais situações, então nós conversamos sobre várias coisas — medicação, relacionamentos com outros e com Deus e seus hábitos. Nós concordamos que, se ela pudesse começar a dormir bem, isso a ajudaria a se sentir melhor emocional e fisicamente.

A falta de descanso pode dificultar o lidar com desafios da vida. Quando se trata do sono, eu sempre fico fascinada com o fato de que Jesus dormiu em um barco em meio a uma forte tempestade (Marcos 4:38). *Como Ele pôde fazer isso?* Os discípulos também não entenderam. Mas o salmista indica a resposta: "...Deus cuida de seus amados enquanto dormem" (Salmo 127:2). Até mesmo em nossa luta para descansarmos, Deus está conosco. Podemos descansar nele mesmo quando os nossos olhos se recusam a fechar.

Que durante esses momentos, aprendamos a entregar as nossas "...aflições ao Senhor..." (Salmo 55:22). E ao lhe entregarmos, *podemos* escolher esperar confiantemente pela dádiva do descanso que somente Ele pode prover (Salmo 127:2).

Marlena

Praticantes da Palavra

TIAGO 1:19-27

*Não se limitem, porém, a ouvir a palavra;
ponham-na em prática. Do contrário,
só enganarão a si mesmos.*
—Tiago 1:22

Logo depois que nos mudamos para uma nova vizinhança, convidamos minha cunhada e seu marido para um jantar no domingo. Ao recepcionarmos Suzana e Eduardo na porta, um barulho estranho direcionou seus olhos para a cozinha. Quando segui a direção dos seus olhares, eu congelei aterrorizada. Uma mangueira de nossa lava-louças havia se soltado, lançando água para todos os lados!

Suzana reagiu imediatamente. Ela largou a bolsa e chegou à cozinha antes de mim, fechou o registro de água e pediu toalhas e um rodo. Nós gastamos os primeiros 15 minutos de sua visita ajoelhadas e secando o chão.

Suzana é uma agente — alguém que está sempre pronta para colaborar, envolver-se e até mesmo liderar se for necessário.

Muitos dos agentes do mundo também são praticantes da Palavra. E estes são os seguidores de Jesus que aceitaram o desafio de Tiago: "Não se limitem, porém, a ouvir a palavra; ponham-na em prática…" (1:22).

Enquanto você lê a Palavra de Deus, pense no que significa colocar em prática o que você aprendeu. É outro modo de desfrutar das bênçãos de Deus (v.25). — *Cindy*

Oração de carruagem

JOÃO 15:7-14

Vocês podem pedir qualquer coisa em meu nome, e eu o farei, para que o Filho glorifique o Pai. —João 14:13

Renato tinha 5 anos quando pediu uma carruagem de brinquedo como presente de Natal. Enquanto fazia compras com sua mãe, ele encontrou a que gostaria de ter. Tinha em média 15 centímetros de comprimento, rodas legais e belos cavalos de plástico. "Mamãe eu quero essa. Por favooor!", ele implorou. E insistiu muito para que ela comprasse aquela carruagem. Mamãe disse: "Vamos ver", e levou o filho para casa.

Na manhã de Natal, ele abriu confiante a embalagem. Com certeza era a carruagem pela qual ele havia implorado. Ele estava muito satisfeito, até que seu irmão mais velho disse: "Você fez uma besteira quando insistiu que queria essa. Mamãe já tinha comprado uma muito maior para você, mas, quando você implorou por essa, ela trocou!". Repentinamente a pequena carruagem não parecia tão interessante.

Algumas vezes agimos dessa mesma maneira com Deus. Nós oramos sobre uma necessidade específica e lhe dizemos como Ele deve nos responder. Nós imploramos e suplicamos, e Deus pode até mesmo nos dar o que pedimos, mas Ele poderia ter algo melhor em mente.

Phillips Brooks certa vez disse: "Faça as maiores orações. Você não poderia pensar em uma oração tão grande que Deus, ao respondê-la, não desejasse que você tivesse pensado em algo ainda maior".

Anne

20 DE DEZEMBRO

Porta da humildade

FILIPENSES 2:5-11

Por isso Deus o elevou ao lugar de mais alta honra e lhe deu o nome que está acima de todos os nomes, para que, ao nome de Jesus, todo joelho se dobre, nos céus, na terra e debaixo da terra —Filipenses 2:9,10

Ao longo dos séculos, a entrada da Basílica da Natividade em Belém foi diminuída duas vezes. Agora é chamada de Porta da Humildade porque os visitantes precisam se curvar para entrar.

À medida que envelhecemos, flexionar os joelhos se torna mais e mais difícil e doloroso. No campo físico, algumas pessoas corajosamente se submetem a uma cirurgia de substituição do joelho. Para evitar anos de danos cada vez mais dolorosos na articulação, elas suportam muitas semanas de agonia.

Como os joelhos físicos, os joelhos espirituais podem enrijecer com o tempo. Anos de orgulho teimoso e egoísmo nos deixam inflexíveis e fica gradativamente mais difícil e doloroso nos humilharmos. Seduzidas por falsos sentimentos de importância quando outros se submetem a nós, jamais aprendemos que a verdadeira importância vem como resultado de nos submetermos a Deus e aos outros (Efésios 5:21; 1 Pedro 5:5).

É bom lembrar da Porta da Humildade. O único modo para entrar na presença de Deus é com humildade.

É assim que honramos Jesus que desceu à Terra para estar conosco.

Julie

21 DE DEZEMBRO

Um abrigo de presente

LUCAS 2:1-7

*Ela deu à luz seu primeiro filho, um menino.
Envolveu-o em faixas de pano e deitou-o
numa manjedoura, porque não havia lugar
para eles na hospedaria.*
—Lucas 2:7

A vida era difícil para Dalva e sua família. Ela tinha doença arterial coronariana, e a sua filha adolescente teve paralisia depois de um acidente de carro. Dalva pediu demissão de seu emprego para cuidar da filha e as contas se acumularam. A possibilidade de serem despejadas as ameaçava. Essa mãe ficou tão revoltada contra Deus que deixou de orar.

Mas, na noite de Natal, uma jovem bateu à porta de Dalva, desejou-lhe "Feliz Natal", deu-lhe um envelope e foi embora. Dentro do envelope havia um presente que cobriria as despesas delas com moradia pelo próximo ano. Um bilhete dizia: "Por favor, aceite este presente em honra ao Homem cujo aniversário celebramos nesta noite santa. A família dele também teve problemas para encontrar abrigo".

Lucas 2 conta a história de José e Maria e a procura por um abrigo para que ela desse à luz seu bebê; no fim das contas, encontraram um estábulo. Anos depois Jesus não tinha "…sequer um lugar para recostar a cabeça" (Mateus 8:20).

Jesus compreendeu os problemas de Dalva. Ele lhe trouxe esperança e supriu suas necessidades por meio de outros.

Nós podemos entregar todas as nossas ansiedades a Deus (1 Pedro 5:7). Nele encontramos o abrigo (Salmo 61:3,4).

Anne

Alegria para o mundo

SALMO 98:1-9

Aclamem ao Senhor todos os habitantes da terra;
louvem-no em alta voz com alegres cânticos!
—Salmo 98:4

Algumas vezes é difícil sentir-se alegre durante o Natal. Para aqueles que perderam pessoas amadas durante esse período, essa época festiva lhes lembra da ausência dolorosa.

Como podemos cantar o hino "Alegria para o mundo" quando o nosso coração está sofrendo? Isaac Watts o compôs não como uma canção de Natal, mas como uma reinterpretação do Salmo 98 — um salmo que chama a Terra a louvar a Deus na expectativa de Seu reinado vindouro. A letra contém ricas passagens sobre a vinda de Jesus como ser humano para habitar entre nós. Por essa razão, a maioria dos hinários lista esse hino como um cântico de Advento.

O fato de Cristo ter vindo entre nós como ser humano é motivo para verdadeira alegria. Ele veio para salvar (Salmo 98:1), anunciar a Sua vitória e revelar a Sua justiça às nações (v.2).

Quando pensamos no Natal e o encaramos com lágrimas, ainda temos esperança: *Jesus está vindo novamente.* O bebê que foi colocado em uma manjedoura secará toda lágrima de nossos olhos e nós desfrutaremos das Suas bênçãos para sempre (Apocalipse 21:4).

Sim, alegria para o mundo, pois o Salvador *chegou*!

— Poh Fang

23 DE DEZEMBRO

Agora é a hora

LUCAS 2:8-20

*"Glória a Deus nos mais altos céus,
e paz na terra àqueles de que Deus se agrada!".*
—Lucas 2:14

Durante a celebração de Natal de nossa igreja, vi os membros do coral se reunirem diante da congregação enquanto o diretor musical folheava papéis sobre um pequeno pedestal preto. Os instrumentos começaram, e os cantores entoaram uma canção bem conhecida que começava com a sugestão de que era o momento de começar a adorar.

Ainda que eu esperasse ouvir um conhecido cântico de Natal, sorri pela escolha adequada da canção. Ao ler o relato de Lucas sobre o nascimento de Jesus, notei que o primeiro Natal não era celebrado como as nossas festas modernas, com presentes e banquetes, mas a adoração estava presente.

Depois que o anjo anunciou o nascimento de Jesus a alguns pastores boquiabertos, um coro angelical começou a louvar a Deus "…dizendo: 'Glória a Deus nos mais altos céus'" (Lucas 2:13,14). A reação dos pastores foi correr a Belém onde encontraram o Rei recém-nascido. Eles retornaram a seus campos "…glorificando e louvando a Deus por tudo que tinham visto e ouvido" (v.20). Estar face a face com o Filho inspirou os pastores a adorarem o Pai.

Hoje, ao pensar no nascimento de Jesus, há espaço para adoração em seu coração? — *Jennifer*

24 DE DEZEMBRO

Adoração e Natal

LUCAS 2:1-20

*Hoje em Belém, a cidade de Davi,
nasceu o Salvador, que é Cristo, o Senhor!*
—Lucas 2:11

Ano passado, enquanto íamos até a casa da minha irmã na noite de Natal, meu marido e eu pegamos alguns itens de última hora em um grande mercado. Minha empolgação natalina se transformou em desalento quando passei pelo corredor em que apenas dias antes estavam os itens de Natal. Em seu lugar estavam expostos itens para outras celebrações.

O Natal nem havia chegado, e já tinha ido embora.

Essa transformação na loja revelou-me o desejo humano por *mais* — seja mais dinheiro ou o impulso de tornar as comemorações maiores e melhores. Como as coisas secundárias podem roubar a nossa atenção com tanta rapidez! E nós perdemos a habilidade de nos maravilharmos com algo — ou melhor ainda, com *Alguém* (Lucas 2:11).

O registro do nascimento de Jesus (vv.1-16) nos revela uma verdade central: *Somos chamados para adorar Jesus — o Messias que veio para nos salvar.* Que possamos seguir o exemplo neste Natal: "Os pastores voltaram, glorificando e louvando a Deus por tudo que tinham visto e ouvido…" (v.20).

Neste tempo mais precioso do ano, devemos permitir que o Espírito Santo oriente as nossas celebrações. O Salvador de toda a humanidade é digno de nossa plena adoração.

Regina

25 DE DEZEMBRO

A "caixa da mamãe"

2 TIMÓTEO 3:14-17

*Desde a infância lhe foram ensinadas
as Sagradas Escrituras, que lhe deram sabedoria para
receber a salvação que vem pela fé em Cristo Jesus.*
—2 Timóteo 3:15

Todo Natal eu dou às minhas filhas uma "Caixa da Mamãe". Cada caixa contém itens para encorajá-las a serem as melhores mães que puderem. Nela pode haver livros de artesanato ou projetos especiais, livros devocionais ou documentários direcionados a jovens mães, kits de primeiros socorros, receitas para cozinhar com crianças — e geralmente algo pessoal como espuma para banho como um mimo depois de um dia difícil sendo mãe! Isso se tornou uma tradição pela qual Rosemary e Tanya esperam ansiosamente todos os anos há uma década.

Encorajar nossos filhos a serem bons pais pode começar ainda mais cedo. A melhor maneira é começar a equipá-los com a Palavra de Deus enquanto ainda são jovens. Nada é mais essencial do que "as Sagradas Escrituras" para o equipar para todos os desafios da vida.

Não há nada melhor do que a Bíblia para dar à próxima geração "…sabedoria para receber a salvação que vem pela fé em Cristo Jesus" (2 Timóteo 3:15). — *Cindy*

26 DE DEZEMBRO

Inclinando-se para a luz

1 PEDRO 2:4-10

Vocês, porém, são povo escolhido, reino de sacerdotes, nação santa, propriedade exclusiva de Deus. Assim, vocês podem mostrar às pessoas como é admirável aquele que os chamou das trevas para sua maravilhosa luz. —1 Pedro 2:9

Certo dia recebi um buquê de tulipas rosas e as coloquei em um vaso no centro da mesa de nossa cozinha. No dia seguinte, as flores estavam voltadas para outra direção e inclinadas para o lado como se estivessem tentando alcançar a luz do sol que entrava por uma janela próxima.

Em certo sentido, todas nós fomos feitas para sermos como essas flores. Deus nos chamou para nos voltarmos à luz de Seu amor. Pedro escreve sobre a maravilha de sermos chamadas "...das trevas para sua maravilhosa luz" (1 Pedro 2:9). Devido à misericórdia e ao amor de Deus, Ele criou um caminho para escaparmos das trevas espirituais por meio da morte e da ressurreição de Seu Filho (Colossenses 1:13,14).

Jesus é a Luz do mundo. Somente ao nos voltarmos para Ele, refletiremos progressivamente a Sua bondade e verdade (Efésios 5:8,9).

Que nunca esqueçamos de nos inclinar para a Luz.

Jennifer

27 DE DEZEMBRO

Alimentando-nos

HEBREUS 5:12–6:2

A esta altura, já deveriam ensinar outras pessoas, e, no entanto, precisam que alguém lhes ensine novamente os conceitos mais básicos da palavra de Deus. Ainda precisam de leite, e não podem ingerir alimento sólido. —Hebreus 5:12

Os filhotes de águia estavam com fome, e a mamãe e o papai pareciam ignorá-los. O mais velho dos três decidiu resolver seu problema roendo um graveto. Aparentemente não era muito saboroso, porque em pouco tempo ele o largou.

Ao assistir à transmissão desse drama pela câmera, notei que um grande peixe estava caído logo atrás dos filhotes. Porém eles ainda não haviam aprendido a se alimentar sozinhos. Em poucas semanas, contudo, os pais os ensinariam a lidar com isso — uma de suas primeiras lições de sobrevivência. Se os filhotes não aprenderem essa competência, nunca serão capazes de sobreviver sozinhos.

O autor de Hebreus falou de um problema similar no reino espiritual. Certas pessoas na igreja não estavam crescendo espiritualmente (Hebreus 5:14). Como os filhotes de águia, eles não haviam compreendido a diferença entre um graveto e um peixe. Eles ainda precisavam ser alimentados por alguém quando deveriam estar alimentando não somente a si mesmos, mas a outros também (v.12).

Ainda que receber alimento de pregadores e professores seja bom, o crescimento e a sobrevivência espiritual também dependem de sabermos como nos alimentarmos. *Julie*

28 DE DEZEMBRO

Completamente sozinha

1 REIS 19:1-8

No entanto, preservarei sete mil de Israel que nunca se prostraram diante de Baal nem o beijaram! —1 Reis 19:18

A depressão oprimia Leila, uma esposa e mãe. Ao se sentar na beirada da cama segurando um revólver — vozes atormentadoras a incitavam a apertar o gatilho. A doença desgastante havia ofuscado a sua mente. Felizmente, Leila lentamente abaixou a arma, saiu do quarto e escolheu pedir ajuda a outros.

Após a incrível vitória de Elias contra os profetas de Baal, a rainha Jezabel ameaçou matá-lo (1 Reis 19:1,2). Temeroso, ele fugiu sozinho para o deserto onde implorou ao Senhor que lhe tirasse a vida. Elias dormiu, mas um anjo de Deus o acordou e lhe disse para comer e beber. Mais tarde Deus encontrou-se com Elias e lhe disse para retornar pelo deserto. O profeta se sentia sozinho em suas convicções, mas Deus mostrou-lhe que havia outros 7 mil que também permaneceram fiéis a Ele (1 Reis 19:18).

Quando você estiver perdendo a razão, invista tempo com Deus. Corajosamente diga-lhe e diga também a outros como você realmente se sente. Encontre outros com quem você possa orar, a quem prestar contas e que juntos possam lembrar-se da presença e das promessas de Deus. O Senhor não nos deixa sozinhas. *— Ruth*

29 DE DEZEMBRO

O amor tem precedência

1 JOÃO 4:7-19

Nós amamos porque ele nos amou primeiro.
—1 João 4:19

Certa noite minha amiga me mostrou uma das três placas decorativas para um arranjo de parede em sua sala de estar. "Olhe, eu já tenho o Amor", ela disse segurando a placa em que a palavra estava escrita. "A fé e a esperança já foram encomendadas".

Então o amor vem primeiro, eu pensei. *Fé e esperança vêm em seguida!*

De fato, o amor veio primeiro. Na verdade, originou-se em Deus. Primeira João 4:19 nos lembra que "…nós amamos porque ele nos amou primeiro". O amor de Deus, descrito em 1 Coríntios 13 (conhecido como o "capítulo do amor"), explica uma característica do amor verdadeiro quando diz: "…o amor durará para sempre" (v.8).

A fé e a esperança são essenciais ao cristão. É somente por sermos justificadas pela fé que: "…temos paz com Deus por causa daquilo que Jesus Cristo, nosso Senhor, fez por nós" (Romanos 5:1). E a esperança é descrita em Hebreus 6 como "…uma âncora firme e confiável para nossa alma" (v.19).

"Três coisas, na verdade, permanecerão: a fé, a esperança e o amor, e a maior delas é o amor" — o primeiro e o último (1 Coríntios 13:13). — *Cindy*

30 DE DEZEMBRO

Que comece a festa!

SALMO 84

*Sinto desejo profundo, sim, morro de vontade
de entrar nos pátios do S<small>ENHOR</small>. Com todo o meu coração
e todo o meu ser, aclamarei ao Deus vivo.*
—Salmo 84:2

Tobias, de 3 anos, ama ir à igreja. Ele chora quando não pode ir. Toda semana quando vai para a programação das crianças onde tem histórias bíblicas, jogos, canto e lanche, ele corre para o prédio e fala com entusiasmo aos líderes e às outras crianças: "Vamos começar logo essa festa!". O Senhor deve sorrir com a empolgação dessa criança!

O autor do Salmo 84, um dos filhos de Corá, também tinha amor pela casa de Deus. Alguns comentaristas especularam que, por certo tempo, ele, um cantor no Templo, não pôde ir até lá — por doença ou alguma circunstância específica. Portanto enquanto escrevia esse salmo, sua alma estava especialmente desejosa e clamando para estar "…nos pátios do S<small>ENHOR</small>…" (v.2). Ele cria que um dia de adoração nos pátios do Senhor provia mais satisfação do que mil dias gastos em qualquer outro lugar (v.10).

Há algo especial em louvar a Deus junto com Seu povo, e devemos aproveitar a oportunidade para fazê-lo. O Senhor se agrada disso e nós seremos abençoadas quando o desejo de nosso coração for estar com Ele e Seu povo. *Anne*

31 DE DEZEMBRO

Nunca somos idosas demais

GÊNESIS 18:1-15

*Existe alguma coisa difícil demais para o S*ENHOR*?*
Voltarei por esta época, no ano que vem,
e Sara terá um filho. —Gênesis 18:14

As mulheres do Lar das Idosas haviam criado suas famílias e se aposentado. Agora já não podiam mais viver por própria conta e foram para aquele lar como um tipo de "última parada antes do Céu". Elas desfrutavam da companhia umas das outras, mas lutavam com os sentimentos de inutilidade.

Uma das mulheres, que havia passado anos tocando piano, frequentemente tocava hinos no piano disponível na casa. Outras mulheres se juntavam a ela e erguiam suas vozes em louvor a Deus.

Certo dia, um auditor do governo estava fazendo uma inspeção durante um dos cultos de espontânea adoração. Quando ele as ouviu cantar "O que você fará com Jesus?", ele se lembrou da canção em sua infância. Naquele dia Deus falou novamente com ele e desta vez esse homem passou a confiar em Jesus.

Como as mulheres desse lar, Sara acreditava ser idosa demais para ser usada por Deus (Gênesis 18:11). Mas estando em idade avançada, Deus lhe dera um filho que foi ancestral de Jesus (21:1-3; Mateus 1:2, 17). Como Sara e as mulheres daquele lar, nunca somos idosas demais para sermos usadas por Deus.

Julie

Sobre as autoras

Alyson Kieda é editora em Ministérios Pão Diário há mais de uma década e tem mais de 35 anos de experiência em edição. Desde criança, ama escrever e sente-se extasiada por agora fazê-lo para o *Pão Diário*. É casada, tem três filhos adultos e um número crescente de netos. Alyson ama ler, caminhar nos bosques e estar com a família. Sente-se abençoada por seguir os passos de sua mãe que escrevia artigos há muitos anos para outro devocional.

Amy Boucher Pye é escritora, editora e palestrante. Autora de *Finding myself in Britain: Our search for Faith, Home and True Identity* (Vivendo na Inglaterra: nossa busca por fé, um lar e verdadeira identidade), ela dirige o clube do livro *Mulher Viva*, no Reino Unido, e desfruta da vida com sua família em seu condado inglês.

Anne Cetas entregou-se a Jesus no fim da adolescência. Aos 19 anos, ganhou de uma amiga uma cópia do *Pão Diário* para ajudá-la a ler a Bíblia sistematicamente. Ela lia avidamente os livretos de estudos temáticos da *Série Descobrindo* *a Palavra* e, sete anos mais tarde, passou a integrar a equipe editorial do *Pão Diário* como revisora. Anne começou a escrever para o livreto devocional em setembro de 2004 e atualmente é a editora-sênior de conteúdo dessa publicação. Ela e seu marido, Carl, gostam de caminhar, andar de bicicleta juntos e trabalhar como mentores em um ministério urbano.

Cindy Hess Kasper serviu por mais de quarenta anos em Ministérios Pão Diário, onde foi editora adjunta de *Pão Diário — Jornada com Deus*. Escritora experiente, Cindy redigiu artigos devocionais para jovens durante mais de uma década. Ela é uma das filhas do editor-sênior, de longa data, Clair Hess, com quem aprendeu a amar o canto e o trabalho com palavras. Cindy e seu marido, Tom, têm três filhos adultos e sete netos com quem se alegram grandemente.

Elisa Morgan é autora de mais de 25 livros sobre maternidade, formação espiritual e evangelismo, incluindo *The NIV Mom's Devotional Bible* (A Bíblia Devocional para Mães NVI), *She Did What She Could* (Ela fez o que podia), *The Beauty of Broken* (A beleza do quebrantado) e *Hello, Beauty Full* (Olá, plenamente bela). É preletora requisitada e escreve um blog com o título *Really* (Realmente) – elisamorgan.com. Durante 20 anos, Elisa serviu como presidente-executiva do ministério *MOPS International* (Mães de crianças em idade pré-escolar). Ela é casada com Evan com quem tem dois filhos adultos e dois netos que moram próximo a eles em Denver, Colorado.

Jennifer Benson Schuldt escreve profissionalmente desde 1997 quando se formou na Universidade Cedarville e começou sua carreira como escritora técnica. Atualmente ela é escritora e responsável pelo blog *Our Daily Journey* e colaboradora de *Pão Diário*. Jennifer mora num subúrbio de Chicago com seu marido, Bob, e seus dois filhos. Quando não está escrevendo ou servindo em casa ou na igreja, ela gosta de pintar, ler poesia e ficção e fazer caminhadas com sua família.

Joanie Yoder, uma das autoras favoritas entre os leitores de *Pão Diário*, foi morar no Lar Eterno com o Salvador em 2004. Há muitos anos, ela e seu marido fundaram na Inglaterra um centro cristão de reabilitação para viciados em drogas. Em 1982, ficou viúva e aprendeu a confiar no auxílio e na força do Senhor. Ela escrevia com esperança sobre a verdadeira dependência de Deus e Seu poder que transforma vidas. Joanie é autora do livro *Finding the God-Dependent Life* (Descobrindo a vida de dependência em Deus).

Julie Ackerman Link, após longa batalha contra o câncer, foi morar com o Senhor em 10 de abril de 2015. Julie começou a escrever artigos todos os meses para *Pão Diário* em 2000. É autora popular entre os leitores de *Pão Diário* e seus artigos profundos e inspiradores tocaram milhões de vidas ao redor do mundo. Julie também escreveu os livros Above All, Love (Acima de tudo o amor) e *100 Prayers Inspired by the Psalms* (100 orações inspiradas pelos Salmos), publicados pela editora Discovery House.

Karen Wolfe é nascida na Jamaica e agora mora nos Estados Unidos. Ela entregou-se a Cristo aos 26 anos, e um dos primeiros devocionais que leu foi *Pão Diário*. Karen gosta de dar aulas e escrever porque pode compartilhar as verdades que aprende nas Escrituras. Seu desejo é ver homens e mulheres caminhando na liberdade que Cristo concede e ver vidas transformadas pela Palavra de Deus. Ela completou sua formação em teologia no Seminário Teológico Batista de Nova Orleans. Além de escrever, Karen ama cozinhar, especialmente quando pode utilizar ingredientes regionais em seus pratos. Ela e seu marido, Joey, moram na Georgia. Karen atualmente escreve para o site thekarenwolfe.com.

Keila Ochoa e seu marido têm dois filhos pequenos. Ela colabora com *Media Associates Internacional* ajudando no ministério de treinamento para escritores ao redor do mundo e escreveu muitos livros em espanhol para crianças, adolescentes e mulheres. Keila serve em sua igreja através dos ministérios de jovens, de missões e de mulheres.

Marion Stroud foi morar com o Senhor em 8 de agosto de 2015, após uma batalha contra o câncer. Em 2014, Marion começou a escrever artigos devocionais para *Pão Diário* que tocaram a vida de leitores em todo o mundo. Dois de seus livros populares sobre oração, *Dear God, It's Me and It's urgent* (Querido Deus, sou eu e é urgente) e *It's Just You and Me*, Lord (Somos apenas eu e você, Senhor), foram publicados pela editora Discovery House. Como autora internacional e mentora de escritores, Marion trabalhou como treinadora transcultural para *Media Associates International* auxiliando escritores a produzir livros para suas próprias culturas. Marion deixou seu marido Gordon, cinco filhos e 16 netos.

Marlena Graves é especialista em hermenêutica e contribui com os blogs *Gifted for Leadership* (Talento para liderança) e *Mission Alliance* (Aliança Missionária). Ela é casada com sua pessoa favorita nesta Terra, Shawn Graves. Eles têm três meninas pequenas, desfrutam da vida juntos e sempre convidam outros para participar dela. Ela faz parte da equipe de funcionários de sua igreja onde oferece e coordena a assistência pastoral. Seu primeiro livro, *A Beautiful Disaster: Finding Hope in the Midst of Brokeness* (Um belo desastre: encontrando esperança em meio ao sofrimento), foi lançado em junho de 2014.

Monica Brands é de Edgerton, Minnesota, onde cresceu em uma fazenda com seus sete irmãos. Ela estudou Letras e Teologia na Faculdade Cristã Trindade em Palos Heights, Illinois, e trabalhou com crianças com necessidades especiais na organização *Elim Serviços Cristãos* antes de completar seu Mestrado em Teologia no Seminário Calvin em Grand Rapids. Ela valoriza o tempo com amigos, família e seus incríveis sobrinhos.

Poh Fang Chia nunca sonhou com uma profissão relacionada a linguagem; a química era seu primeiro amor. O momento da virada ocorreu quando ela recebeu Jesus como seu Salvador, aos 15 anos, e expressou a Ele que gostaria de criar livros que tocassem vidas. É editora em Ministérios Pão Diário no escritório de Singapura e membro do comitê editorial de avaliação para o chinês.

Regina Franklin tem coração de mãe e ensina a Palavra de Deus com paixão. Ela ama ajudar as pessoas em suas lutas. É professora na Escola Westminster de Augusta, Georgia, em tempo integral e serve ao lado de seu marido no ministério. Faz *freelance* como escritora. Casados desde 1995, Scott e Regina acreditam que o maior chamado de suas vidas é pastorear seus dois filhos, Charis e Micah. Após mais de 20 anos de trabalho com o ministério de jovens no *Centro de Adoração Nova Esperança*, Scott e Regina sentiram o Senhor dirigindo-os a sair para plantar igrejas, um sonho que carregaram em seus corações desde os anos do namoro. Com o apoio de sua igreja local e de muitos outros, eles inauguraram a *Igreja em Movimento* em setembro de 2013.

Remi Oyedele é uma profissional de finanças e escritora *freelance* com paixão pela Palavra de Deus e por livros infantis. Seu maior objetivo de vida é moldar verdades das Escrituras em histórias infantis e para aqueles que têm o coração como o das crianças. C. S. Lewis é uma grande inspiração para ela. Remi tem mestrado em Escrita para Crianças e completou cursos à distância no *Christian Writer's Guild* (Associação de Escritores Cristãos) e no *Institute of Children's Literature* (Instituto de Literatura Infantil). Nascida na Nigéria, ela atualmente mora no centro da Flórida onde investe seu tempo livre lendo e escrevendo um blog — wordzpread.com. Remi é casada com David, o fã número um de seu blog.

Roxanne Robbins foi jornalista esportiva, especialista em relações públicas e capelã olímpica. Ela passou a maior parte de sua carreira rodeada por atletas profissionais e celebridades. Após trabalhar durante muitos anos com os influentes e famosos em Washington, ela deixou tudo para trás para se mudar para o Leste da África. Atualmente mora na Flórida e dirige a *Tukutana* — uma organização sem fins lucrativos em Kampala, Uganda, que ela fundou para prover recursos e oportunidades às crianças órfãs e vulneráveis e às pessoas que são responsáveis por elas. Roxanne diz que tem vivenciado, até o momento o capítulo mais gratificante de sua vida entre os necessitados.

Ruth O'Reilly-Smith é professora de Ensino Fundamental, com formação na área, mas pouca experiência em ensino, tem 20 anos de experiência em transmissão de rádio. Seu breve período na rádio da universidade a fez apaixonar-se por aquilo que se tornou sua vocação. Do Reino Unido, onde mora, Ruth já fez programas para rádios comunitárias na África do Sul e em rádio FM e ondas curtas na África Central e do Sul. Ela apresenta um programa de rádio nos fins de semana, transmitido no Reino Unido na *UCB Inspirational*. Ruth é casada com um inglês e Deus os abençoou com filhos gêmeos.

Xochitl (soh-cheel) Dixon equipa e encoraja leitores a aceitarem a graça de Deus e se aprofundarem em seu relacionamento pessoal com Cristo e com os outros. Ela serve como autora, escritora do blog xedixon.com e palestrante. Gosta de cantar, ler, fotografar, ser mãe e de ser casada com seu melhor amigo, Dr. W. Alan Dixon Sr.